学ぶ人は、変えてゆく人だ。

目の前にある問題はもちろん、

人生の問いや、

社会の課題を自ら見つけ、

挑み続けるために、人は学ぶ。

「学び」で、

少しずつ世界は変えてゆける

いつでも、どこでも、誰でも

学ぶことができる世の中へ

旺文社

JN021161

大学入試
出る順

英単語ターゲット

5訂版　ターゲット編集部 編

Obunsha

はじめに

　大学入試を突破するためには，どのくらいの英単語をどのように覚えればよいのだろうか？──だれもが一度は疑問に思うことでしょう。もちろん，1つでも多くの単語をゆっくりと地道に覚えられればよいのですが，時間がいくらあっても足りない皆さんにとって，それはむずかしいことでしょう。結局のところ，大学入試によく出題される単語を効率よく覚えることが合格への近道になるのです。

　ターゲットシリーズは，刊行されてから実に数十年もの間，皆さんの先輩方にあたる多くの高校生や受験生に使われてきました。こんなにも長く愛されている理由は，ずばり入試問題に「でる順」と「一語一義」という一貫したコンセプトです。過去12年に及ぶ入試問題と，最新の入試傾向を反映すべく直近4年の入試問題をそれぞれコンピューターで徹底的に分析し，よく出題される見出し語を選び出し，それに対応する最も頻度の高い意味を掲載する，それがターゲットシリーズなのです。

　本書『英単語ターゲット1400』を使えば，入試に「でる順」に，最も覚えておくべき意味とセットで1400語を覚えることができます。見出し語の選定やその意味の確定にあたっては，コンピューター分析に頼るだけでなく，大学受験のプロである現場の先生方や入試問題に精通しているスタッフが一丸となって調査し，悩み抜いた末，最もふさわしいものに決めています。

　ぜひ繰り返し使って1400語すべてを自分のものにしてください。本書が皆さんの大学合格の一助になることを心より願っています。

　最後に，ターゲットシリーズの生みの親であり，英語教育に多大な貢献をされてきた故 宮川幸久先生に心からの敬意と謝意を表します。

ターゲット編集部

CONTENTS

※英検®は公益財団法人 日本英語検定協会の登録商標です。このコンテンツは，公益財団法人
日本英語検定協会の承認や推奨，その他の検討を受けたものではありません。

英単語ターゲットの3大特長

❶ 入試問題を徹底分析した「でる順」×「一語一義」で効率的に覚えられる！

❷ 「**TG**（ターゲットフレーズ）やコロケーションを含む例文」で単語の使い方がよくわかる！

❸ 単語を効果的に覚えるための工夫がある！

特長 ❶ 「でる順」×「一語一義」！

単語は入試問題を徹底分析して，「でる順」（出題頻度順）に配列！しかも超頻出の意味だけ掲載している「一語一義」（１つの単語について，入試で出題されやすい中心的な意味を１つ掲載）なので，効率的に覚えられる！

---

improve ⇔ を改善する；よくなる

１つの単語（一語）⇔１つの意味（一義）

入試問題を徹底的に分析！

長年『全国大学入試問題正解』を刊行してきた旺文社だからこそ持ち得る膨大な蓄積データから，過去12年分と，最新の入試傾向を反映するための直近4年分をそれぞれ分析し，ベースとなる出題頻度順データを作成しました。それぞれの単語について，どの品詞が最も多く出題されているか，また，どの活用形（派生形）で最も多く使われているかも徹底的に分析しました。

見出し語*¹を決定！

4ページで述べたベースとなる出題頻度順データを元に，共通テストから中堅私立大学レベルの受験に対応できる1400単語を，入試英語の専門家チームで選び出しています。選定にあたっては，本書の達成目標とする大学群の最新5年分の入試問題のみで分析した頻度データを参照したり，CEFR（外国語の学習・教授・評価のためのヨーロッパ言語共通参照枠）を指標のひとつに加えたりして，精度を高めています。

見出し語の品詞を決定！

1つの単語で複数の品詞がある場合は，それぞれの出題回数をカウントし，最も多いものを選択しました。また，interest - interesting - interested のような派生形も，最もよく出るものを見出し語として選択しました。

見出し語の意味*²を決定！

見出し語を含む数十〜数百の入試英文を詳細に検証し，複数ある意味のうち，『1400レベル』の試験でよく使われている意味と最も覚えておく価値があると判断した意味を赤字で掲載しています。このため，意味の並び順が辞書と異なったり，同じターゲットシリーズでも，書籍ごとに掲載している意味などが異なったりすることがあります。また，赤字は中心的な意味なので，ほかの意味の場合でも，文脈の中で意味を推測・判断できるようになります。そのほかにも覚えておきたい意味は黒字で示しています。

同じつづりで品詞違いの単語*³も重要度が高い場合は，品詞アイコン（🔵動詞 🟢名詞 🟠形容詞 🔵副詞 🟣前置詞 🟤接続詞）と意味を示しています。発音が異なる場合は発音記号も入れています。

  *¹見出し語   *²意味   *³同じつづりで品詞違いの単語の意味

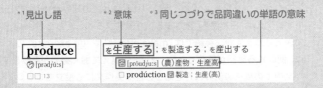

produce
🔊 [prədjúːs]
□□ 13

を生産する；を製造する；を産出する
🟢[próudjuːs]（農）産物；生産高
□ prodúction 🟢製造；生産（高）

特長❷ 「使える」単語力を身に付けられる！

　試験でよく出る「**TC**（ターゲットフレーズ）」や、「コロケーション（よく用いられる語の組み合わせ）を含むシンプルな例文」で単語の使い方がよくわかる！

見出し語が最もよく使われる形を示した **TC** ターゲットフレーズ

　入試英文から頻出の表現を分析し、試験でよく出る、覚えておきたい重要表現を**TC**としました。見出し語と合わせて覚えられます。

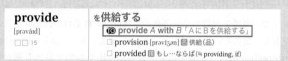

| provide
[prəváid]
□□ 15 | を供給する
TC provide *A* with *B*「*A*に*B*を供給する」
□ provísion [prəvíʒən] 图 供給(品)
□ províded 圏 もし…ならば(≒ providing, if) |

その他の重要表現

▶は、**TC**ほど出題回数のない、重要な熟語表現や定型表現です。
▶は、補足説明や関連する表現、活用形などを示しています。

| work
動[wəːrk]
□□ 34 | 機能する(≒ fúnction)；うまくいく；働く
▶ work for a company「会社に勤務する」
图 職；仕事、労働
□ wórking 圏 働いている、仕事を持っている
▶ a working mother 仕事を持っている母親 |

コロケーション*4 を含んだオリジナル例文*5

　見出し語と意味を効果的に覚えるための例文で、コロケーションや単語の意味をイメージしやすい語の組み合わせを含みます。

　コロケーションとは、「よく用いられる語と語の組み合わせ」のことです。例えば、日本語の「努力する」や「運動する」は、どちらも「〜する」で表現されますが、英語では "make efforts" や "do exercise" のように、使われる動詞が異なるため、セットで覚えておく必要があります。

　文中での単語の使われ方を知ることは英作文にも役立ちます。

TG は必ず例文中で使用し，▶の表現も一部使用しています。

*5 オリジナル例文　　*4 コロケーション

It is time to return home.

家に帰る時間だ。

※ 例文そのものを「完全な文」の形で提示してあるのはターゲットシリーズのこだわりで，「使える単語力」という考えを反映したものです。すなわち，ライティングであれスピーキングであれ，表現される最終形は「文」の形であることが基本なので，例文をそのような形できちんと示すことが大切だと考えました。

特長❸ 覚えやすくする工夫がたくさん！

単語を効果的に覚えるための工夫があるから，学習を続けられる！　※10ページ以降の「おすすめ学習法」も見てみよう！

段階的に学習できる「パート」×「セクション」

1400語を3つのパートに分け，さらに各パートを100語区切りのセクションに分けていますので，毎日の学習の目安になります。

パート	セクション	内訳	
1　これだけは覚えたい600語 　　（単語番号1～600）	1～6	動詞 名詞 形容詞 副詞・その他	249語 207語 119語 25語
2　さらに実力を伸ばす500語 　　（単語番号601～1100）	7～11	動詞 名詞 形容詞	208語 176語 116語
3　ここで差がつく300語 　　（単語番号1101～1400）	12～14	動詞 名詞 形容詞	125語 106語 69語

どこでも使える「ハンディタイプ」

コンパクトな新書サイズであることも英単語ターゲットシリーズの特長です。軽くて持ち運びやすいのはもちろん，開きやすいので片手で使うことができます。

本書で使っているその他の表記について

[発]発音・[アク]アクセント

knowledge [発][アク][ná(:)lɪdʒ] □□ 45	**知識**；(～について)知っていること(of) □ acknówledge [動] を認める；に礼を言う ➡ 807

すべての見出し語に発音記号(アメリカ発音)とアクセント記号(´)を付け，特に注意すべき単語にはそれぞれのアイコンを付けています。また関連語のうち，注意すべき単語にも発音記号を付けています。

□□チェックボックス

knowledge [発][アク][ná(:)lɪdʒ] □□ 45	**知識**；(～について)知っていること(of) □ acknówledge [動] を認める；に礼を言う ➡ 807

覚えた単語にチェックを付けられるようにしています。

見出し語と密接に結び付く重要な前置詞などの要素

knowledge [発][アク][ná(:)lɪdʒ] □□ 45	**知識**；(～について)知っていること(of) □ acknówledge [動] を認める；に礼を言う ➡ 807

見出し語と密接に結び付いて用いられる重要な前置詞などの要素を，原則として訳語とセットで示しています。

関連語

decide [dɪsáɪd] □□ 4	(を)**決める** [TG] **decide to** *do*「…しようと[することに]決める」 □ decísion [dɪsíʒən] [名] 決定；判決 □ decísive [dɪsáɪsɪv] [形] 決定的な；決断力のある

見出し語に関連する語や派生語のうち，知っておいてほしいものを掲載しています。

knowledge 発 アク [nά(:)lɪdʒ] □□ 45	知識；(〜について)知っていること(of) □ acknówledge 動 を認める；に礼を言う →807

➡の後についている数字は，見出し語の単語番号です。

凡例

品詞アイコン

　動動詞　　名名詞　　形形容詞　　副副詞　　前前置詞　　接接続詞

関連情報の表示

⇔　反意語(句)

≒　同義語(句)・類義語(句)・代替語(句)

＝　言い換え表現

米　アメリカ式英語

英　イギリス式英語

主に米　アメリカ式英語でよく使われる

主に英　イギリス式英語でよく使われる

(〜s)　複数形でよく使われる

(the 〜)　冠詞 the を伴う

(a 〜)　不定冠詞 a または an を伴う

(略)　略称

語句表示

　　　　～　名詞句を表す(ただし，名詞句が2つある場合は A,B で表す)

　　　　...　英文中の節を表す

　　　　…　和文中の動詞句または節を表す

　　　[　]　直前の語(句)と置き換え可能

　　　(　)　省略可能

　　　〔　〕　補足説明

　　　be　be 動詞

　　　do　原形動詞

　　to do　不定詞

　　doing　動名詞・現在分詞

　　done　過去分詞

one's, oneself　主語と同じ人を表す

；(セミコロン)　意味の中でさらに区分する場合の大きな区分

，(コンマ)　意味の中でさらに区分する場合の比較的小さな区分

おすすめ学習法

自分に合った覚え方が選べる！試せる！だから続けられる！

「"単語学習はコツコツ地道に覚えていくことが大事！"と言われても、なかなか覚えられない…」というのが現実ではないでしょうか。意欲はあっても途中でペースダウンしたり、1語ずつ確実に覚えるまで前に進めなかったり・・・。

そんなあなたにゴールまで挫折せずに継続できる学習法をお教えします。

1 100語区切りで覚えよう！

1400語を3パート構成で、100語ずつのセクションに分けていますので、1セクションごとに繰り返して学習を進めるのがおすすめです。ほどよいペースでゴールまで行けるのが、100語であり1セクションです。またセクション内は、品詞ごとにまとまっています。セットで覚えたほうがよいもの（同義語や反意語など）を、ゆるやかにグルーピングし、より記憶に定着するように工夫もしています。

最初はセクションごとに熟読して暗記。

先輩の声

2 折って覚えよう！

本書の見出し語の部分を折って使用することで、見出し語部分や意味を隠して使うことができます。覚えたところを折ることにすれば、どこまで覚えたか一目瞭然です。折ってさらにコンパクトになることで、カバンのすきまや、制服のポケットなどにも入ります。

先輩の声

ページを折って使っていました。答えが完全に見えないようにすると、覚えた気になっている（けれど覚えていない）英単語を発見することができると思います。

🖪 例文中の下線フレーズで覚えよう！

　「見出し語」と「意味」を１つずつ覚えるという基本的な暗記法のほかに，例文を活用した覚え方ができます。具体的には，例文に引いた下線部分の「フレーズ」暗記を通じて単語の意味を覚えるという方法です。例文は，可能な限り語数を少なくしているので，そもそも覚えやすいのですが，１文まるごとの暗記よりもさらに負担を減らすために，暗記しやすい部分に下線を引いています。その部分を暗記しましょう。単語だけを覚えるよりも，その単語のイメージをつかみやすく，記憶に残りやすくなります。下線部分はコロケーションを含むものが多いので，単語の使い方も同時に学べます。

🖪 公式アプリを併用して覚えよう！

　公式アプリ「ターゲットの友」では，スマートフォンアプリならではの，さまざまな学習サポート機能を用意しています。書籍で学習した成果をアプリの確認テストでチェックしたり，単語の音声をアプリで聞きながら書籍で覚えたりと，書籍とアプリを連動させた学習法で効果を高めます。

「ターゲットの友」でできること

① 暗記の成果をテストで確認！
- ・単語テスト「ターゲット選手権」に挑戦できる
- ・4択とスペリング問題でテンポよく取り組める
- ・全国ランキングで自分の実力が確認できる

② 手軽にリスニング学習！
- ・書籍掲載単語の音声（見出し語・例文）をすぐに再生できる
- ・発音やアクセントが気になったらいつでも確認できる
- ・英語の聞き流しで耳から英語の音に慣れる

③ 毎日単語を覚える習慣がつく！
- ・毎日朝と夜に出題されるミニテスト「今日の5問」で学習習慣がつく
- ・頑張った記録はカレンダーのマークで確認できる

公式アプリ「ターゲットの友」について

公式サイトからダウンロードできます

https://www.obunsha.co.jp/pr/tg30/

🔍 ターゲットの友　　検索

※ iOS / Android 対応
※無料アプリ（一部アプリ内課金あり）
※本サービスは予告なく終了されることがあります

学校の行き帰りの電車の中で「今日の5問」をやり，知らない単語を覚えました。リスニングは速度を変えることができるので，おすすめです！

先輩の声

5 耳（音）で覚えよう！

　音声は旺文社 HP 内の専用サイトからも無料で聞くことができます。（音声ダウンロードの方法は13ページ参照。）特に 発 や ア のマークが付いた単語は，音声と文字情報をセットにして覚えると効率的です。音声のポーズ（無音）で，自分で発音したり意味を思い浮かべたりといったトレーニングがおすすめです。

　また，通学時間や入浴時間なども有効活用し，リラックスした状態で耳から聞くことで，記憶への定着度がアップします。

全部のセクションで，音声を聞いて発音を確認し，その後に音声と一緒に読んだら，発音とアクセントが完璧になりました。

先輩の声

音声ファイルダウンロードについて

　本書の音声は，音声ファイルの形で無料でダウンロードすることができます。（音声はストリーミング再生も可能です。詳しくは専用サイトをご覧ください。）

音声の聞き方

公式サイトからダウンロードできます

https://www.obunsha.co.jp/tokuten/target/

① パソコンからインターネットで専用サイトにアクセス

② 『**英単語ターゲット1400**（5訂版）』をクリック

③ パスワード「**tg1400**」をすべて半角英数字で入力して，音声ファイルをダウンロード

　音声ファイルは ZIP 形式で圧縮されていますので，解凍（展開）して，デジタルオーディオプレーヤーなどでご活用ください。解凍［展開］せずに利用されると，ご使用の機器やソフトウェアにファイルが認識されないことがあります。

　デジタルオーディオプレーヤーへの音声ファイルの転送方法は，各製品の取扱説明書やヘルプをご参照ください。

【注意】
・ スマートフォンやタブレットでは音声をダウンロードできません。
・ 音声ファイルは MP3 形式です。音声の再生には MP3 ファイルを再生できる機器などが別途必要です。
・ ご使用機器，音声再生ソフトなどに関する技術的なご質問は，ハードメーカーもしくはソフトメーカーにお願いします。
・ 本サービスは予告なく終了することがあります。

音声の内容

① 14・15ページの「本書で使っている発音記号とその音の具体例」

② 1400の「見出し語（英語）」

③ 1400の「見出し語（英語）➡見出し語の意味（日本語）」

④ 1400の「見出し語の意味（日本語）➡見出し語（英語）」

⑤ 1400の「見出し語（英語）➡見出し語の意味（日本語）➡例文（英語）」

本書で使っている発音記号と その音の具体例

本書で使っている発音記号をまとめました。

	母音			
1	iː	**people** [píːpl]	**tea** [tiː]	**week** [wiːk]
2	i	**happy** [hǽpi]	**study** [stʌ́di]	**India** [índiə]
3	ɪ	**city** [síti]	**give** [gɪv]	**rich** [rɪtʃ]
4	e	**friend** [frend]	**egg** [eg]	**many** [méni]
5	æ	**cat** [kæt]	**apple** [ǽpl]	**act** [ækt]
6	ɑː	**palm** [pɑːlm]	**father** [fɑ́ːðər]	**calm** [kɑːm]
7	ʌ	**country** [kʌ́ntri]	**sun** [sʌn]	**come** [kʌm]
8	əːr	**world** [wəːrld]	**girl** [gəːrl]	**learn** [ləːrn]
9	ə	**arrive** [əráɪv]	**woman** [wúmən]	**today** [tədéɪ]
10	ər	**center** [séntər]	**percent** [pərsént]	**river** [rívər]
11	ɔː	**tall** [tɔːl]	**all** [ɔːl]	**draw** [drɔː]
12	ʊ	**wood** [wʊd]	**look** [lʊk]	**put** [pʊt]
13	uː	**moon** [muːn]	**cool** [kuːl]	**rule** [ruːl]
14	eɪ	**take** [teɪk]	**day** [deɪ]	**break** [breɪk]
15	aɪ	**high** [haɪ]	**like** [laɪk]	**fly** [flaɪ]
16	ɔɪ	**oil** [ɔɪl]	**noise** [nɔɪz]	**enjoy** [ɪndʒɔ́ɪ]
17	aʊ	**house** [haʊs]	**down** [daʊn]	**loud** [laʊd]
18	oʊ	**home** [hoʊm]	**go** [goʊ]	**moment** [móʊmənt]
19	ɪər	**here** [hɪər]	**near** [nɪər]	**clear** [klɪər]
20	eər	**hair** [heər]	**bear** [beər]	**care** [keər]
21	ɑːr	**heart** [hɑːrt]	**hard** [hɑːrd]	**large** [lɑːrdʒ]
22	ɔːr	**door** [dɔːr]	**support** [səpɔ́ːrt]	**war** [wɔːr]
23	ʊər	**poor** [pʊər]	**pure** [pjʊər]	**tour** [tʊər]

子音				
1	p	**pen** [pen]	**play** [pleɪ]	**keep** [kiːp]
2	b	**book** [bʊk]	**club** [klʌb]	**absent** [æbsənt]
3	m	**milk** [mɪlk]	**room** [ruːm]	**summer** [sʌmər]
4	t	**tree** [triː]	**stand** [stænd]	**meet** [miːt]
5	d	**sad** [sæd]	**desk** [desk]	**dream** [driːm]
6	n	**tennis** [ténɪs]	**one** [wʌn]	**night** [naɪt]
7	k	**cloud** [klaʊd]	**cook** [kʊk]	**class** [klæs]
8	g	**good** [gʊd]	**sugar** [ʃʊ́gər]	**pig** [pɪg]
9	ŋ	**think** [θɪŋk]	**ink** [ɪŋk]	**king** [kɪŋ]
10	tʃ	**teacher** [tíːtʃər]	**kitchen** [kítʃən]	**catch** [kætʃ]
11	dʒ	**bridge** [brɪdʒ]	**join** [dʒɔɪn]	**strange** [streɪndʒ]
12	f	**life** [laɪf]	**laugh** [læf]	**phone** [foʊn]
13	v	**voice** [vɔɪs]	**drive** [draɪv]	**every** [évri]
14	θ	**three** [θriː]	**mouth** [maʊθ]	**birthday** [bɔ́ːrθdèɪ]
15	ð	**this** [ðɪs]	**mother** [mʌðər]	**smooth** [smuːð]
16	s	**sea** [siː]	**west** [west]	**bus** [bʌs]
17	z	**zoo** [zuː]	**surprise** [sərpráɪz]	**easy** [íːzi]
18	ʃ	**special** [spéʃəl]	**she** [ʃi]	**fish** [fɪʃ]
19	ʒ	**vision** [víʒən]	**treasure** [tréʒər]	**usual** [júːʒuəl]
20	h	**hand** [hænd]	**hope** [hoʊp]	**head** [hed]
21	l	**light** [laɪt]	**tell** [tel]	**little** [lɪtl]
22	r	**rain** [reɪn]	**right** [raɪt]	**true** [truː]
23	w	**wind** [wɪnd]	**work** [wəːrk]	**swim** [swɪm]
24	hw	**white** [hwaɪt]	**whale** [hweɪl]	**while** [hwaɪl]
25	j	**young** [jʌŋ]	**year** [jɪər]	**use** [juːz]

英単語ターゲットシリーズ
レベル一覧

レベル目安	CEFR	英検	英単語ターゲット1200	英単語ターゲット1400	英単語ターゲット1900	英熟語ターゲット1000
国公立2次・難関私大	B2	準1級			↑	↑
共通テスト・中堅私大	B1	2級		↑		
入試基礎	A2	準2級	↑			
日常学習	A1	3級				

外部検定試験にも対応しています。特に英検2級は巻末によく出る単語リストを掲載しています。

Part 1

これだけは覚えたい

600語

試験に頻出の基本的な単語が中心
です。新しく覚えるというよりは，
意味が言えるか，正しく書けるか
を確認しましょう。

Section 1

単語番号 1 ～ 100

動詞編

believe
[bılíːv]
□□ 1

(…ということ)を**信じる,** (…だ)と**思う**(that 節)；信じる

▶ believe in ～「～の存在を信じる」

□ belíef [名] 信じること；信念

consider
[アク] [kənsídər]
□□ 2

を(…だと)**見なす**(to be)；をよく考える

▶「…することをよく考える」は consider *doing* で表す。

□ considerátion [名] 考慮

□ consíderate [形] 思いやりのある

□ consíderable [形] かなりの

expect
[ıkspékt]
□□ 3

を**予期する,** と**思う**；を期待する

▶ expect されるものは，よいものとは限らない。

[TG] **expect ～ to *do***「～が…する(のは当然)と思う」

□ expectátion [名] 見込み；期待

decide
[dısáıd]
□□ 4

(を)**決める**

[TG] **decide to *do***「…しようと[することに]決める」

□ decísion [dısíʒən] [名] 決定；判決

□ decísive [dısáısıv] [形] 決定的な；決断力のある

allow
[発] [əláu]
□□ 5

を**許す**

[TG] **allow ～ to *do***
「～(人)が…するのを許す，可能にする」

▶ allow for ～ ～を考慮する

□ allówance [əláuəns] [名] 手当，[米] 小遣い；許容

remember
[rımémbər]
□□ 6

(を)**覚えている**；(を)思い出す；(…すること)を覚えておく(to *do*)

[TG] **remember *doing***「…したことを覚えている」

□ remémbrance [名] 思い出；記憶

worry
[発] [wə́ːri]
□□ 7

(～について)**心配する**(about)；を心配させる；〔受身形で〕心配する

[名] 心配

I **believe** that you will succeed.	私はあなたが成功することを信じている。
We **consider** the lion to be the king of beasts.	私たちはライオンを百獣の王だと見なしている。
He **expects** the problem to get worse.	彼は問題が悪化すると思っている。
I have **decided** to buy a new car.	私は新車を購入しようと決めた。
She did not **allow** her daughter to go to the party.	彼女は娘がパーティーに行くのを許さなかった。
I **remember** visiting Kyoto when I was a university student.	大学生のころ京都を訪れたのを覚えている。
You shouldn't **worry** about the future.	将来のことを心配するべきではない。

concern [kənsə́:rn] □□ 8	**に関係する；を心配させる** ▶ be concerned about ～「～を心配している」 ▶ as far as I am concerned「私に関する限り」 名 関心(事)；心配；気遣い □ concérning 前 に関して(≒ abóut)
suggest [səgdʒést] □□ 9	**(…ということ；…すること)を提案する**(that 節； *doing*)；**を示唆する** □ suggéstion 名 提案；示唆 □ suggéstive 形 示唆に富む
explain [ɪkspléɪn] □□ 10	**(を)(～に)説明する**(to) □ explanátion 名 説明
describe [dɪskráɪb] □□ 11	**の特徴を述べる**；**を(～と)言う**(as) □ descríption [dɪskrípʃən] 名 説明；描写
improve 発 [ɪmprúːv] □□ 12	**を改善する；よくなる** ▶ improve on ～「～をよりよいものにする」 □ impróvement 名 (～の点での)改善(in)
produce ⑦ [prədjúːs] □□ 13	**を生産する；を製造する；を産出する** 名 [próʊdjuːs] (農)産物；生産高 □ prodúction 名 製造；生産(高)
create 発 [kri(ː)éɪt] □□ 14	**を創造する** □ creátion 名 創造；創作 □ creátive 形 独創[創造]的な
provide [prəváɪd] □□ 15	**を供給する** ⑯ **provide A with B**「AにBを供給する」 □ provísion [prəvíʒən] 名 供給(品) □ províded 接 もし…ならば(≒ províding, if)
increase ⑦ [ɪnkríːs] □□ 16	**増える**(⇔ decréase → 237)**；を増やす** 名 [íŋkriːs] 増加 □ incréasing 形 ますます増加する

These matters don't concern me.	これらの事柄は私に関係がない。
I'm concerned about my exam results.	試験の結果が心配だ。
Ken suggested that we should go to Hawaii this summer.	ケンは今年の夏ハワイに行くことを提案した。
I explained to the police how the accident happened.	私はその事故がどのようにして起きたかを警察に説明した。
Can you describe your missing dog?	いなくなった犬の特徴を述べていただけますか。
You can improve your English skills by keeping a diary in English.	英語で日記をつけることで英語の技能を高めることができる。
The company produces electric vehicles.	その会社は電気自動車を生産する。
SNSs have created new lifestyles for many people.	SNSは多くの人にとって新しい生活様式を生み出した。
We provided the children with food and drink.	私たちはその子供たちに飲食物を提供した。
The city's population has increased to over 35,000.	その都市の人口は35,000人超に増えた。

grow
[groʊ]
□□ 17

成長する；になる；を栽培する
▶ grow up「成長する，大人になる」
▶ 活用：grow - grew - grown
□ growth [groʊθ] [名] 成長；発達

develop
[アク] [dɪvéləp]
□□ 18

を**開発する**；を発達させる；発達する
□ devélopment [名] 発達；開発
□ devéloping [形] 発展途上の
▶ developing countries 開発途上国
□ devéloped [形] 高度に発展した
▶ developed countries 先進諸国

rise
[raɪz]
□□ 19

上がる，昇る；増す
▶ 活用：rise - rose - risen [rízən]
[名] 上昇；増加

raise
[発] [reɪz]
□□ 20

を**上げる；**[主に米] **(子供)**を**育てる**(≒ bring up)；(資金など)を集める
[名] 上げること；[米] 昇給([英] rise)

follow
[fá(:)loʊ]
□□ 21

(の)**次に続く；**に**従う**；(の)後を追う
[TG] **be followed by ～**「後に～が続く」
▶ It follows that ... (結果的に)…ということになる
□ fóllowing [形] 次に続く [名] 次に続くもの
▶ the following day 翌日(⇔ the previous day 前日)

require
[rɪkwáɪər]
□□ 22

を**要求する**；を必要とする(≒ need)
[TG] **require ～ to *do***「～に…することを要求する」
□ requírement [名] (～s) 要求

fill
[fɪl]
□□ 23

を**満たす**(⇔ émpty ➡ 700)；いっぱいになる
[TG] **fill *A* with *B***「AをBで満たす」
□ full [形] (～で)いっぱいの(of)

support
[səpɔ́:rt]
□□ 24

を**支持する**(⇔ oppóse ➡ 616)；を扶養する；を援助する
[名] 支持；援助
□ suppórtive [形] (～を)支える(of)；協力的な

I want to be a lawyer when I grow up.	私は大人になったら弁護士になりたい。
The company developed a new automation system.	その会社は新たな自動化システムを開発した。
Land prices have risen sharply.	土地の価格が急激に上がった。
The government raised the sales tax to ten percent.	政府は売上税を10パーセントに引き上げた。
They raised nine children.	彼らは9人の子供を育てた。
The meal was followed by dessert.	食事の後にデザートが続いた。
Students must follow these guidelines.	学生はこれらの指針に従わなければならない。
They require Japanese students to take an English course.	彼らは日本人学生に英語の講座を受けるよう求めている。
She filled my glass with water.	彼女は私のコップを水で満たした。
Most of the people supported the President's action.	ほとんどの人は大統領の行動を支持した。

share [ʃeər] □□ 25	を**共同で使う**；を分配する **囲** share *A* with *B*「AをBと共同利用する」 **名**〔普通単数形で〕分け前；割り当て分；シェア
face [feɪs] □□ 26	に**直面する**；(危険などが)の身に迫る； の方を向く ▶ be faced with ～「～に直面している」 **名** 顔；(物事の)様相；表面 □ face-to-fáce **形 副** 面と向かって(の)
touch **発** [tʌtʃ] □□ 27	を**感動させる**；に触れる **名**〔普通単数形で〕触れること；連絡 ▶ keep in touch with ～ ～と連絡を絶やさない □ touched **形** (人が)感動した □ tóuching **形** 感動的な
store [stɔːr] □□ 28	を**蓄える**；を保管する **名 主に米** 店；蓄え □ stórage [stɔ́ːrɪdʒ] **名** 貯蔵，保管
pay [peɪ] □□ 29	(金)を**支払う**；(注意など)を払う；割に合う **囲** pay ～ for ...「…に～を支払う」 ▶ 活用：pay - paid [peɪd] - paid **名** 給料 □ páyment **名** 支払い；報酬
deal [diːl] □□ 30	(deal with で)に**対処する**，を扱う ▶ 活用：deal - dealt [delt] - dealt **名** 取引 □ déaler **名** (取扱)業者
save [seɪv] □□ 31	(時間・金銭など)を**節約する**；を救う； を蓄える；(労力など)を省く ▶ save the trouble「手間を省く」 □ sáving **名** 〔～s〕貯金；節約
happen [hǽpən] □□ 32	(事が)**起こる**；たまたま(…)**する**(to *do*) ▶ happen to ～ ～に降りかかる，起こる

I will **share** the room with my little sister.	私はその部屋を妹と共同利用するつもりだ。
The world will **face** a food crisis sooner or later.	世界は遅かれ早かれ食糧危機に直面するだろう。
The gasoline-powered cars are **facing** an uncertain future.	ガソリンで動く車には不確かな未来が迫っている。
The entire audience was **touched** by her performance.	聴衆は皆，彼女の演技に感動した。
Some animals **store** food for the long winter.	長い冬に向けて食料を貯蔵する動物もいる。
I **paid** 10,000 yen for the repairs.	私はその修理に10,000円を支払った。
The doctor taught him how to **deal** with stress.	その医者は彼にストレスに対処する方法を教えた。
You can **save** time with our services.	私たちのサービスで時間を節約することができます。
A traffic accident **happened** here.	ここで交通事故が起きた。
I **happened** to meet her on the street.	私は通りでたまたま彼女に会った。

occur 発 ⑦ [əkə́:r] □□ 33	**(事が)起こる**；(考えが)(人の)心に浮かぶ(to) ▶ It occurred to me that ... 「…という考えが浮かんだ」 □ occúrrence [əkə́:rəns] 名 出来事
work 発 [wə:rk] □□ 34	**機能する**(≒fúnction)；うまくいく；働く ▶ work for a company「会社に勤務する」 名 職；仕事，労働 □ wórking 形 働いている，仕事を持っている ▶ a working mother 仕事を持っている母親
change [tʃeɪndʒ] □□ 35	**を(~に)変える**(to / into)；を(~に)取り換える (for)；変わる ▶ change for the better「よくなる，改善する」 名 (~の)変化(in)；交換；小銭，つり銭 □ chángeable 形 変わりやすい
run [rʌn] □□ 36	**を経営する**；走る；作動する；立候補する ▶ run into ~「~にぶつかる；~に偶然出会う」 ▶ run out of ~「~を使い果たす，~を切らす」 名 走ること，競走；運行 ▶ in the long run「長い目で見れば，結局は」
turn 発 [tə:rn] □□ 37	**の向きを変える**；を(~に)変える(into)；(の方 を)向く(to)；曲がる；(に)なる 🐌 turn on [off] ~ 「(スイッチなど)を入れる[消す，切る]」 ▶ turn out (to be) ~「~であることが判明する」 名 順番；方向転換 ▶ in turn「(結果として)今度は；順番に」
return [rɪtə́:rn] □□ 38	**(~から；~へ)戻る，帰る**(from；to)；を(~に) 返す(to) 名 帰還；返却
stand [stænd] □□ 39	**を我慢する**(≒bear)；立つ，立っている ▶「を我慢する」の意では普通，否定文・疑問文で使う。 ▶ 活用：stand - stood [stud] - stood 名 台；〔しばしば the ~s〕観客席

This type of problem can <u>occur</u> <u>anywhere</u> in the world.	この種の問題は世界中の<u>いたるところで</u><u>起こり得る</u>。
Everything is <u>working</u> smoothly.	すべてが順調に<u>機能している</u>。
The Internet has <u>changed</u> our lives dramatically.	インターネットは私たちの生活を劇的に<u>変えた</u>。
My father <u>runs</u> a small company.	父は小さい会社を<u>経営している</u>。
Don't forget to <u>turn</u> off the lights.	明かりを<u>消す</u>のを忘れないでください。
It is <u>time to</u> <u>return</u> home.	<u>家</u>に帰る時間だ。
I couldn't <u>stand</u> the noise anymore.	私はもうその騒音を<u>我慢する</u>ことができなかった。

lie [laɪ] ☐☐ 40	横たわる；うそをつく；(〜に)ある(in) ▶ 活用：「横たわる」lie - lay [leɪ] - lain [leɪn] 　　　「うそをつく」lie - lied - lied **名** うそ

名詞編

brain [breɪn] ☐☐ 41	脳；〔しばしば〜s〕頭脳 ▶ brain death「脳死」

mind [maɪnd] ☐☐ 42	心，精神(⇔ bódy 肉体)；知性 **熟** bear [keep] 〜 in mind「〜を心に留める」 ▶ make up *one's* mind (to *do*) 「(…しようと)決心する」 **動** (…すること)を嫌だと思う(*doing*)

language **発** [lǽŋgwɪdʒ] ☐☐ 43	言語；言葉(遣い) ▶ spoken language 話し言葉 ▶ written language 書き言葉

thought **発** [θɔːt] ☐☐ 44	(…という)**考え**(of (*doing*) / that 節)；思考 ▶ have second thought(s) 考え直す ☐ thóughtful **形** 思慮深い

knowledge **発** **アク** [nά(ː)lɪdʒ] ☐☐ 45	知識；(〜について)知っていること(of) ☐ acknówledge **動** を認める；に礼を言う ➡ 807

skill [skɪl] ☐☐ 46	技術，技能；熟練 ☐ skilled **形** 熟練した ☐ skíllful **形** 巧みな；熟練した(≒ skilled)

technology **アク** [teknά(ː)lədʒi] ☐☐ 47	科学技術 ☐ technológical **形** 科学技術の ☐ techníque [tekníːk] **名** (専門)技術

culture [kʌ́ltʃər] ☐☐ 48	文化 ☐ cúltural **形** 文化の；教養の

He likes to lie on the sofa.	彼はソファで横になるのが好きだ。
I lied to my mother.	私は母にうそをついた。

Alcohol can affect both your body and brain.	お酒は体と脳の両方に影響を与え得る。
You should keep your parents' advice in mind.	あなたはご両親のアドバイスを心に留めておくべきだ。
Her native language is Chinese.	彼女の母語は中国語だ。
A new thought occurred to me.	新しい考えが心に浮かんだ。
Translators require a good knowledge of English.	翻訳者は十分な英語の知識を必要とする。
We have to develop communication skills.	私たちはコミュニケーションの技能を身に付けなければならない。
We live in the age of information technology.	私たちは情報科学技術の時代に生きている。
Japanese popular culture has influenced many aspects of Western culture.	日本の大衆文化は西洋文化の多くの側面に影響を与えてきた。

experience
発 [ɪkspíəriəns]
□□ 49

経験
▶ lack of experience 経験不足
動 を経験する

result
発 [rɪzʌ́lt]
□□ 50

結果;〔普通~s〕(試験の)成績
▶ as a result「その結果(として)」
動 (~の)結果として生じる(from);(~という)結果になる(in)

reason
[ríːzən]
□□ 51

(~の;…という)**理由**(for;why 節);**理性**
▶ for some reason (or other)「何らかの理由で」
動 (…だ)と推理する(that 節)
□ réasonable **形** 道理にかなった;(値段などが)手ごろな

cause
[kɔːz]
□□ 52

原因;**理由**;**大義名分**
▶ cause and effect「原因と結果, 因果」
動 の原因となる;に(…)させる(to *do*)

effect
[ɪfékt]
□□ 53

影響, 効果;**結果**
⑮ have an effect on ~「~に影響を及ぼす」
□ efféctive **形** 効果がある

matter
[mǽtər]
□□ 54

問題;**事柄**;**物質**;〔~s〕**事態**
▶ What's the matter?「どうしたの?」
▶ no matter what ...「何を[が]…しても」
(≒ whatever ...)
▶ to make matters worse「さらに悪いことに[は]」
動 (~にとって)重要である(to)
□ matérial [mətíəriəl] **名** 材料, 原料 **形** 物質の
➡ 771

sense
[sens]
□□ 55

感覚;(…という)**感じ**(of;that 節);**意味**
▶ make sense「意味が通る;道理にかなう」
▶ in a ~ sense「~な意味で」
動 を感知する
□ sénsitive **形** 敏感な;感受性の強い
□ sénsible **形** 良識のある;賢明な

You need at least three years of work experience for this job.	この仕事には少なくとも3年の実務経験が必要だ。
The teacher graded her students on the final results of their research.	教師は研究の最終結果に基づいて生徒に成績をつけた。
I will give you three reasons for my opinion.	私の意見についての3つの理由をお伝えします。
There are several possible causes of global warming.	いくつかの地球温暖化の考えられる原因がある。
Everything you eat has some effect on your body.	食べる物すべてが身体に何らかの影響を及ぼす。
Climate change may become a matter of life and death for us.	気候変動は私たちにとって死活問題になりかねない。
Dogs have a sharp sense of smell.	犬には鋭い嗅覚が備わっている。
This word is used in a special sense here.	この語はここで特別な意味で用いられている。

way [weɪ] □□ 56	(…する)**方法**(to *do* / of *doing*)**；道**；経路；様子；様式 **⑲ in a ～ way**「～のやり方で」 ▶ on the [*one's*] way to ～「～に行く途中で」 ▶ (接続詞的に)(the ～)～するように(≒ as)
term [təːrm] □□ 57	**期間**；学期；**(専門)用語**；〔～s〕間柄 ▶ in terms of ～「～の観点から(見ると)」 □ long-térm 形 長期の □ términal 形 終点の；末期の 名 終点
situation [sìtʃuéɪʃən] □□ 58	**状況**；立場；位置 □ sítuated 形 (ある場所に)位置している
condition [kəndíʃən] □□ 59	〔～s〕**状況；状態**；条件 ▶ on (the) condition that ...「…という条件で」 動 の調子を整える；を条件づける □ condítional 形 条件つきの
position [pəzíʃən] □□ 60	**(所定の)位置，場所**；立場；地位 動 を置く；の位置を定める
environment 🔊 🔈 [ɪnváɪərənmənt] □□ 61	**環境**；〔普通the ～〕自然環境；周囲の状況 □ environméntal 形 環境の
nature [néɪtʃər] □□ 62	**自然**；性質 ▶ human nature「人間の本性」 □ nátural 形 自然の；当然の；生まれつきの □ náturally 副 自然に；当然；生まれつき(≒ by nature)
research [ríːsəːrtʃ] □□ 63	〔しばしば～es〕(～に関する)**研究，調査**(into / on) 動 (を)研究する，調査する □ reséarcher 名 研究者，調査員

We earn money in different ways.	私たちは異なる方法でお金を稼いでいる。
Could you tell me the way to the station?	駅までの道を教えていただけますか。
The President serves a four-year term.	大統領は4年間の任期だ。
I couldn't understand all the technical terms.	私はすべての専門用語を理解できたわけではなかった。
She found herself in a difficult situation.	彼女は気がついてみると困難な状況にいた。
They work under poor conditions.	彼らは劣悪な状況下で働いている。
My car is always in good condition.	私の車はいつもよい状態だ。
I showed her our position on the map.	私は彼女に自分たちの位置を地図上で示した。
I would say it differently if I were in your position.	私があなたの立場なら別の言い方をするだろう。
We should protect the global environment.	私たちは地球環境を守るべきだ。
There is a lot of beautiful nature in the area.	その地域にはたくさんの美しい自然があります。
They do research into the causes of cancer.	彼らは癌の原因について研究している。

rule [ruːl] □□ 64	(…するという)**規則**(to *do* / that 節)；支配；慣習 ▶ as a rule「概して」 ▶ make it a rule to *do*「…することにしている」 [動] を支配する，統治する □ rúling [形] 支配的な
interest [ア] [íntərəst] □□ 65	(～に対する)**興味**(in)；利害；〔普通～s〕利益；利息 ▶ interest rate「利率」 [動] に興味を持たせる □ ínteresting [形] おもしろい □ ínterested [形] 興味のある ▶ be interested in ～「～に興味を持っている」
value [vǽljuː] □□ 66	**価値**(≒ worth)；〔～s〕価値観；価格 [動] を(金銭的に)評価する；を重んじる □ váluable [形] 高価な；貴重な
view [vjuː] □□ 67	〔しばしば～s〕**意見**；見方；眺め ▶ a point of view「見地，観点」 [動] を眺める；を考察する
sound [saʊnd] □□ 68	**音**；音響 [動] に聞こえる；の音がする；響く [形] 健全な；しっかりした [副] (眠りについて)ぐっすりと
form [fɔːrm] □□ 69	**形状**；形態；**(記入)用紙**；(生物・病気などの)種類 [動] を作る；を構成する □ fórmal [形] 正規の；格式ばった
case [keɪs] □□ 70	**場合**；事例；実情；事件 ▶ in case ... …する場合には；…するといけないので
role [roʊl] □□ 71	**役割**；(俳優などの)役 [TG] **play a ～ role in ...** 「…において～な役割を果たす」

71

0   600   1100   1400

Despite the fines, they continued to break the <u>rules</u>.	罰金が科せられるにもかかわらず, 彼らはその<u>規則</u>を破り続けた。
I have no <u>interest</u> in mathematics.	私は数学に<u>興味</u>がない。
She puts a high <u>value</u> on friendship.	彼女は友情に高い<u>価値</u>を置く。
I <u>share her views</u> on nuclear power plants.	私は原子力発電所に関して<u>彼女と意見</u>が同じだ。
I heard the <u>sound</u> of a door bell.	玄関のベルの<u>音</u>が聞こえた。
The rock has <u>the form</u> of a human face.	その岩は<u>人間の顔の形</u>をしている。
Will you fill in this <u>form</u>?	<u>この用紙</u>に記入していただけますか。
<u>In most cases</u>, such a mistake is not a big problem.	<u>ほとんどの場合</u>, そのような失敗は大きな問題ではない。
Teachers <u>play</u> an important <u>role</u> in education.	教師は教育において重要な<u>役割</u>を果たす。

age
[eɪdʒ]
□□ 72

年齢, 年；(特定の)時代
[動] 年を取る；を老けさせる
□ aged [形]〔数詞を後に伴って〕～歳の；老齢の
□ áging [形] 老いつつある；高齢化が進む

care
[keər]
□□ 73

世話；介護；注意；心配
▶ take care of ～「～の世話をする」
[動]〔普通否定文・疑問文で〕(を)気遣う；〔普通否定文・疑問文・条件文で〕(…)したいと思う(to *do*)
□ cáreful [形] 注意深い ➡ 283
□ cáreless [形] 不注意な

risk
[rɪsk]
□□ 74

危険(性)
▶ take [run] a risk [risks]「危険を冒す」
[動] を危険にさらす
□ rísky [形] 危険な

形容詞編

human
[hjúːmən]
□□ 75

人間の；人間的な
▶ human being(s)「人間」(≒ húmans)
[名]〔しばしば～s〕人間
□ humánity [名] 人類；人間性

free
[friː]
□□ 76

自由な；暇な；無料の
[TG] **be free to *do***「自由に…できる」
□ fréedom [名] 自由

sure
[ʃʊər]
□□ 77

(～を；…ということを)確信して(of；that 節)；きっと(…する)(to *do*)；確実な
▶ make sure (～を)確かめる；(～を；…ということを)確実にする(of；that 節)
[副]〔返答で〕はい，もちろん
▶ sure enough 案の定

certain
[発] [アク] [sə́ːrtən]
□□ 78

(～を；…ということを)確信して(of / about；that 節)；必ず(…する)(to *do*)；ある程度の；一定の
□ cértainty [名] 確かさ
□ cértainly [副] 確かに；〔返答で〕いいですとも

She started her career as an actress <u>at the age</u> of 15.	彼女は<u>15歳</u>の時に女優としてのキャリアのスタートを切った。
This hospital provides 24-hour <u>medical care</u>.	この病院は24時間体制で<u>医療</u>を提供している。
He doesn't want to take the <u>risk</u> of losing a lot of money.	彼は多くのお金を失う<u>危険</u>を冒したくない。
Freedom is a basic <u>human</u> right.	自由は基本的<u>人</u>権だ。
You are <u>free</u> to use everything in this house.	この家にあるものは何でも<u>自由</u>に使ってください。
I'm <u>sure</u> that you will pass the exam.	私はあなたが試験に受かることを<u>確信している</u>。
I'm <u>certain</u> that she'll say yes to my proposal.	私は彼女がプロポーズに同意してくれることを<u>確信している</u>。
She has a <u>certain</u> amount of teaching experience.	彼女は<u>ある程度</u>の指導経験がある。

main [meɪn] ☐☐ 79	主要な
major 🔈 [méɪdʒər] ☐☐ 80	主要な；(数量などが)大きい(⇔ mínor)； 主に米 専攻の 動 米 (〜を)専攻する(in) 名 主に米 専攻科目；〜専攻の学生 ☐ majórity [mədʒɔ́(:)rəti] 名 大多数；多数派 　(⇔ minórity)
minor [máɪnər] ☐☐ 81	重要でない；(数量などが)小さい(⇔ májor) 名 未成年者 ☐ minórity [mənɔ́:rəti] 名 少数(派)(⇔ majórity)
clear [klɪər] ☐☐ 82	明らかな；澄んだ；明るい；晴れた 🔤 It is clear that ...「…ということは明らかだ」 動 を片付ける；(空が)晴れる ☐ cléarly 副 明らかに；はっきりと ☐ cléarance [klíərəns] 名 整理
likely [láɪkli] ☐☐ 83	ありそうな(⇔ unlíkely ありそうもない) 🔤 be likely to do「…しそうだ」 ▶ It is likely that ... と書き換えられる。 副 (very, most などを伴って)たぶん，おそらく ☐ líkelihood 名 見込み
possible [pá(:)səbl] ☐☐ 84	あり得る；可能な(⇔ impóssible) 🔤 It is possible that ... 　「…ということはあり得る」 ▶ It is possible for 〜 to do と書き換えられる。 ▶ as 〜 as possible「できるだけ〜」 ☐ póssibly 副 ひょっとしたら ☐ possibílity 名 可能性；実現性
similar [símələr] ☐☐ 85	(〜と；〜の点で)似ている(to；in) ☐ símilarly 副 同じように ☐ similárity [sìmələ́rəti] 名 類似(点)

The **main** theme of this book is slavery.	この本の主題は奴隷制度だ。
The use of smartphones while driving is one of **the major** causes of car accidents.	運転中のスマートフォンの使用が自動車事故の主要な原因の1つだ。
You cannot treat this engine trouble as a **minor** problem.	君たちはこのエンジントラブルをささいな問題とみなすことはできない。
It's **clear** that the driver is responsible for the accident.	運転手にその事故の責任があるのは明らかだ。
Those species are **likely** to die out in the very near future.	それらの生物種は非常に近い将来，絶滅しそうだ。
It is **possible** that we could discover life on Mars. I think this is the best **possible** way.	火星に生命体を発見できるということはあり得る。 これが考えられる最善の策だと思う。
Korean grammar is **similar** to Japanese grammar.	韓国語の文法は日本語の文法と似ている。

close [発] [klous] □□ 86	(～に) **(ごく)近い** (to)；親しい；綿密な ▶ a close friend 親友 [副] 接近して [動] [klouz] を閉じる □ clósely [副] 綿密に；詳細に
common [ká(:)mən] □□ 87	**共通の**；一般的な；よくある ▶ common sense 常識，良識 ▶ have ～ in common (with) (…と)共通して～を持つ □ cómmonly [副] 一般的に
general [dʒénərəl] □□ 88	**一般的な** (⇔ specífic)；全体の [名] 将軍；大将 □ génerally [副] 概して (≒ in general)
ordinary [アク] [ɔ́:rdənèri] □□ 89	**普通の**；並の (⇔ extraórdinary ➡ 787) ▶「正常な；標準の」の意味では normal (➡ 184) を使う。 □ ordinárily [副] 普通は
specific [アク] [spəsífɪk] □□ 90	**明確な**；具体的な；特定の (⇔ géneral) □ spécify [spésəfàɪ] [動] を具体的に述べる □ specificátion [spèsəfɪkéɪʃən] [名] 明記；(～s)仕様書
particular [アク] [pərtíkjulər] □□ 91	**特別の**；(～について) **好みがうるさい** (about) [名] (～s)詳細；細目 ▶ in particular 特に，とりわけ □ partícularly [副] 特に (≒ in particular)
individual [アク] [ìndɪvídʒuəl] □□ 92	**個人の**；個々の [名] 個人 □ individuálity [名] 個性 □ indivídualism [名] 個人主義
unique [発] [juní:k] □□ 93	(～に) **特有の** (to)；唯一の

Her birthday is very **close** to mine.	彼女の誕生日は私の誕生日にとても近い。
English is the most **common** language in the world.	英語は世界で一番の共通語だ。
Perfumes became popular among the **general** public in the 19th century.	19世紀に香水が一般大衆に広まった。
Someday, **ordinary people** will be able to travel in space.	いつの日か，普通の人々が宇宙に旅行できるようになるだろう。
He did not give a **specific** answer to the question.	彼はその質問に対して明確な答えを与えなかった。
I have nothing **particular** to do today.	今日するべき特別なことは何もない。
My sister is **particular** about her clothes.	私の姉は着る物の好みがうるさい。
The government must protect **individual** freedom.	政府は個人の自由を守らなければならない。
Fingerprints are **unique** to each **individual**.	指紋は個々人に特有のものだ。

41

rare [reər] □□ 94	珍しい，まれな □ rárely [副] めったに～(し)ない(≒ séldom)

副詞編

therefore [ア] [ðéərfɔ̀ːr] □□ 95	したがって，その結果 ▶ so より堅い語。
thus [発] [ðʌs] □□ 96	したがって(≒ thérefore)；このように(≒ in this way)；たとえば(≒ for example) ▶ thus far これまでのところ(≒ until now, so far)
moreover [発] [ア] [mɔːróuvər] □□ 97	そのうえ，さらに(≒ besídes, fúrthermore)
furthermore [fə́ːrðərmɔ̀ːr] □□ 98	そのうえ(≒ moreóver, besídes)
besides [bɪsáɪdz] □□ 99	そのうえ(≒ moreóver, fúrthermore) [前] に加えて ▶ 前置詞 beside ～「～のそばに」との違いに注意。
nonetheless [ア] [nʌ̀nðəlés] □□ 100	それにもかかわらず(≒ nevertheléss)

There are many rare species of wild animals on this island.	この島には多くの珍しい種の野生動物がいる。
She was injured and therefore unable to play.	彼女はけがをしてその結果プレーできなかった。
He is the eldest son; thus, he will take over his father's business.	彼は長男だ。したがって，父の仕事を引き継ぐことだろう。
The location is great and, moreover, the rent is reasonable.	立地がすばらしく，そのうえ，家賃も手ごろだ。
She passed the entrance exam and, furthermore, got a scholarship.	彼女は入学試験に合格し，そのうえ，奨学金を得た。
I was tired. Besides, I was sleepy.	私は疲れていた。そのうえ，眠かった。
It was raining. Nonetheless, I went to the park.	雨が降っていた。それでも，私は公園に行った。

動詞編

notice [nóʊtəs] ☐☐ 101	(に)**気づく**；(に)**注目する** ▶ notice 〜 *do* [*doing*] 〜が…する[している]のに気づく 名 注目；通知；掲示 ▶ take notice 気づく；気にかける ☐ nóticeable [nóʊtəsəbl] 形 人目を引く
note [noʊt] ☐☐ 102	(に)**注意する，注目する**；を書き留める；を話に出す 名 メモ；注釈；音符；米 紙幣(英 bill)
discover [dɪskʌ́vər] ☐☐ 103	を**発見する**；に気づく ☐ discóvery 名 発見
realize [ríːəlàɪz] ☐☐ 104	(…ということ；…か)を**(はっきりと)理解する** (that 節；wh- 節)；を実現する ☐ réal 形 現実の；本当の ☐ réally 副 本当に；実は ☐ reálity 名 現実(性)；現実のもの ☐ realizátion 名 理解；実現
recognize ⑦ [rékəgnàɪz] ☐☐ 105	を**それとわかる**；を認める ☐ recognítion 名 それとわかること；承認
encourage [ɪnkə́ːrɪdʒ] ☐☐ 106	を**励ます**(⇔ discóurage → 707) ⑩ encourage 〜 to *do* 「〜(人)を…するよう励ます」 ☐ encóuragement 名 激励
force [fɔːrs] ☐☐ 107	**(人)に無理やり**(…)**させる**(to *do*)；を(〜に) 押しつける(on) 名 力；軍隊；暴力

▶動詞編　p.44　　▶形容詞編　p.62
▶名詞編　p.54　　▶副詞編　p.66

I **noticed** that her eyes were red.	私は彼女の目が充血していることに気づいた。
Please **note** that food and drinks are not allowed in the theater.	劇場内での飲食は禁じられていることに留意してください。
The scientists **discovered** the new plant species.	その科学者たちは新種の植物を発見した。
I **realize** how important it is to learn a foreign language.	私は外国語を学ぶことがいかに重要かを理解している。
I instantly **recognized** his face, but I couldn't remember his name.	私は彼の顔がすぐにわかったが、名前は思い出せなかった。
Our teacher **encouraged** us to try harder.	先生はもっと頑張るよう私たちを励ました。
Her boss often **forces** her to work overtime.	彼女の上司はよく彼女に無理やり残業させる。

order [ɔ́ːrdər] ☐☐ 108	を(〜に)**注文する**(from)；を(人)に命令する 图 注文；命令；順序；正常な状態 ▶ out of order 故障して ▶ in order to *do* …するために
affect [əfékt] ☐☐ 109	に**影響する**(≒ ínfluence) ▶ 主に「好ましくない影響」に用いる。 ☐ afféction 图 愛情 ☐ affécted 形 影響を受けた；気取った
offer ⑦ [ɔ́(ː)fər] ☐☐ 110	(人)に(物・事)を**提供する**；(…しよう)と申し出る(to *do*) ▶ offer *A B* / offer *B* to *A* 「A(人)に B(物・事)を提供する」 图 提供, 申し出
demand [dɪmǽnd] ☐☐ 111	を**要求する**；を必要とする ⑩ demand that 〜 (should) *do* 「〜が…することを要求する」 图 要求；需要(⇔ supplý 供給) ☐ demánding 形 骨の折れる, 手間のかかる
argue [ɑ́ːrgjuː] ☐☐ 112	(…だ)と**主張する**(that 節)；を論じる；(〜と)言い争う(with) ▶ argue for[against] 〜 〜に賛成の[反対の]主張をする ☐ árgument 图 議論；口論
claim [kleɪm] ☐☐ 113	を**主張する**；を要求する ⑩ claim that ... 「…であると主張する」 图 主張；要求 ▶ 「クレームをつける」は make a complaint。
object ⑦ [əbdʒékt] ☐☐ 114	(〜に)**反対する**(to) (≒ oppóse → 616) 图 [ɑ́(ː)bdʒekt] 物体；〔普通単数形で〕目的；対象 ☐ objéctive 形 客観的な(⇔ subjéctive 主観的な) ☐ objéction 图 反対；異議
challenge ⑦ [tʃǽlɪndʒ] ☐☐ 115	に**異議を唱える**；に挑戦する 图 挑戦；課題 ☐ chállenging 形 やりがいのある

We have **ordered** a new carpet from the store.	私たちは新しいカーペットをその店に注文した。
Drinking alcohol can **affect** your physical and mental health.	お酒を飲むことは体と心の健康に影響を及ぼすことがある。
The kind boy **offered** his seat to an elderly lady.	その親切な少年は高齢の女性に席を譲った。
The coach **demanded** that her team practice harder.	そのコーチは彼女のチームがより熱心に練習することを要求した。
Some scientists **argue** that personality is formed in early childhood.	性格は幼児期に形成されると主張する科学者もいる。
He **claimed** that he knew nothing about the accident.	彼はその事故について何も知らないと主張した。
Some countries **object** to the use of nuclear power.	原子力の使用に反対する国もある。
The reporter **challenged** the President's claim.	その記者は大統領の主張に異議を唱えた。

involve [ɪnvá(:)lv] □□ 116	を**巻き込む**；を含む [TG] **get involved in** ～「～に巻き込まれる」 ▶ be involved in [with] ～ ～と関わりがある □ invólvement [名] 巻き込まれること，関与，参加
include [ɪnklúːd] □□ 117	を**含む**（⇔ exclúde ➡ 1133） □ inclúsion [名] 含むこと；包括 □ inclúding [前] を含めて □ inclúsive [形] 包括的な；（～を）含めて（of）
contain [kəntéɪn] □□ 118	を**含む**；〔普通否定文で〕を抑制する（≒ contról） □ contáiner [名] 容器；コンテナ □ cóntent [名]〔～s〕中身；内容；目次 ➡ 368
relate [rɪléɪt] □□ 119	を（～と）**関連づける**（to） [TG] **be related to** ～「～と関係がある」 □ relátion [名]〔～s〕関係；関連 □ relátionship [名] 関係；間柄
connect [kənékt] □□ 120	を（～と）**つなぐ**（to / with）；を関連させる □ connéction [名] 接続；関係
refer [アク] [rɪfə́ːr] □□ 121	（～に）**言及する**（to）；（～を）参照する（to） ▶ 活用：refer - referred - referred □ réference [réfərəns] [名]（～への）言及（to）；参照；参考文献
contact [アク] [ká(:)ntækt] □□ 122	と**連絡を取る** [名]（～との）連絡（with）；接触
compare [kəmpéər] □□ 123	を**比べる**；を（～に）たとえる（to） [TG] **compare** *A* **with** [**to**] *B*「AをBと比べる」 ▶ (as) compared with [to] ～「～と比べて」 □ compárison [名] 比較
measure [発] [méʒər] □□ 124	を**測る**；の寸法がある [名]〔しばしば～s〕措置；寸法；基準 □ méasurement [名] 測定；〔～s〕寸法

He got **involved** in illegal activities.	彼は違法行為に巻き込まれた。
The price **includes** consumption tax.	その価格は消費税を含む。
This website **contains** misleading information.	このウェブサイトは誤解を招く情報を含む。
I don't believe that personality is **related** to blood type.	私は性格が血液型と関係があるとは思わない。
That railway line **connects** Tokyo with Narita.	その鉄道路線は東京を成田と結んでいる。
He **referred** to the report in his speech.	彼は講演の中でそのレポートに言及した。
I **contacted** the police when I saw the accident.	私は事故を目撃したとき警察に連絡した。
The study **compares** human beings with other animals.	その研究は人間を他の動物と比べている。
I used a timer to **measure** reading speed.	私は読む速さを測るためにストップウォッチを使った。

mark [ma:*r*k] □□ 125	**(印など)を(〜に)つける**(on)；に(印などを)つける(with) 名 印；記号；主に英 (成績などの)点
approach 発 [əpróutʃ] □□ 126	**(に)近づく**；に取り組む ▶ approach to 〜 とは言わない。 名 取り組み方；接近
reach [ri:tʃ] □□ 127	**に到着する**；(〜に)手を伸ばす(for)；(に)届く 名 届く範囲 ▶ within reach of 〜「〜のすぐ近くに」
achieve [ətʃí:v] □□ 128	**を達成する**；を成し遂げる □ achíevement 名 達成；業績
receive [rɪsí:v] □□ 129	**を(〜から)受け取る**(from) □ recéption [rɪsépʃən] 名 歓迎会；受付 □ recéipt [rɪsí:t] 名 領収書；受け取ること
complete [kəmplí:t] □□ 130	**を完成させる**；を完全なものにする 形 完成した；完全な □ complétion 名 完成；修了
lead [li:d] □□ 131	**を(〜に)導く**(to)；を(…するよう)仕向ける(to *do*)；(〜に)至る(to) ▶ 活用：lead - led [led] - led 名 先頭；主導 □ léading 形 先頭に立つ；第一級の
win [wɪn] □□ 132	**(に)勝つ**(⇔ lose (に)負ける)；を獲得する ▶ 活用：win - won [wʌn] - won □ wínner 名 勝者(⇔ lóser 敗者)
lose 発 [lu:z] □□ 133	**を失う**；(試合など)で負ける ▶ lose weight「やせる」 ▶ 活用：lose - lost - lost □ loss 名 損失；敗北 □ lost 形 道に迷った；失った

She **marked** her name on her gym clothes.	彼女は体操着に名前を入れた。
A large typhoon is **approaching** Okinawa.	大型の台風が沖縄に近づいている。
We **reached** the island by ship.	私たちは船でその島に到着した。
We finally **achieved** the goal.	私たちはついに目標を達成した。
She **received** a reply from him.	彼女は彼から返事を受け取った。
You can **complete** the task in a few weeks.	あなたは2、3週間でその課題を完成させることができる。
His shot **led** his team to victory.	彼のシュートがチームを勝利に導いた。
She expects to **win** the race.	彼女はレースに勝つつもりだ。
I **lost my key** along the way.	私は道の途中でかぎをなくした。

fail
[feɪl]
□□ 134

(…)**できない**(to *do*)；(に)失敗する(in)(⇔ succéed ➡ 318)；(試験など)に落ちる

▶ never fail to *do*「必ず…する」

□ fáilure [féɪljər] [名] 失敗(者)；落第(者)

miss
[mɪs]
□□ 135

に**乗り遅れる**(⇔ catch に間に合う)；(機会など)を逃す；がいなくて寂しく思う

[名] 失敗；的はずれ

□ míssing [形] 欠けている；行方不明の

lack
[læk]
□□ 136

に**欠けている，**が**不足している**

[名] 不足，欠乏(≒ shórtage)

□ lácking [形] (～が)欠けて(in)

reduce
[rɪdjúːs]
□□ 137

を**減らす**

□ redúction [rɪdʌ́kʃən] [名] 減少；削減；割引(≒ díscount)

avoid
[əvɔ́ɪd]
□□ 138

(…すること)を**避ける**(*doing*)

▶ avoid to *do* とは言わない。

□ avóidance [名] 回避

limit
[límət]
□□ 139

を(～に)**制限する**(to)

[名] 限界；制限

□ límited [形] 有限の，乏しい

▶ limited resources「限られた資源」

prevent
[アク] [prɪvént]
□□ 140

を**妨げる**；を防ぐ

[TG] **prevent ～ from *doing***
「～が…するのを妨げる」

▶ stop [keep] ～ from *doing* も同意表現。

□ prevéntion [名] 予防

□ prevéntive [形] 予防の

wear
[weər]
□□ 141

を**身に着けている**；をすり減らす

▶ 身に着けるものには，「衣服」以外に「靴，眼鏡，帽子，宝石，化粧品，ひげ，表情」なども含まれる。

▶「着る，身に着ける」という1回の動作は put on で表す。

▶ 活用：wear - wore [wɔːr] - worn [wɔːrn]

[名] 衣類

They **failed** to reach an agreement.	彼らは合意に達すること ができなかった。
I **missed** the train by a minute.	私は1分差で列車に乗り 遅れた。
He **lacked** the experience to play the role.	彼はその役割を担うには 経験が不足していた。
The employees want to **reduce** their working hours.	従業員たちは労働時間を 減らしたいと思っている。
You should try to **avoid** making mistakes.	君たちは間違えることを 避けるよう努力すべきだ。
We **limited** our research to Asian nations.	私たちは調査をアジア諸 国に限定した。
Bright lights **prevent** people from falling asleep.	明るい光は人が眠りに落 ちるのを妨げる。
He always **wears** the same clothes.	彼はいつも同じ服を着て いる。

bear [beər] □□ 142	を**我慢する**(≒ stand)；を**(心に)抱く**；(子)を産む ▶「生まれる」の意味では過去分詞形 born を使う。 ▶ bear ~ in mind「～を心に留めておく」 ▶ 活用：bear - bore [bɔːr] - born(e) [bɔːrn] ▶ bare「裸の」と同音。 □ unbéarable 形 耐えられない
focus [fóukəs] □□ 143	を(～に)**集中させる**(on)；(～に)焦点を合わせる(on) 名 (活動・注目などの)焦点

author 発 [ɔ́ːθər] □□ 144	**著者**(≒ wríter) □ authórity [əːθɔ́ːrəti] 名 当局；権威；権限 → 869
professor [prəfésər] □□ 145	**教授**
sentence [séntəns] □□ 146	**文**；**(宣告された)刑**：判決 動 に判決を下す
passage 発 [pǽsidʒ] □□ 147	**(文章の)一節**；通行；通路 □ pass 動 通る 名 通行証；山道 □ pássenger 名 乗客
message 発 [mésidʒ] □□ 148	**伝言，メッセージ**；〔単数形で〕(本・演説などの)要点
statement [stéitmənt] □□ 149	**陳述**；声明 □ state 動 とはっきり述べる 名 状態；国家；州

I can't **bear** the noise any longer.	私はもうこれ以上騒音を我慢することができない。
Please **bear** in mind what I said.	私の言ったことを心に留めておいてください。
We should **focus** our efforts on that problem.	私たちは努力をその問題に集中させるべきだ。
The **author** of *Hamlet* is Shakespeare.	『ハムレット』の著者はシェークスピアだ。
Professor Smith is amazingly good at speaking Chinese.	スミス教授は中国語を話すのが驚くほどうまい。
The final **sentence** of the passage is the author's point of view.	その一節の最終文は筆者の見解だ。
He received a two-year prison **sentence**.	彼は懲役2年の刑を受けた。
Read the **passage**, and answer the questions.	文章の一節を読み，質問に答えなさい。
Can I leave a **message**?	伝言をお願いできますか。
Which of the following **statements** is true?	次の陳述のうちどれが正しいか。

topic [tá(ː)pɪk] □□ 150	論題, 話題
article [áːrtɪkl] □□ 151	(〜についての)**記事**(on / about)；品物；(契約・憲法などの)条項
issue [íʃuː] □□ 152	**問題**；発行；(雑誌などの)号 **動** を発行する
theory [θíːəri] □□ 153	**理論**(⇔ práctice → 172) ▶ in theory「理論上」 □ theorétical [θìːərétɪkəl] **形** 理論(上)の
evidence [évɪdəns] □□ 154	**証拠**(≒ proof)；根拠 □ évident **形** 明白な
experiment [ɪkspérɪmənt] □□ 155	**実験** **動** [ɪkspérɪmènt] (〜の)実験をする(on / with / in) □ experiméntal **形** 実験的な
subject [sʌ́bdʒekt] □□ 156	**(研究・話などの)主題**；科目；被験者 **形** (〜を)受けやすい(to) **動** [səbdʒékt] にさらす；を従属させる □ subjéctive **形** 主観的な(⇔ objéctive 客観的な)
government [gʌ́vərnmənt] □□ 157	〔しばしば the G〜〕**政府**；政治 □ góvern **動** を統治する；を運営する
policy [pá(ː)ləsi] □□ 158	**政策, 方針**

The **topic** of today's debate is "school uniforms."	今日のディベートの論題は「制服」だ。
This **article** on education is worth reading.	教育についてのこの記事は読む価値がある。
I avoided political **issues**.	私は政治的な問題を避けた。
Charles Darwin is well known for <u>his **theory**</u> of evolution.	チャールズ・ダーウィンは進化論で有名だ。
There is enough **evidence** to support his theory.	彼の理論を支持するのに十分な証拠がある。
I object to **experiments** on living animals.	私は動物の生体実験に反対だ。
We talked about the **subject** for hours.	私たちは何時間もその話題について話し合った。
He says that the Japanese **government** should accept more immigrants.	日本政府はもっと多くの移民を受け入れるべきだと彼は言う。
I don't agree with the government's **policy** on food.	私は政府の食料政策には賛成しない。

education [èdʒəkéɪʃən] □□ 159	**教育**；教養 □ éducate [動] を教育する □ educátional [形] 教育(上)の
company [kʌ́mpəni] □□ 160	**会社**；仲間；付き合い □ accómpany [動] に同伴する □ compánion [kəmpǽnjən] [名] 連れ；付き添い
colleague [アク] [ká(:)li:g] □□ 161	**同僚**(≒ cóworker)
industry [アク] [índəstri] □□ 162	**産業**；勤勉 □ indústrial [形] 産業の □ indústrious [形] 勤勉な(≒ díligent)
trade [treɪd] □□ 163	**貿易**；取引；職業 [動] (～と)取引する(with)；(～を)商う(in)；(人と)を交換する(with) ▶ trade *A* for *B*「AをBと交換する」 □ tráder [名] 貿易業者；株の仲買人
economy [アク] [ɪká(:)nəmi] □□ 164	〔しばしば the ～〕**(国家などの)経済**；節約 ▶ the Ministry of Economy, Trade and Industry「(日本の)経済産業省」 □ económic [形] 経済(上)の □ económical [形] (値段が)経済的な；(人が)倹約する □ económics [名] 経済学 □ ecónomist [名] 経済学者
customer [kʌ́stəmər] □□ 165	**顧客**
benefit [bénɪfɪt] □□ 166	**(物質的・精神的)利益**；給付，手当 ▶ profit は主に「金銭的利益」を指し，benefit は「利益になること全般」を指す。 [動] に利益を与える；(～から)利益を得る(from / by) □ benefícial [形] 有益な

It costs a lot to get a higher education.	高等教育を受けるには多大な費用がかかる。
His grandfather started a food company.	彼の祖父は食品会社を設立した。
A colleague of mine helped me with the presentation.	私の同僚の1人がプレゼンテーションを手伝ってくれた。
The country is highly dependent on the tourist industry.	その国は観光産業に大きく依存している。
She is engaged in international trade.	彼女は国際貿易に携わっている。
The world economy depends on the U.S. economy.	世界経済はアメリカ経済に左右される。
We must meet our customers' needs.	私たちは顧客の要望に応えなければならない。
I believe that a vegetarian diet provides health benefits.	私は菜食が健康上の利益をもたらすと信じている。

figure [fígjər] □□ 167	図；数字；姿；(~s)計算 [動] (…だ)と判断する(that 節) ▶ figure out ~「~を理解する」
rate [reɪt] □□ 168	比率；速度 ▶ at any rate「とにかく，いずれにせよ」 (≒ in any case) [動] を評価する □ ráting [名] 格付け，等級
chance [tʃæns] □□ 169	(…する)見込み(of *doing* / that 節)；(…する)機会(to *do* / of *doing*) ▶「…する見込み」の意味では chance to *do* は使わない。
opportunity [à(:)pərtjú:nəti] □□ 170	(~の；…する)機会(for；to *do*) ▶「機会」の意味では，chance のほうが opportunity よりも偶然性が高い場合に多用される。
project [アク] [prá(:)dʒekt] □□ 171	事業；(規模の大きな)計画 [動] [prədʒékt] を映し出す；を計画する □ projéctor [名] 映写機
practice [prǽktɪs] □□ 172	練習；(意識的な)習慣；実践(⇔ théory ➡ 153) ▶ in practice「実際(に)は」 [動] (を)練習する；(を)実践する □ práctical [形] 実際的な；実用的な
effort [アク] [éfərt] □□ 173	努力 ▶ make an effort to *do*「…する努力をする」
quality [発] [kwá(:)ləti] □□ 174	質(⇔ quántity)；良質 ▶ quality of life「生活の質；満足度」(略：QOL) [形] 高級な □ quálify [動] に(~の)資格を与える(for)
quantity [kwá(:)ntəti] □□ 175	量(⇔ quálity)；(~の)分量(of) ▶ quality and quantity「質と量」 ▶「多い／少ない」は large / small で表す。

The **figure** below shows the percentage of population increase.	下の図表は人口増加の割合を示している。
The unemployment **rate** is decreasing.	失業率は下がりつつある。
He has little **chance** of winning.	彼が勝つ見込みはほとんどない。
I want an **opportunity** to travel abroad.	私は海外旅行をする機会が欲しい。
He took part in the big **project** to build a bridge.	彼は橋の建設という大事業に参加した。
My son goes to baseball **practice** every Sunday.	私の息子は毎週日曜日に野球の練習に行く。
My failure was caused by a lack of **effort**.	私の失敗は努力不足が原因だった。
The guests at this hotel are willing to pay for high **quality**.	このホテルの客は高い品質に対してお金を出すのをいとわない。
There was a large **quantity** of fuel on board the ship.	その船の上には大量の燃料が積まれていた。

amount [əmáunt] □□ 176	金額；量 ▶ a ~ amount of money「～な額の金」 動 総計(～に)なる(to)

形容詞編

scientific 発 [sàɪəntífɪk] □□ 177	科学の □ scíence 名 科学
political ア [pəlítɪkəl] □□ 178	政治の □ pólitics 名 政治 □ politícian [pà(:)lətíʃən] 名 政治家
social [sóuʃəl] □□ 179	社会の；社交の □ socíety 名 社会 □ sócialism 名 社会主義 □ sociólogy 名 社会学
official ア [əfíʃəl] □□ 180	公式の；公の 名 公務員(≒ public servant)；(会社の)役員
financial [fənǽnʃəl] □□ 181	財政(上)の；金銭的な □ fináncially 副 財政的に(は) □ fínance 名 財政；(～s)財源
expensive [ɪkspénsɪv] □□ 182	高価な(⇔ inexpénsive, cheap 安い) □ expénse 名 費用；(～s)経費；犠牲 ▶ at the expense of ~「～の費用で；～を犠牲にして」
various 発 ア [véəriəs] □□ 183	さまざまな □ varíety [vəráɪəti] 名 多様(性)；種類 → 244 □ váry [véəri] 動 異なる(≒ differ)；変わる → 430 □ variátion [vèəriéɪʃən] 名 変化(したもの)
normal [nɔ́:rməl] □□ 184	普通の(⇔ abnórmal 異常な)；正常な；標準の □ norm 名 (～s)規範；標準 □ nórmally 副 普通は

I have only a small amount of money now.	私は今ほんの少額のお金しか持っていない。
We did a scientific experiment in class.	私たちは授業で科学実験をした。
We need a new political party.	私たちには新しい政党が必要だ。
He wrote about the world's social problems.	彼は世界の社会問題について書いた。
Some people want to make English Japan's second official language.	英語を日本の第2公用語にしたがっている人もいる。
The city is facing a financial crisis.	その市は財政危機に直面している。
He likes to buy expensive shoes.	彼は高価な靴を買うのが好きだ。
She didn't accept the offer for various reasons.	彼女はさまざまな理由からその申し出を受け入れなかった。
The nurse helped the patient return to a normal life.	その看護師は患者が普通の生活に戻れるよう支援した。

familiar [fəmíljər] □□ 185	(〜を)**よく知っている**(with)；(〜に)よく知られている(to) 　　□ familiárity [fəmìljǽrəti] 图 よく知っていること；親しさ
appropriate 🟥 🟨 [əpróupriət] □□ 186	(〜に)**適切な**(for / to) 　▶ ある目的や状況などに「ふさわしい」こと。 　　□ inapprópriate 形 不適切な
necessary 🟨 [nésəsèri] □□ 187	(〜に)**必要な**(for / to) 　　□ necéssity 图 必要(性)；必需品 　　□ necessárily 副 (否定文で)必ずしも(〜ではない)
correct [kərékt] □□ 188	**正しい**(≒ right)(⇔ incorréct 間違った) 　　動 を訂正する 　　□ corréction 图 訂正
available 🟥 [əvéiləbl] □□ 189	(〜にとって)**利用できる，入手できる**(for / to)；(人の)手が空いている 　　□ availabílity 图 利用できること；有用性
typical 🟥 [típikəl] □□ 190	**典型的な**；(〜に)特有の(of) 　　□ type 图 典型；型 　　□ týpically 副 典型的に；概して
positive [pá(:)zətiv] □□ 191	**積極的な**(⇔ négative)；(〜を)確信している(of / about)(≒ sure)；肯定的な
negative [négətiv] □□ 192	**好ましくない，消極的な**(⇔ pósitive)；否定の 　　图 否定(表現)
passive [pǽsiv] □□ 193	**受動的な**；消極的な(⇔ áctive → 285)

The professor is **familiar** with economic theories.	その教授は経済理論を<u>よく知っている</u>。
Her flashy dress is not **appropriate** for a funeral.	彼女の派手なドレスは葬式に<u>ふさわしくない</u>。
It is **necessary** to get enough sleep to remain healthy.	健康でいるためには十分な睡眠を取ることが<u>必要</u>だ。
Your answer to the question is **correct**.	その問題に対するあなたの答えは<u>正しい</u>。
The city library is **available** to all citizens.	市の図書館はすべての市民に<u>利用可能</u>だ。
This is a **typical** example of Japanese pop music.	これが日本のポップ・ミュージックの<u>典型的な</u>例です。
She has a very **positive** attitude toward everything.	彼女はあらゆることに対してとても<u>積極的な</u>姿勢だ。
That medicine has **negative** side effects.	その薬には<u>好ましくない</u>副作用がある。
Compared with reading, watching TV is a **passive** activity.	読書と比べると、テレビを見ることは<u>受動的な</u>活動だ。

physical [fízɪkəl] □□ 194	身体の(⇔ méntal)；物理的な；物質の □ phýsics 名 物理学
mental [méntəl] □□ 195	精神の(⇔ phýsical)；知能の □ méntally 副 精神的に

副詞編

rather [rǽðər] □□ 196	(〜よりも)**むしろ**(than)；**かなり**；いくぶん ▶ would rather do「むしろ…したい」
instead ⑦ [ɪnstéd] □□ 197	その代わりに；そうではなくて ▶ 普通，文頭か文末で使う。 ▶ instead of 〜「〜の代わりに；〜ではなく」
otherwise [ʌ́ðərwàɪz] □□ 198	そうでなければ(≒ or else)；それ以外では；違ったふうに
somehow ⑦ [sʌ́mhàu] □□ 199	どうにかして；どういうわけか
somewhat ⑦ [sʌ́mhwʌ̀t] □□ 200	いくぶん

Physical exercise prevents heart disease.	身体の運動は心臓の病気を予防する。
Physical exercise is good for **mental health**.	身体の運動は精神衛生によい。

He is a salesperson **rather** than an engineer.	彼は技師というよりもむしろ販売員だ。
The final exam was **rather** difficult.	最終試験はかなり難しかった。
The rice burgers are sold out. Why not try the *teriyaki* burger, **instead**?	ライスバーガーは売り切れです。その代わりに，テリヤキバーガーをいかがですか。
Talk louder; **otherwise**, people will not be able to hear you.	もっと大きい声で話しなさい。そうしないと，人に聞こえないだろう。
This car is a little old, but **otherwise** it is fine.	この車は少し古いが，それ以外では申し分ない。
I must finish the homework **somehow**.	私はどうにかして宿題を終えなければならない。
The exam was **somewhat** easier than I had expected.	試験は思っていたよりもいくぶん簡単だった。

動詞編

wonder [wʌ́ndər] □□ 201	(…だろうか)**と思う**(if 節 / wh- 節)；(〜に；…ということに)**驚く**(at；that 節) ▶ I was wondering if I could *do* 「…してもよろしいでしょうか」 图 驚異 ▶ (It is) no wonder (that) ...「…は当然だ」
suppose [səpóuz] □□ 202	**(たぶん)**(…だ)**と思う**(that 節)(≒ think)；〔文頭で接続詞的に〕**もし**(…)**ならば**(that 節)(≒ if)；**と仮定する** ▶ be supposed to *do*「…することになっている；(否定文で)…してはいけない」 □ suppósed 形 そうだと思われている □ suppósedly [səpóuzidli] 副 たぶん，おそらく
imagine [imǽdʒin] □□ 203	(…ということ；…か)**を想像する**(that 節；wh- 節) ▶「…することを想像する」は imagine *doing* で表す。 □ imaginátion 图 想像；想像力 □ imáginative 形 想像力に富んだ □ imáginary 形 想像上の □ imáginable 形 想像し得る(限りの)
regard [rigá:rd] □□ 204	**を**(〜と)**見なす**(as) ▶ regard 〜 to be ... は不可。 图 配慮；敬意 ▶ with [in] regard to 〜「〜に関して」 ▶ in this regard「この点については」 □ regárding 前 に関しては □ regárdless 形 (〜に)注意を払わない(of) ▶ regardless of 〜「〜に(も)かかわらず」
wish [wiʃ] □□ 205	(…であればいいのに)**と思う**(that 節)；(できたら)(…)**したいと思う**(to *do*)；**願う** ▶ that 節内は仮定法を使う。 图 願い

I **wonder** why she doesn't look at me.	どうして彼女は私を見てくれないのだろうか。
I **suppose** he is over sixty.	たぶん彼は60歳を超えていると私は思う。
Suppose you could win some money, what would you do with it?	もしいくらかのお金を獲得することができるなら，あなたはそれで何をしますか。
I cannot **imagine** what it was like to live during the war.	私は戦争中の暮らしがどのようなものだったのか想像することができない。
He **regards** the baseball player as a hero.	彼はその野球選手を英雄と見なしている。
He **wishes** he could speak English.	彼は英語を話せたらいいのにと思っている。

determine [発] [dɪtə́ːrmɪn] □□ 206	を**決定する**；を突き止める □ detérmined [形] 決意した ▶ be determined to *do*「…することを決意している」
express [ɪksprés] □□ 207	を**表現する** [形] 急行の；急ぎの　[名] 急行列車[バス] □ expréssion [名] 表現 □ expréssive [形] 表現[表情]に富む
represent [ア] [rèprɪzént] □□ 208	を**象徴する**；を表現する；を**代表する** □ representátion [名] 表現；表示；代表 □ representátive [名] 代表(者)；議員
identify [aɪdéntəfàɪ] □□ 209	を(～だと)**特定する**(as)；を(～と)同一のものと見なす(with) □ idéntity [名] 同一性；身元 □ identificátion [名] 同一(人)物であることの確認 □ idéntical [形] 同一の(≒ same)；非常によく似た
mention [ménʃən] □□ 210	に**言及する** ▶ not to mention ～「～は言うまでもなく」 [名] 言及
solve [sɑ(ː)lv] □□ 211	を**解決する**；を解く □ solútion [səlúːʃən] [名] 解決(法)；解答
prove [発] [pruːv] □□ 212	(…ということ)を**証明する**(that 節)；(…だと)**わかる**(to be)(≒ turn out) □ proof [pruːf] [名] 証明；証拠
communicate [ア] [kəmjúːnɪkèɪt] □□ 213	(～と)**意思を通じ合う**(with)；を(～に)伝える(to) □ communicátion [名] 伝達；意思の疎通

He **determined** his major at his university.	彼は大学での専攻を決めた。
The parents **expressed** concern over school safety.	その両親は学校の安全性に関して懸念を表明した。
The rain in this picture **represents** sorrow.	この絵の中の雨は悲しみを象徴している。
Mr. Tanaka **represented** our school at the conference.	その会議では田中先生が私たちの学校の代表を務めた。
The police quickly **identified** the criminal.	警察はすぐに犯人を特定した。
The author **mentioned** the same point several times.	筆者は何度か同じ点について言及した。
The little girl **solved** the problem by herself.	その少女は1人でその問題を解決した。
Scientists must **prove** that their theories are correct.	科学者は自分の理論が正しいことを証明しなければならない。
The company's new toy **proved** (to be) unsafe.	その会社の新しい玩具は安全でないとわかった。
The actor **communicates** with his fans daily.	その俳優は毎日ファンと意思疎通をしている。

respect [rɪspékt] ☐☐ 214	を(〜の点で)**尊敬する**(for)；を尊重する 　图 尊敬；尊重；点 　▶ in 〜 respect「〜の点で」 　▶ with respect to 〜「〜に関して」 　☐ respéctable 圏 ちゃんとした；立派な 　☐ respéctful 圏 敬意を表する 　☐ respéctive 圏 それぞれの
prefer ㋐[prɪfə́ːr] ☐☐ 215	の**ほうを好む** 　颐 prefer A to B「BよりもAのほうを好む」 　☐ préferable [préfərəbl] 圏 好ましい 　☐ préference [préfərəns] 图 好み
design [dɪzáɪn] ☐☐ 216	を**設計する** 　颐 be designed to do 　　「…するように設計されている」 　图 デザイン；設計(図)
establish [ɪstǽblɪʃ] ☐☐ 217	を**設立する**；(理論・地位)を確立する 　☐ estáblished 圏 確立した 　☐ estáblishment 图 設立；確立；組織
found [faʊnd] ☐☐ 218	を**設立する**(≒ estáblish)；の基礎を作る 　☐ foundátion 图 基礎；設立 　☐ fóunder 图 創設者
publish [pʌ́blɪʃ] ☐☐ 219	を**出版する**；を正式に発表する 　☐ publicátion 图 出版(物) 　☐ públisher 图 出版社
serve [səːrv] ☐☐ 220	(の)**役に立つ**；に食事を出す；に奉仕する 　☐ sérvant 图 使用人 　☐ sérvice 图 応対；給仕；奉仕
supply ㋐[səplái] ☐☐ 221	を**供給する** 　颐 supply A with B「AにBを供給する」 　▶ supply B to [for] A と書き換えられる。 　图 供給(⇔ demánd 需要) 　▶ in short supply「供給が不足して」

I **respect** him for his charity work.	私は彼を慈善活動の点で尊敬している。
I **prefer** bread to rice for breakfast.	私は朝食にはご飯よりもパンのほうが好きだ。
The new stadium is **designed** to seat 80,000 people.	新スタジアムは8万人収容できるように設計されている。
His dream is to **establish** a school in his home country.	彼の夢は祖国に学校を設立することだ。
He **founded** the company in 1903.	彼は1903年にその会社を設立した。
He has **published** 24 books in the last decade.	彼はこの10年間で24冊の本を出版している。
This tool **serves** many purposes.	この道具は多様な目的に役立つ。
The government decided to **supply** the refugees with extra food.	政府はその難民に追加の食料を供給することに決めた。

apply [əplái] □□ 222	(〜に；〜を求めて)**申し込む**(to；for)；**を**(〜に)**適用する**(to)；(〜に)当てはまる(to) 　□ applíed　形 応用の 　□ applicátion 名 申込(書)；適用 　□ ápplicant 名 (〜への)応募者(for)
treat [triːt] □□ 223	**を扱う**；**を治療する**；におごる 　🔟 treat A like B「AをBのように扱う」 　▶ treat A as B「AをBと見なす」 　名 ごちそう，楽しみ；(one's 〜)おごり 　□ tréatment 名 取り扱い；(〜の)治療(for)
search 発 [səːrtʃ] □□ 224	**(場所など)を**(〜を求めて)**探す，捜索する**(for)；**を検索する** 　▶「search + 場所」，「search for + 探し求める物」となる。 　名 検索；捜索
prepare ⑦ [prɪpéər] □□ 225	(〜のために)**(を)準備する**(for) 　□ preparátion 名 準備
protect [prətékt] □□ 226	**を**(〜から)**保護する**(from / against) 　□ protéction 名 保護
pick [pɪk] □□ 227	**を選び取る**；**を摘む** 　▶ pick up 〜「〜を拾い上げる；(人)を車に乗せる」 　▶ pick out 〜「〜を選び出す」 　□ píckpocket 名 すり
fit [fɪt] □□ 228	**(に)ぴったり合う**；(〜に)**うまく合う**(into)；**(寸法など)を合わせる** 　形 (〜に)適した(for)；健康な(≒ héalthy) 　名 ぴったり合うこと；(衣服などの)合い具合 　□ fítness 名 健康

| 0 | 600 | 1100 | 1400 |

I am **applying** to university this year.	私は今年大学に出願する予定だ。
You just have to **apply** the rules to all sentences.	君はその規則をすべての文に適用しさえすればよい。
She always **treats** me like a child.	彼女はいつも私を子供のように扱う。
The doctor **treats** patients without drugs.	その医師は薬を使わずに患者を治療する。
I **searched** the room for the ring.	私は指輪を求めてその部屋を探した。
He is **preparing** for tomorrow's presentation.	彼は明日の発表の準備をしている。
We have to **protect** the environment from destruction and pollution.	私たちは破壊と汚染から環境を保護しなければならない。
That was really great. You **picked** a good restaurant.	とてもおいしかった。よいレストランを選んだね。
Please **pick** as many flowers as you want.	あなたが欲しいだけ多くの花を摘んでください。
My mother's old dress **fits** me.	母の昔のドレスが私にぴったり合う。
The exchange student did not **fit** into Japanese society.	その交換留学生は日本社会になじまなかった。

gain

[geɪn]

□□ 229

を(努力して)手に入れる；を増す；(時計が)進む(⇔ lose 遅れる)
- ▶ gain weight「体重が増える」
- 名 増加；利益

enter

[éntər]

□□ 230

に入る
- ▶ enter into ~「~を始める；(契約など)を結ぶ」
- □ éntrance [éntrəns] 名 入口(⇔ éxit)；入ること；入学
- □ éntry [éntri] 名 入ること；参加(者)

spread

發 [spred]

□□ 231

広がる；を広げる
- ▶ 活用：spread - spread - spread
- 名 広まり
- □ wídespread 形 広範囲にわたる

advance

[ədvǽns]

□□ 232

前進する；を進める
- 名 前進；進歩
- ▶ in advance「前もって」(≒ beforehand)
- □ advánced 形 進歩した；上級の
- ▶ an advanced technology「先進技術」

tend

[tend]

□□ 233

(…する)傾向がある(to do)
- ▶「傾向がある」の意味では進行形にしない。
- □ téndency 名 (~への；…する)傾向(to / toward；to do)

depend

[dɪpénd]

□□ 234

依存する；頼る；(に)左右される(on)
- 熟 depend on A for B「BをAに依存する」
- □ depéndent 形 (~に)依存している(on)
- □ depéndence 名 依存

exist

發 [ɪgzíst]

□□ 235

存在する；生存する
- ▶「存在する」の意味では進行形にはしない。
- □ exístence 名 存在；生存
- □ exístent 形 存在している；実在する

decline

[dɪkláɪn]

□□ 236

減る，衰える；を(丁重に)断る(≒ refúse)
- 名 (~の)減少，衰退(in)

Kenya **gained** independence in 1963.	ケニアは1963年に独立を獲得した。
American students **enter** college in September.	アメリカの学生は9月に大学に入る。
The flu **spread** throughout the country.	インフルエンザが国中に広がった。
In the past decades, scientific knowledge has **advanced** greatly.	過去数十年で，科学的知識は大きく進歩した。
Japanese employees **tend** to work long hours.	日本人従業員は長時間働く傾向にある。
Japan **depends** on the Middle East for oil.	日本は石油を中東に依存している。
He believes that ghosts **exist**.	彼は幽霊が存在すると信じている。
The birth rate continues to **decline**.	出生率は減り続けている。

decrease [dìːkríːs] □□ 237	**減る**(⇔ incréase ➜ 16)；を減らす [名] [díːkriːs] 減少
waste [weɪst] □□ 238	を(～に)**浪費する**(on) [名] (～の)無駄(of)；〔しばしば～s〕廃棄物 □ wásteful [形] 無駄の多い
damage [アク] [dǽmɪdʒ] □□ 239	**(物・体の一部)に損害を与える** [名] 損害
suffer [sʌ́fər] □□ 240	(～で)**苦しむ**(from)；(苦痛)を経験する □ súffering [名] 苦しみ；苦痛
act [ækt] □□ 241	**行動する**；(～の)役を務める(as) ▶ act on ～「～に基づいて行動する；～に作用する」 [名] (1 回の)行為；〔しばしばA～〕法令 □ áctive [形] 活動的な ➜ 285 □ áction [名] (目的に向けた一連の)行動
perform [pərfɔ́ːrm] □□ 242	を**行う**；を果たす；を演じる □ perfórmance [名] 演技；実行；性能

名詞編

species [発] [spíːʃiːz] □□ 243	**(生物の)種**(しゅ)；〔the / our ～〕人類 ▶ 単数形も複数形も species。
variety [発] [アク] [vəráɪəti] □□ 244	**多様(性)**；種類 □ váry [véəri] [動] 異なる；(多様に)変わる ➜ 430 □ várious [véəriəs] [形] さまざまな ➜ 183
degree [dɪgríː] □□ 245	**程度**(≒ extént)；**(温度などの)度**；(大学の)学位 ▶ by degrees「徐々に」(≒ grádually)

Japan's population will probably **decrease** in the future.	将来，日本の<u>人口</u>はおそらく<u>減る</u>だろう。
You are **wasting** your time on unimportant things.	君は重要でないことに自分の時間を<u>浪費している</u>。
The scandal **damaged** her career.	スキャンダルが彼女の経歴に<u>傷をつけた</u>。
He **suffers** from stress at work.	彼は仕事場でのストレスに<u>苦しんでいる</u>。
He **acted** on her suggestion.	彼は彼女の提案に従って<u>行動した</u>。
They **performed** the opening ceremony in the gymnasium.	彼らは体育館で開会式を<u>行った</u>。
He found a rare **species** of butterfly in Mexico.	彼はメキシコで珍種の<u>チョウ</u>を見つけた。
There are a wide **variety** of plants in the garden.	その庭園には多種<u>多様な</u>植物がある。
This problem is my fault to some **degree**.	この問題はある<u>程度</u>私に責任がある。
The temperature is minus six **degrees**.	温度は<u>マイナス6度</u>だ。

range 発 [reɪndʒ] □□ 246	範囲；並び；(同種のものの)集まり ▶ a mountain range「山脈」 動 (A から B の)範囲にわたる(from A to B)
standard [stǽndərd] □□ 247	水準，基準 形 標準の □ stándardize 動 を標準化する
medium 発 [míːdiəm] □□ 248	(伝達などの)媒体；手段；中間 ▶「媒体」の意味の複数形は，普通 média [míːdiə] を使う。 形 中間の
advantage 発 アク [ədvǽntɪdʒ] □□ 249	(〜の；〜に対する)有利な点(of；over) (⇔ disadvántage → 763) ▶ take advantage of 〜「〜を利用する」 □ advantágeous [ædvəntéɪdʒəs] 形 有利な
task [tæsk] □□ 250	(課された)任務，仕事；(学習の)課題
rest [rest] □□ 251	(the 〜)残り；(the 〜)その他の物[人々]；休息 動 休む；を休ませる
purpose 発 [pə́ːrpəs] □□ 252	目的 熟 for the purpose of 〜「〜の目的で」 ▶ on purpose「わざと」
feature [fíːtʃər] □□ 253	特徴；(普通〜s)顔つき；特集記事[番組] 動 を呼び物にする；を主演させる；を特集する
factor [fǽktər] □□ 254	要因，要素

They discussed a wide range of issues.	彼らは幅広い範囲の問題を話し合った。
The standard of living is low in this area.	この地域の生活水準は低い。
The media picked up the story quickly.	すぐにメディアはその話を取り上げた。
She has the advantage of speaking three languages when traveling abroad.	海外旅行をするとき，彼女には3か国語を話せるという有利な点がある。
The men were asked to perform some dangerous tasks.	男たちはいくつかの危険な任務をこなすよう頼まれた。
I'll do the rest of my work tomorrow.	残りの仕事は明日します。
I'm really tired. I need to take a rest.	私は本当に疲れている。休みを取る必要がある。
She came to Tokyo for the purpose of studying Japanese.	彼女は日本語を勉強する目的で東京に来た。
Gray hair is a common feature in elderly people.	白髪は高齢者によくある特徴だ。
Money is not a main factor in success.	お金は成功の主たる要因ではない。

81

shape [ʃeɪp] ☐☐ 255	**形;体調** 動 を形作る
image 🔈 ⑦ [ímɪdʒ] ☐☐ 256	**イメージ,印象;映像** 動 を心に描く ☐ ímagery 名 (映)像;イメージ ▶ image は可算名詞,imagery は不可算名詞。
detail [díːteɪl] ☐☐ 257	**(~s)詳細(な情報);細部** ▶ in detail「詳細に」 ☐ détailed 形 詳細な
character ⑦ [kǽrəktər] ☐☐ 258	**性格(≒ personálity);特徴;登場人物;文字** ▶ Chinese characters「漢字」 ☐ characterístic 形 特有の 名 特徴
function [fʌ́ŋkʃən] ☐☐ 259	**機能;職務** 動 機能する ☐ fúnctional 形 機能的な
structure [strʌ́ktʃər] ☐☐ 260	**構造;建築物** ☐ strúctural 形 構造(上)の
ground [graʊnd] ☐☐ 261	**地上;用地;(普通~s)根拠** ▶ on the grounds that ...「…という理由で」 動 (普通受身形で)の根拠を(~に)置く(in / on)
influence ⑦ [ínfluəns] ☐☐ 262	**(~への)影響(on);影響力のある人** ▶ have a ~ influence on ...「…に~な影響を及ぼす」 動 に影響を及ぼす ☐ inflúential 形 影響力を及ぼす
disease 🔈 [dɪzíːz] ☐☐ 263	**病気(≒ íllness, síckness)** ▶ dis-「~でない」+ ease「安楽な状態」=「体に苦痛があること」

The dresses at this store come in all shapes and sizes.	この店のドレスはあらゆる形とサイズがそろっている。
He is in good shape for his age.	彼は年のわりに体調がよい。
An American friend of mine has a good image of Japan.	私のアメリカ人の友人は日本に対してよいイメージを持っている。
For further details, check our website.	さらなる詳細については,ウェブサイトをご覧ください。
He shows his true character to very few people.	彼は自分の本性(= 本当の性格)をごく少数の人にしか見せない。
The main function of the stomach is to digest food.	胃の主な機能は食べ物を消化することだ。
The structure of society changed after the war.	戦後,社会の構造は変化した。
Gold is often discovered on the surface of the ground.	金はしばしば地表面で見つかる。
Some comics have a bad influence on children.	子供に悪影響を及ぼす漫画本もある。
Regular exercise can reduce the risk of heart disease.	定期的な運動で心臓病の危険性を減らすことがあり得る。

pain [peɪn] □□ 264	痛み；(~s)骨折り，苦労 **動** に苦痛を与える；(身体の一部が)痛む □ **páinful** 形 痛ましい；痛みを伴う □ **páinless** 形 無痛の
medicine [médsən] □□ 265	薬；医学 ▶ take (a) medicine「薬を飲む」(drink を用いない) □ **médical** [médɪkəl] 形 医学の
death [deθ] □□ 266	死 □ **die** [daɪ] 動 死ぬ ▶ 現在分詞形は dying。 □ **dead** 形 死んだ
fear **発** [fɪər] □□ 267	恐怖(心)；(…する；…という)不安(of doing；that 節) ▶ for fear that ...「…するといけないから」 **動** を恐れる；を心配する □ **féarful** 形 (~を)恐れて(of)
memory [méməri] □□ 268	記憶(力)；思い出 □ **mémorable** 形 忘れられない □ **mémorize** 動 を記憶[暗記]する □ **memórial** 名 記念(物) 形 記念の
emotion [ɪmóʊʃən] □□ 269	(喜怒哀楽の)感情(≒ féeling)；感動 □ **emótional** 形 感情的な；感動的な
movement [múːvmənt] □□ 270	(政治的な)運動；動き □ **move** 動 動く；を引っ越す；を動かす；を感動させる □ **mótion** 名 運動；動き，動作
region **発** [ríːdʒən] □□ 271	(広大な)地域(≒ área)；行政区；領域 □ **régional** 形 地域の，地方の
climate [kláɪmət] □□ 272	(長期的な)気候；風潮

He had a sharp **pain** in his stomach.	彼はおなかに激しい痛みがあった。
She took great **pains** over the job.	彼女はその仕事に大いに苦労した。
I always take my **medicine** after breakfast.	私はいつも朝食後に薬を飲む。
The immediate cause of his **death** was heart failure.	彼の直接の死因は心臓まひだった。
He said he had a deep **fear** of death.	彼は死に対して強い恐怖心があると言った。
The company president has a very good **memory** for names.	社長は名前に関してとても記憶力がよい。
She showed mixed **emotions** when I told her the news.	私がその知らせを告げたとき、彼女は複雑な感情を示した。
We supported the independence **movement**.	私たちはその独立運動を支持した。
Cranberries grow in the northern **region** of the U.S.	クランベリーはアメリカの北部地域に育つ。
We must minimize the damage from **climate** change.	私たちは気候変動による被害を最小限にしなければならない。

temperature [témpərətʃər] □□ 273	体温；(病気の)熱(≒ féver)；温度 **㏚** take *one's* temperature「体温を測る」
community [kəmjúːnəti] □□ 274	地域社会；共同体 □ commúnal **形** 共同社会の
population [pὰ(ː)pjuléiʃən] □□ 275	人口；(ある地域の)(全)住民；(動物の)総数 ▶「多い人口」は a large population。many は使わない。 □ pópulate **動** に住みつく □ pópular **形** 人気のある
generation [dʒènəréiʃən] □□ 276	世代；発生；生産 □ génerate **動** を生み出す；を発生させる □ génerator **名** 発電機

形容詞編

present ㊐ [prézənt] □□ 277	(〜に)出席している(at / in)(⇔ ábsent 欠席 の)；現在の；(〜に)存在している(in) **名** 〔しばしば the 〜〕現在；贈り物 **動** [prizént] を提示する；を贈る □ présence **名** 存在(すること)；出席
recent ㊐ ㊐ [ríːsənt] □□ 278	最近の □ récently **副** 最近(≒ látely) ▶ 普通，現在完了形または過去時制とともに使う。
current [kə́ːrənt] □□ 279	現在の(≒ présent) **名** (水・空気などの)流れ；電流；風潮 □ cúrrency **名** 通貨
ancient ㊐ [éinʃənt] □□ 280	古代の；昔からの
previous ㊐ [príːviəs] □□ 281	前の(⇔ fóllowing 次の) □ préviously **副** 前に

The nurse takes my temperature before breakfast.	朝食の前に看護師が私の体温を測る。
The international community must act to ensure world peace.	世界平和を確実にするため，国際社会は行動を起こさねばならない。
The world population is increasing at an alarming rate.	世界の人口は驚くべき速度で増えている。
We must pass this tradition on to the next generation.	私たちはこの伝統を次の世代に伝えなければならない。
There were many people present at her funeral.	多くの人が彼女の葬儀に出席していた。
I'm happy with my present job.	私は現在の仕事に満足している。
Curling has become increasingly popular in recent years.	カーリングは近年ますます人気が高まっている。
The manager seems happy with her current position.	部長は現在の地位に満足しているようだ。
I like reading the myths of ancient Greece.	私は古代ギリシャの神話を読むのが好きだ。
I injured my left arm on the previous day of the competition.	私は試合の前日に左腕にけがをしてしまった。

87

serious

[síəriəs]

□□ 282

真剣な；深刻な；まじめな
▶ a serious disease「重病」
□ sériously 圖 まじめに；ひどく

careful

[kéərfəl]

□□ 283

注意深い(⇔ cáreless 不注意な)
□ care 名 世話；注意；心配　動 (を)気遣う → 73
□ cárefully 圖 注意して；念入りに

responsible

[rɪspá(:)nsəbl]

□□ 284

責任がある
□ responsibílity [rɪspà(:)nsəbíləti] 名 責任

active

[ǽktɪv]

□□ 285

活動的な；積極的な(⇔ pássive → 193)
□ actívity 名 活動；活気
□ áctivate 動 を活発にさせる；を作動する

afraid

[əfréɪd]

□□ 286

(～を；…ではないかと)恐れて (of；that 節)

aware

[əwéər]

□□ 287

(～に；…ということに)気づいて (of；that 節)
□ unawáre 形 気づかないで
□ awáreness 名 自覚

patient

稟 [péɪʃənt]

□□ 288

(～に)我慢強い(with)
名 患者
□ impátient 形 我慢できない；いらいらして

whole

[hoʊl]

□□ 289

全体の；全部の
名 (the ～)全体
▶ on the whole「概して」

low

稟 [loʊ]

□□ 290

低い(⇔ high 高い)；(値段が)安い
圖 低く；安く
□ lówer 動 を低くする　形 低いほうの

huge

[hju:dʒ]

□□ 291

巨大な；莫大な

I'm not joking. I'm quite **serious**.	私は冗談を言ってなんかいないよ。<u>とても真剣なんだ。</u>
The company is always **careful** about security.	その会社はいつも防犯に<u>注意を払っている。</u>
Now that you have grown up, you <u>are</u> **responsible** for your actions.	あなたは大人になったのだから，<u>自分の行動に責任がある。</u>
My grandmother is still **physically** and mentally **active**.	祖母は今もなお<u>心身ともに活発</u>だ。
Don't be **afraid** of making mistakes.	<u>間違えることを恐れては</u>いけない。
Most people <u>are</u> **aware** of the danger of using smartphones while walking.	大部分の人は歩きながらスマートフォンを使うことの<u>危険性に気づいている。</u>
Parents need to be **patient** with their teenage children.	親は10代の子供に<u>忍耐強く</u>いる必要がある。
We cleaned **the whole** house on New Year's Eve.	私たちは大みそかに<u>家全体</u>を掃除した。
I cannot support myself on such a **low** income.	こんな<u>低収入</u>では生活できない。
A **huge** wave hit the small boat.	<u>巨大な</u>波がその小さな船を襲った。

blank	**空白の**；うつろな
[blæŋk]	名 空白
□□ 292	▶ fill in a blank「空所を埋める」

central	**中心的な**
[séntrəl]	□ cénter 名 中心
□□ 293	

safe	**安全な**；差し支えない
[seɪf]	▶ It is safe to say that ...「…だと言って差し支えない」
□□ 294	名 金庫
	□ sáfety 名 安全(⇔ dánger 危険)

wild	**野生の**；乱暴な；熱狂した
[waɪld]	
□□ 295	

eventually	**結局(は)**；ついに(は)
[ɪvéntʃuəli]	▶ 否定文では使わない。
□□ 296	

unfortunately	**残念なことに**
[ʌnfɔ́ːrtʃənətli]	□ unfórtunate 形 不幸な
□□ 297	

seemingly	**見たところ**；見た目には
[síːmɪŋli]	□ seem 動 (〜である；…する)ように思われる(to be; to do)
□□ 298	

afterward	**後で**
[ǽftərwərd]	
□□ 299	

altogether	**完全に**(≒ complétely)；全部で(≒ in total)
[ɔ̀ːltəgéðər]	▶ 否定文では部分否定「完全に〜というわけではない」となる。
□□ 300	▶ all together「みんな一緒に」との違いに注意。

Please write your name in the blank space at the top of the page.	ページ最上部の空欄にお名前を書いてください。
The museum is located in central London.	その博物館はロンドン中心部に位置している。
I put my wallet in a safe place.	財布を安全な場所に置いた。
You can see wild animals in Central Park.	セントラルパークで野生の動物が見られる。
Eventually, he went back to his home country.	結局，彼は祖国へ帰った。
Unfortunately, I can't meet you at the airport.	残念なことに，空港であなたを出迎えることができません。
Seemingly, the woman was alone.	見たところ，その女性はひとりのようだった。
We went out for a walk, and afterward, we ate lunch.	私たちは散歩に行き，その後で昼食をとった。
The peace process broke down altogether.	和平プロセスは完全に決裂した。

動詞編

assume [əsjúːm] □□ 301	**当然**(…だ)**と思う**(that 節)；(…だ)と仮定する(that 節)；(責任)を引き受ける □ assúmption [əsʌ́mpʃən] 图 想定, 仮定
guess 発 [ges] □□ 302	(…だ)**と思う**(that 節)；を推測する 图 推測
associate [əsóuʃièit] □□ 303	から(～を)**連想する**(with)；(～と)交際する(with) □ associátion 图 連想；協会；交際
desire [dizáiər] □□ 304	(…すること)を**強く望む**(to do) 图 (～への；…したいという)欲望(for；to do) □ desírable 形 望ましい
indicate [índikèit] □□ 305	(…ということ)を**示す**(that 節)；を指摘する □ indicátion 图 指摘；兆候 □ índicator 图 表示計器
respond [rispá(ː)nd] □□ 306	(～に)**応答する**(to)；(～に)反応する(to) □ respónse 图 対応；応答
reply [riplái] □□ 307	(～に)**返事を出す**(to) 图 返事, 答え(≒ ánswer)
attempt [ətémpt] □□ 308	(…すること)を**試みる**(to do) 图 試み, 企て ▶ in an attempt to do「…しようとして」

We **assume** that the human brain works like a computer.	私たちは当然人間の脳がコンピューターのように機能すると思っている。
I **guess** she is in her early seventies.	彼女は70代前半だと思う。
Most people **associate** hamburgers with American food.	たいていの人はハンバーガーからアメリカの食べ物を連想する。
He **desires** to be a movie actor.	彼は映画俳優になることを強く望んでいる。
The blood test **indicates** that her blood type is AB.	血液検査は彼女の血液型がAB型であることを示している。
The teacher **responded** to my question immediately.	その教師は私の質問に即座に応答した。
I **replied** to his invitation by e-mail.	私はEメールで彼の招待に返信した。
The police **attempted** to arrest the shooting suspect.	警察は狙撃事件の容疑者を逮捕することを試みた。

manage
[発] [ア] [mǽnɪdʒ]
□□ 309

(…すること)を**なんとかやり遂げる**(to *do*);を**うまく扱う**;を経営する
□ mánagement [名] 経営(者);管理(者)
□ mánager [名] 支配人;部長

maintain
[meɪntéɪn]
□□ 310

を**維持する**;(…ということ)を**主張する**(that 節)
□ máintenance [méɪntənəns] [名] 維持;整備

unite
[junáɪt]
□□ 311

(を)(〜と)**結合する**(with)
□ uníted [形] 結合した,連合した
▶ the United States of America「アメリカ合衆国」
▶ the United Kingdom「連合王国,英国」
▶ the United Nations「国際連合」

join
[dʒɔɪn]
□□ 312

(会・団体・人)に加わる;(〜に)参加する(in);をつなぐ
□ joint [名] 関節;つなぎ目 [形] 共同の
▶ joint venture「合弁事業」

attract
[ətrǽkt]
□□ 313

を**引きつける**(⇔ distráct ➡ 1132)
□ attráction [名] 魅力;呼び物
□ attráctive [形] 魅力的な

match
[mætʃ]
□□ 314

(と)**調和する**;に匹敵する
▶ match は「色・柄などが調和する」, fit は「型・大きさが人に合う」, suit は「色・衣服などが人に似合う」。
[名] 試合;競争相手;よく合う物[人]

attack
[ətǽk]
□□ 315

を**襲う,攻撃する**;を非難する
[名] 攻撃;非難;発作
▶ a heart attack「心臓発作」

seek
[siːk]
□□ 316

を**探し求める**;(…しよう)と努める(to *do*)
▶ 活用:seek - sought [sɔːt] - sought

He managed to pass the final interview.	彼はどうにか最終面接に合格した。
I wonder how she manages her time between family and work.	彼女は家庭と仕事の間でどのようにして時間をうまく使っているのだろうか。
He maintained silence throughout his trial.	裁判の間ずっと彼は沈黙を維持した。
He maintains that he is innocent.	彼は自分が無実だと主張している。
He is attempting to unite the two parties.	彼は2つの政党を統合しようとしている。
Why don't you join our party tonight?	今夜私たちのパーティーに加わりませんか。
The festival attracted over 40,000 visitors.	その祭典は4万人を超える来場者を引き寄せた。
This vest will match your jacket.	このベストはあなたのジャケットに合うでしょう。
Two dogs tried to attack my puppy.	2匹の犬が私の子犬に襲いかかろうとした。
Politicians seek solutions to the economic crisis.	政治家は経済危機の解決策を探し求めている。

engage
[ɪngéɪdʒ]
□□ 317

(〜に)**従事する**(in / with)；を(〜に)従事させる(in)；を(〜に)**引き入れる**(in)；(…すること)を約束する(to *do*)

▶ engage in 〜 が従事する動作を表すのに対し，be engaged in 〜 は従事している状態を表す。

□ engágement [名] 約束；婚約

succeed
[səksíːd]
□□ 318

成功する(⇔ fail ➡ 134)；(〜を)**継承する**(to)

[TG] **succeed in *doing*** 「…することに成功する」

□ succéss [名] 成功

□ succéssful [形] 成功した

□ succéssion [名] 継承；連続

□ succéssive [形] 連続した

marry
[mǽri]
□□ 319

と**結婚する**(≒ get married to)

▶ be married to 〜 〜と結婚している

▶ marry with 〜(人)，marry to 〜(人)のどちらも言わない。

□ márriage [名] 結婚

attend
[əténd]
□□ 320

に**出席する**；(〜の)世話をする(to)

□ atténdance [名] 出席(者)

□ atténdant [名] 付添い人；係員

▶ a flight attendant 客室乗務員

□ atténtion [名] 注目；注意

▶ pay attention to 〜 〜に注意を払う

satisfy
[ア] [sǽtɪsfàɪ]
□□ 321

を**満足させる**

[TG] **be satisfied with** 〜「〜に満足している」

□ satisfáction [sæ̀tɪsfǽkʃən] [名] 満足

□ satisfáctory [sæ̀tɪsfǽktəri] [形] 満足のいく

survive
[ア] [sərváɪv]
□□ 322

(を)**(切り抜けて)生き残る**；より長生きする

□ survíval [名] 生き残る[延びる]こと

□ survívor [名] 生存者

promote
[ア] [prəmóut]
□□ 323

を**促進する**；〔普通受身形で〕昇格する

□ promótion [名] 昇進；促進

I've decided to **engage** in a campaign for funds.	資金募集運動に従事することに決めた。
Beth always **engages** me in conversation.	ベスはいつも私を会話に引き入れてくれる。
He **succeeded** in making a huge fortune.	彼は莫大な財産を築くことに成功した。
She **succeeded** to the presidency.	彼女は大統領の地位を引き継いだ。
Will you **marry** me?	私と結婚してくれませんか。
I will **attend** the meeting tomorrow.	私は明日会議に出席します。
I am **satisfied** with the test results.	私は試験結果には満足している。
My grandfather **survived** the two wars.	祖父はその2つの戦争を生き抜いた。
English-language education **promotes** international understanding.	英語教育は国際理解を促進する。

earn [əːrn] □□ 324	を**稼ぐ**；得る ▶ earn *one's* living「生計を立てる」 □ éarnings [名] 収入
feed [fiːd] □□ 325	に**食べ物を与える**；物を食べる；(～を)えさとして食べる(on) ▶ 活用：feed - fed [fed] - fed ▶ be fed up with ～ ～にうんざりしている[する] □ food [fuːd] [名] 食物；えさ
taste [teɪst] □□ 326	**～の味がする**；の味をみる [名] 味；〔しばしば the ～〕味覚；(～の)好み(for) □ tásty [形] 味のよい(≒ delícious)
smell [smel] □□ 327	**～のにおいがする**；のにおいをかぐ [名] におい
adapt [ədǽpt] □□ 328	(～に)**順応する**(to)；を(～に)適合させる(to) □ adaptátion [名] 適応
adopt [ədá(ː)pt] □□ 329	**(考え・方針)を採用する**；を養子にする ▶ an adopted child 養子 □ adóption [名] 採用；養子縁組
adjust [ədʒʌ́st] □□ 330	を(～に合わせて)**調節する**(to)；(～に)順応する(to) □ adjústment [名] 適応；調整
separate [アク] [sépərèɪt] □□ 331	を(～から)**分離する**(from)；分かれる [形] [sépərət] 分離した；別個の □ separátion [名] 分離；離別 □ séparately [副] 別々に；独立して
exchange [発] [ɪkstʃéɪndʒ] □□ 332	(を)(～と)**交換する**(for) [名] 交換；両替

I **earn 1,100 yen an hour** at that job.	私はその仕事で時給1,100円を稼ぐ。
I **feed** my cat twice a day.	私は1日に2度，猫にえさを与える。
This coffee **tastes** bitter.	このコーヒーは苦い味がする。
I like this soap because **it smells good**.	いいにおいがするので，私はこの石けんを気に入っている。
My daughter easily **adapted** to the new surroundings.	私の娘はすぐに新しい環境に順応した。
The government **adopted** a new policy to stimulate the economy.	政府は経済を刺激するために新しい政策を採用した。
He **adjusted** the chair to his height.	彼は椅子を自分の身長に合わせて調節した。
The flood **separated** her from her family.	洪水が彼女を家族から引き離した。
I'd like to **exchange** this sweater for one in a larger size.	このセーターをもっと大きいサイズのものと交換したいのですが。

replace [rɪpléɪs] □□ 333	を(〜と)**取り替える**(with / by)；に取って代わる □ replácement 图 交替；交換；代わりの人[物]
remove [rɪmúːv] □□ 334	を(〜から)**取り去る**(from) □ remóval 图 除去
release [rɪlíːs] □□ 335	(ガスなど)を**放出する**；を解放する (⇔ cápture → 741)；を新発売する；(映画)を封切る 图 放出；解放；発表
disappear [dìsəpíər] □□ 336	**姿を消す**(⇔ appéar 姿を見せる) □ disappéarance 图 見えなくなること；失踪
observe [əbzə́ːrv] □□ 337	を**観察する**；に気づく；(…と)述べる(that 節)； (規則など)を守る □ observátion [à(ː)bzərvéɪʃən] 图 観察；意見 □ obsérvance 图 (規則などを)守ること
estimate ⦿ [éstɪmèɪt] □□ 338	(…である)と**推定する**(that 節)；を見積もる； を評価する 图 [éstɪmət] 概算 □ éstimated 形 概算の □ estimátion 图 評価
reveal [rɪvíːl] □□ 339	(…ということ)を**明らかにする**(that 節)， (〜に)**暴露する**(to) □ revelátion [rèvəléɪʃən] 图 暴露；意外な新事実
emerge [ɪmə́ːrdʒ] □□ 340	**現れる**；明らかになる □ emérging 形 新興の □ emérgency 图 緊急(事態) ▶ in an emergency「緊急の場合には」

We **replaced** the old worn carpet with a new one.	私たちは古くてすり切れたカーペットを新しいものに取り替えた。
I **removed** the picture from its frame.	私は額縁からその絵を取り外した。
Many forms of transportation **release** carbon dioxide.	多くの輸送形態が二酸化炭素を排出する。
The train left the station and **disappeared** from view.	列車は駅を出発し，視界から消えた。
The teacher **observed** how the children handled the problem.	その教師は子供たちがその問題をいかに処理するのかを観察した。
Experts **estimate** that about 1.5 billion people speak English.	専門家らはおよそ15億人が英語を話すと推定している。
A recent survey **revealed** that 80 percent of smokers wanted to quit.	80パーセントの喫煙者が禁煙したがっていることを最近の調査が明らかにした。
Smartphones **emerged** in the 2000s.	スマートフォンは2000年代に出現した。

arise [əráɪz] □□ 341	**(問題・困難・機会などが)生じる** ▶ rise [raɪz]「上がる」と，つづり・発音を区別。 ▶ 活用：arise - arose [əróʊz] - arisen [ərízən]

名詞編

citizen [sítəzən] □□ 342	**国民；市民** □ cítizenship 图 市民権；国民であること ▶ dual citizenship「二重国籍」
career 🔈 🎧 [kəríər] □□ 343	**(～としての)経歴**(as)；**(生涯の)職業** ▶ a career path「職業の進路」
income 🎧 [ínkÀm] □□ 344	**(定期)収入**(⇔ expénse, óutgo 支出) ▶「収入の多少」は high / low または large / small で表す。 ▶ on a ~ income「～の収入で」
billion [bíljən] □□ 345	**10 億** ▶ billions of ~「数十億の～；無数の」 ▶ million 100万, trillion 1兆 圈 10 億の
bill [bɪl] □□ 346	**請求書，** 英 **勘定(書)**(米 check)；米 **紙幣** **(英 note)；法案** ▶ a ten-dollar bill「10 ドル紙幣」
charge [tʃɑːrdʒ] □□ 347	**(サービスに対する)料金；管理；非難；** **充電** ▶ free of charge「無料で」 ▶ in charge of ~「～を担当して」 動 を請求する；を非難する；を充電する
item [áɪtəm] □□ 348	**品目，項目**
scale [skeɪl] □□ 349	**規模；尺度** **⑩ on a ~ scale「～の規模で」**

New problems arise every day.	日々新たな問題が生じる。

She became a Japanese citizen at the age of twenty.	彼女は20歳のときに日本国民になった。
His career as a musician started in London.	彼の音楽家としての経歴はロンドンで始まった。
She supports her family on her small income.	彼女は少ない収入で家族を養っている。
The world's population reached seven billion in 2011.	世界の人口は2011年に七十億人に達した。
He paid the bill and left a tip.	彼は勘定を支払い，チップを置いていった。
The cancellation charge will be 30 percent of the fee.	キャンセル料金は総額の30パーセントになります。
A large number of items were left on the train.	多くの物が列車に置き忘れられた。
Climate change has happened on a global scale.	気候変動は地球規模で起きている。

site [saɪt] □□ 350	場所，用地；遺跡 ▶ on site「現場で」 □ wébsite 名 ウェブサイト
section [sékʃən] □□ 351	部分；(文書などの)節；(会社などの)部門
crop [krɑ(ː)p] □□ 352	〔しばしば〜s〕(農)作物；収穫(高)
diet [dáɪət] □□ 353	(日常の)食事；ダイエット；〔普通the D〜〕 (日本などの)国会 ▶ go on a diet「ダイエットをする」
source [sɔːrs] □□ 354	源；〔普通〜s〕(〜の)出所(of)
resource [ríːsɔːrs] □□ 355	〔普通〜s〕資源；〔普通〜s〕資金 ▶ human resources「人材，人的資源」
moment [móʊmənt] □□ 356	瞬間；(特定の)時点 ▶ in a moment「すぐに」 ▶ at the moment 「(現在時制の文で用いて)今のところ」 □ mómentary 形 瞬時の
decade [dékeɪd] □□ 357	10 年間(= ten years)
stage [steɪdʒ] □□ 358	(発達・変化の)段階；舞台

This is the construction site for the new stadium.	ここが新しいスタジアムの建設現場だ。
We are going to separate the room into two sections.	私たちはその部屋を2つの部分に分けるつもりだ。
The farmers grow crops for export.	その農家は輸出用の作物を栽培する。
A traditional Japanese diet is low in fat but high in salt.	伝統的な日本の食事は、脂肪分は低いが塩分が高い。
We are still dependent on oil as a source of energy.	私たちはエネルギー源として、いまだに石油に依存している。
That country is rich in natural resources.	その国は天然資源が豊富だ。
He didn't say anything for a moment.	一瞬の間、彼は沈黙した。
The urban population in this area has doubled in the last decade.	この地域の都市の人口は過去10年間で2倍になった。
The project is reaching the final stage.	プロジェクトは最終段階に達しつつある。

aspect ㋐ [ǽspèkt] ☐☐ 359	**(物事の)側面**；観点
sort [sɔːrt] ☐☐ 360	**種類**(≒ kind) 　動 を分類する 　▶ sort out ~「~を整理する」
instance ㋐ [ínstəns] ☐☐ 361	**(具体)例**(≒ exámple)；**場合**(≒ case) 　▶ for instance「たとえば」(≒ for example)
link [lɪŋk] ☐☐ 362	(~との；~の間の)**関連, つながり**(to / with； between) 　動 を(~に)つなぐ(to / with)；を(~に)関連づける(to / 　with)
contrast ㋐ [ká(ː)ntræst] ☐☐ 363	(~との)**対照**(to / with)；**(~の間の；~との)差異** (between；to / with) 　熟 in contrast to [with] ~「~と対照的に」 　動 [kəntrǽst] を(~と)対比させる(with)；対照をなす
access ㋐ [ǽkses] ☐☐ 364	(~の)**利用, 入手**(to)；**(~への)接近**(to) 　熟 have access to ~ 　　「~を利用できる, ~を入手できる」 　動 に接続する；に近づく 　☐ accéssible 形 近づきやすい；入手できる
device [dɪváɪs] ☐☐ 365	(~の)**装置**(for)；**工夫** 　☐ devíse [dɪváɪz] 動 を工夫する
survey ㋐ [sə́ːrveɪ] ☐☐ 366	**(アンケートによる意識などの)調査**； **概観**；**測量** 　動 [sərvéɪ] を(多数の人に質問して)調査する；を概観 　する

Digital technology plays an important role in every aspect of daily life.	デジタル技術は日常生活のあらゆる側面において重要な役割を果たす。
What sort of music do you like?	あなたはどんな種類の音楽が好きですか。
Some students are really good at math. Take Yoshio, for instance.	数学が本当に得意な生徒がいる。たとえば、ヨシオがそうだ。
The statistics demonstrate a link between poverty and crime.	統計値は貧困と犯罪の関連を実証している。
The poverty of the local people is in contrast to the wealth of the tourists.	地元住民の貧しさは観光客の裕福さとは対照的だ。
Students have free access to these computers.	学生はこれらのコンピューターを自由に利用できる。
Electronic devices such as smartphones must be turned off during class.	スマートフォンなどの電子機器は授業中ずっと切っておかなくてはならない。
A survey shows that most young people are worried about their future.	大半の若者が自分の将来に不安を持っていることを、ある調査が示している。

technique 発 ⑦ [tekníːk] □□ 367	技術；技巧 □ téchnical 形 工業技術の；技巧上の；専門的な □ technícian 名 専門家，技術者
content ⑦ [kά(ː)ntent] □□ 368	〔~s〕中身；(本・手紙などの)内容；目次 ▶ a table of contents「目次」 形 [kəntént] (~に)満足して(with) 動 [kəntént] を(~で)満足させる(with)(≒ sátisfy)
surface 発 ⑦ [sə́ːrfəs] □□ 369	表面；〔the ~〕外見 ▶ on the surface「表面上は」
concept ⑦ [kά(ː)nsèpt] □□ 370	(~の；…という)概念(of；that 節)；考え □ concéive 動 (考えなど)を抱く；受胎する □ concéption 名 概念，観念；受胎 □ concéptual 形 概念上の
difficulty [dífɪkəlti] □□ 371	困難，苦労 熟 have difficulty doing「…するのに苦労する」 ▶ without difficulty「苦もなく」 □ dífficult 形 困難な(≒ hard)(⇔ éasy 容易な)
trouble [trʌ́bl] □□ 372	困難；悩み；(機械などの)故障 ▶ have trouble doing「…するのに苦労する」 動 を悩ます；に迷惑をかける □ tróublesome 形 面倒な
crime [kraɪm] □□ 373	犯罪 □ críminal 名 犯罪者；犯人 形 犯罪の
attitude ⑦ [ǽtətjùːd] □□ 374	(~に対する)態度(to / toward)；考え方
habit [hǽbɪt] □□ 375	(個人的な)習慣；癖 □ habítual [həbítʃuəl] 形 習慣的な；常習的な

<table>
<tr><td>Medical <u>techniques</u> are becoming more and more sophisticated.</td><td>医療技術はますます洗練されつつある。</td></tr>
<tr><td>The police officer began to check the <u>contents</u> of his pockets.</td><td>警察官は彼のポケットの中身を調べ始めた。</td></tr>
<tr><td>About 70 percent of the earth's <u>surface</u> is covered with water.</td><td>地球の表面のおよそ70パーセントは水で覆われている。</td></tr>
<tr><td>I found it difficult to understand the abstract <u>concept</u>.</td><td>その抽象的な概念を理解するのは難しいとわかった。</td></tr>
<tr><td>We had <u>difficulty</u> finding the site for our new factory.</td><td>私たちは新しい工場用地を見つけるのに苦労した。</td></tr>
<tr><td>My company <u>is in financial trouble</u> again.</td><td>私の会社は再び財政難に陥っている。</td></tr>
<tr><td>He confessed that he <u>committed the crime</u>.</td><td>彼はその犯罪を行ったことを認めた。</td></tr>
<tr><td>The government took a positive <u>attitude</u> to the problem.</td><td>政府はその問題に対して前向きな態度をとった。</td></tr>
<tr><td>You should develop well-balanced eating <u>habits</u>.</td><td>バランスの取れた食習慣を身に付けるべきだ。</td></tr>
</table>

whatever [ア] [hwʌtévər] □□ 376	**たとえ何を…しても，たとえ何が…であろうと**；…するものは何でも [副]〔no を伴う名詞などの後に置かれて〕少しも，まったく(≒ at all)

形容詞編

urban [ə́ːrbən] □□ 377	**都市の**(⇔ rúral) □ úrbanize [動] 都市化する □ urbanizátion [名] 都市化
rural [rʊ́ərəl] □□ 378	**田園の，田舎の**(⇔ úrban)
local [lóʊkəl] □□ 379	**その土地の，地元の**；局所の ▶「田舎の」という意味ではない。 [名] [米] (各駅停車の)列車[バス]
native [néɪtɪv] □□ 380	**生まれた土地の**；その土地[国]固有の [名] その土地[国]に生まれた人
smart [smɑːrt] □□ 381	**頭のよい**(≒ cléver)；(装いが)洗練された ▶「やせている」という意味はない。
intelligent [ɪntélɪdʒənt] □□ 382	**知能の高い，聡明な** □ intélligence [名] 知能 ▶ intelligence quotient 知能指数(略：IQ)
intellectual [ア] [ìntəléktʃuəl] □□ 383	**知的な**；知性がある ▶ intelligent は「知能が高い」こと，intellectual は思考・教育により裏付けられた「知性がある」こと。 [名] 知識人 □ íntellect [名] 知性
potential [pəténʃəl] □□ 384	**潜在的な** [名] 潜在能力；可能性

| I will support you **whatever** happens. | たとえ何が起ころうとも私はあなたを支援します。 |

| More and more people are moving to **urban** areas. | ますます多くの人が都市部に移っている。 |

| Schools in **rural** areas are often small. | 田園地帯の学校は小規模であることが多い。 |

| I was impressed with the hospitality of the **local** people. | 私は地元の人のもてなしに感動した。 |

| Her **native** language is Korean, but she speaks perfect Japanese. | 彼女の母語は韓国語だが，完璧な日本語を話す。 |

| The child is **smart** enough to solve the high school math problem. | その子供は高校の数学の問題を解いてしまうほど頭がよい。 |

| Some scientists believe that dolphins are as **intelligent** as human beings. | イルカは人間と同じくらい知能が高いと考える科学者もいる。 |

| That child has a high level of **intellectual** curiosity. | その子供は高度な知的好奇心を持っている。 |

| We send free samples to **potential** customers. | 私たちは潜在的な顧客に無料サンプルを送っている。 |

moral [mɔ́(:)rəl] □□ 385	**道徳(上)の**；道徳的な(⇔ immóral 不道徳な) [名]〔～s〕道徳，倫理；教訓 □ morálity [名] 道徳；道徳性；品行(方正)
private [発] [アク] [práɪvət] □□ 386	**個人的な**(⇔ públic 公の)；私有の；私立の ▶ a private school「私立学校」 □ prívacy [名] 私生活
equal [発] [アク] [í:kwəl] □□ 387	(～に)**等しい**(to)；**平等な** [動] に等しい；に匹敵する □ equálity [ɪkwɑ́(:)ləti] [名] 平等
fair [feər] □□ 388	**公正な**(⇔ unfáir 不公平な)；**(数量などが)かなりの** [副] 公正に □ fáirly [副] かなり；まずまず
entire [ɪntáɪər] □□ 389	**全体の**(≒ whole) □ entírely [副] まったく(≒ complétely) ▶ not entirely まったく～というわけではない〔部分否定〕
initial [アク] [ɪníʃəl] □□ 390	**初期の**；語頭の [名] 頭文字 □ inítiative [名] 主導権 □ inítially [副] 初めは □ inítiate [ɪníʃièɪt] [動] を新たに始める
essential [ɪsénʃəl] □□ 391	(～に)**必要不可欠な**(to / for)；本質的な [名]〔普通～s〕本質的要素；必須事項 □ éssence [名] 本質；エキス □ esséntially [副] 本質的に(は)
significant [アク] [sɪgnífɪkənt] □□ 392	**重要な**；意義深い □ signíficance [名] 重要性(≒ impórtance)；意義

Many people are concerned about the decline in **moral** standards.	多くの人が<u>道徳</u>規範の低下に不安を抱いている。
I take a **private** lesson with a golf instructor.	私はゴルフの指導者に<u>個人レッスン</u>を受けている。
One liter is **equal** to 1,000 cubic centimeters.	<u>1リットルは1,000立方センチメートルに等しい</u>。
All citizens are **equal** under the law.	すべての国民は<u>法の下で平等</u>である。
The judge was **fair** to both teams.	審判は両チームに対して<u>公平</u>だった。
He had a **fair** amount of money then.	彼はそのとき<u>かなりの額のお金</u>を持っていた。
She spent her **entire** life helping poor people.	彼女は<u>全生涯</u>を貧しい人を助けることに費やした。
The team overcame **initial** difficulties and finished in second place.	チームは<u>初期の難局</u>を乗り越えて2位に終わった。
Good communication is **essential** to making new friends.	良好なコミュニケーションは<u>新しい友人を作るのに必要不可欠</u>だ。
I cannot find any **significant** differences between the two political parties.	私はその2つの政党の間に<u>重要な違い</u>は何も見いだせない。

terrible [térəbl] □□ 393	ひどい；恐ろしい □ **térribly** 副 とても □ **térror** 名 恐怖；テロ(行為) □ **térrify** 動 を怖がらせる
digital [dídʒətəl] □□ 394	デジタル(方式)の(⇔ ánalog アナログ式の) □ **dígit** 名 (0から9までの)数字；(数の)桁
direct [dərékt] □□ 395	直接の(⇔ indiréct 間接の)；率直な 動 を指揮する；を(~に)向ける(to / toward / at) □ **diréction** 名 方向；(~s)指示 □ **diréctor** 名 指導者；重役

副詞編

nearly [níərli] □□ 396	もう少しで；ほとんど(≒ álmost) □ **near** 前 の近くに 副 (時間・場所的に)近くに □ **nearbý** 形 すぐ近くの 副 すぐ近くに
merely 発 [míərli] □□ 397	単に(≒ ónly) □ **mere** 形 単なる
seldom [séldəm] □□ 398	めったに…ない(≒ rárely) ▶ seldom, if ever ... 「(たとえあっても)めったに…ない」
lately [léɪtli] □□ 399	最近(≒ récently) ▶ 普通，現在完了(進行)形の動詞とともに使う。 □ **late** 形 遅れた；遅い；後期の 副 遅く
apart [əpáːrt] □□ 400	(空間・時間的に)離れて；別々に ▶ apart from ~ 「~から離れて；~を別にすれば；~の他に」 ▶ fall apart「ばらばらになる」 □ **part** 名 部分 動 分かれる；別れる；を分ける

I've had a **terrible** headache since this morning.	私は今朝からひどい頭痛がしている。
She wears a **digital** watch when she runs a marathon.	彼女はマラソンを走るとき，デジタル時計を身に着ける。
Climate change has a **direct** effect on water supply.	気候変動は水の供給に直接の影響を及ぼす。
A bicycle **nearly** hit her when she was crossing the street.	彼女が道路を横断していたとき，自転車が彼女にもう少しでぶつかりそうになった。
Mr. Brown's students **merely** pretend to learn.	ブラウン先生の学生たちは単に学んでいるふりをしている。
She is so careful that she **seldom** makes mistakes.	彼女はとても注意深いのでめったにミスをしない。
He hasn't been looking well **lately**.	彼は最近元気がないように見える。
The two villages are 30 miles **apart**.	その2つの村は30マイル離れている。

Part 1　これだけは覚えたい600語

Section 5

単語番号 401 ～ 500

動詞編

trust
[trʌst]
□□ 401

を**信頼する**
▶ trust ～ to *do* ～(人)が…することを当てにする
[名] (～への)信頼(in)；委託
□ trústworthy [形] 信頼[信用]できる

---

promise
[prɑ́(:)məs]
□□ 402

(…すること；…ということ)を**約束する**(to *do*；that 節)
[名] 約束；将来性

---

predict
[アク] [prɪdíkt]
□□ 403

(…ということ；…か)を**予測する**(that 節；wh- 節)；を予言する
▶ be predicted to *do*「…すると予測されている」
▶ pre-「前もって」＋dict「言う」
□ predíction [名] 予測
□ predíctable [形] 予測できる

---

reflect
[rɪflékt]
□□ 404

を**反映する**；を**反射する**；(～について)熟考する(on)
▶「反映する」の意味では進行形にしない。
▶ be reflected in ～「～に反映される」
□ refléction [名] 反映；反射；映った姿
□ réflex [ríːfleks] [名] 反射(作用) [形] 反射的な

---

recall
[アク] [rɪkɔ́ːl]
□□ 405

を**思い出す**
▶「思い出す」の意味では進行形にしない。
▶ recall *doing* …したことを思い出す
[名] 記憶(力)；(欠陥品などの)回収

---

rely
[発] [アク] [rɪláɪ]
□□ 406

(～に)**頼る**(on)
[TG] **rely on *A* for *B***「BをAに頼る」
□ relíance [名] 頼ること
□ relíable [形] 頼りになる

I was afraid to **trust** anyone after the incident.	その一件以来，私は怖くて誰も信頼することができなくなった。
She **promised** to call me later.	彼女は私に後で電話をかけることを約束した。
The expert **predicts** that this trend will continue.	専門家はこの傾向は続くということを予測している。
Our way of thinking **reflects** our language.	我々の考え方は我々の言語を反映している。
The water in the lake was **reflecting** the sunlight.	湖水が日光を反射していた。
When I saw the photos, I **recalled** those happy days.	私は写真を見て，あの楽しかった日々を思い出した。
Japan **relies** on imports for most of its energy needs.	日本はエネルギー需要のほとんどを輸入に頼っている。

commit [kəmít] □□ 407	**(罪・過失など)を犯す；(金・人・時間など)を(～に)投入する**(to)；(～に)**深く関わる**(to) ▶ be committed to ～「～に専心する, ～を約束する」 ▶ commit suicide 自殺する □ commítment [名] 関わり；約束 □ commíssion [名] 委員会；委任；任務；手数料
appreciate [発] [アク] [əprí:ʃièɪt] □□ 408	**をありがたく思う；を正しく認識[評価]する**；を鑑賞する ▶ 進行形にはしない。 ▶ I would appreciate it if you ... …していただけるとありがたいのですが □ appreciátion [名] 感謝；評価；認識；鑑賞
praise [発] [preɪz] □□ 409	を(～のことで)**褒める**(for) [名] 賞賛
doubt [発] [daʊt] □□ 410	**を疑わしいと思う；(…)ではないと思う**(that 節) [TG] **doubt if [whether] ...** 「…かどうか疑わしい」 [名] 疑い ▶ no doubt たぶん，おそらく □ dóubtful [形] 疑わしく思う；疑わしい □ dóubtless [副] 疑いなく
complain [kəmpléɪn] □□ 411	(～について；…と)**不平を言う**(about / of ; that 節) □ compláint [名] 不平
ignore [アク] [ɪgnɔ́:r] □□ 412	**を無視する** □ ígnorant [形] (～を)知らない(of)；無知な □ ígnorance [名] 知らないこと；無知
warn [発] [wɔ:rn] □□ 413	に(～を；…ということを)**警告する**(of / about / against ; that 節) □ wárning [名] 警告

He was arrested for **committing** a terrible crime.	彼は恐ろしい罪を<u>犯した</u>として逮捕された。
He **committed** all his energy to work.	彼は<u>全力を仕事に投入した</u>。
I really **appreciate** your kindness.	本当にあなたのご親切を<u>ありがたく思います</u>。
His talents are not fully **appreciated**.	<u>彼の才能は十分に評価されていない</u>。
The teacher **praised** the student for her effort.	教師はその生徒の努力を<u>褒めた</u>。
I **doubt** if gods exist.	私は神が実在するかどうか<u>疑わしく思う</u>。
I **doubt** that gods exist. (≒ I don't think that gods exist.)	私は神は実在しないと思う。
My sister is always **complaining** about my dirty room.	姉はいつも私の汚い部屋について<u>文句を言っている</u>。
I decided to **ignore** their advice.	私は彼らの助言を<u>無視する</u>ことに決めた。
I **warned** them that they were in danger.	私は彼らに危険な状況にあると<u>警告した</u>。

gather [ɡǽðər] □□ 414	を**集める**(≒ colléct)，**拾い集める**；集まる ▶ gather は「集める」の一般的な語。collect は目的を持って「集める」。 □ gáthering 图 集まる[集める]こと；集会
acquire [əkwáɪər] □□ 415	**(習慣など)を身に付ける**；を得る □ acquisítion [ækwɪzíʃən] 图 習得；買収
examine [ɪɡzǽmɪn] □□ 416	を**調べる**；を検査する；を診察する □ examinátion 图 調査；試験；診察
score [skɔ́ːr] □□ 417	**(試合・テストで)(点)をとる**；を採点する 图 得点
judge ⊕ [dʒʌ́dʒ] □□ 418	を**(〜で)判断する**(by / from)；を審査する ▶ judging from 〜「〜から判断すると」 图 裁判官；審査員 □ júdgment 图 判断；判決
select [səlékt] □□ 419	を**選び出す** ▶ 2者からの選択には使わない。 形 選ばれた；高級な □ seléction 图 選択
divide [dɪváɪd] □□ 420	を**(〜に)分ける**(into) 图 (意見などの)相違；境界線 □ divísion [dɪvíʒən] 图 分割；部門；仕切り
distinguish ⊕ [dɪstíŋɡwɪʃ] □□ 421	を**(〜と)区別する**(from)；(〜の間の)違いを見分ける(between) □ distínguished 形 (〜で)著名な(for)
graduate [ɡrǽdʒuèɪt] □□ 422	**(〜を)卒業する**(from) 图 [ɡrǽdʒuət] 卒業生(匣「大学卒業生」) □ graduátion 图 卒業

Dogs use smell to **gather** information about their surroundings.	犬は嗅覚を使って周囲の情報を収集する。
The woman **acquired** new skills after she retired.	その女性は退職後に新たな技能を身に付けた。
They **examined** the problem independently.	彼らは独自にその問題を調べた。
He **scored** 20 points in the basketball game.	彼はバスケットボールの試合で20点を入れた。
You should not **judge** people by their appearance.	人を外見で判断するべきでない。
The woman **selected** a salad from the menu.	その女性はメニューから1つのサラダを選んだ。
The teacher **divided** the students into four groups.	教師は生徒を4つのグループに分けた。
Most people can **distinguish** salt from sugar without tasting it.	たいていの人は味見をせずに塩を砂糖と区別することができる。
She **graduated** from Yale University in 2018.	彼女は2018年にイェール大学を卒業した。

shift
[ʃɪft]
□□ 423

(位置・方針など)を変える；を移動させる；変わる
[名] 変化，転換；(交替制の)勤務時間
▶ work in three shifts 3交替制で働く

hide
[haɪd]
□□ 424

を隠す(≒ concéal)；隠れる
▶ 活用：hide - hid [hɪd] - hidden [hídən]

mix
[mɪks]
□□ 425

を(〜と)混ぜる(with)；混ざる
[名] 混合(物)；(水や熱を加えればできあがる)〜の素(もと)
□ mixed [形] 混じり合った；雑多な
▶ mixed feelings 複雑な感情
□ míxture [名] 混合物
▶ a mixture of 〜 〜の混合物

fix
[fɪks]
□□ 426

を修理する(≒ repáir, mend)；を固定する；(日時・場所など)を決める
▶ fix *one's* eyes on 〜 〜をじっと見る

display
[ア] [dɪspléɪ]
□□ 427

を示す；を展示する
[名] 展示；発揮；(パソコンの)ディスプレー
▶ a fireworks display 花火大会

define
[dɪfáɪn]
□□ 428

を(〜と)定義する(as)
□ definítion [dèfənɪ́ʃən] [名] 定義
□ définite [défənət] [形] はっきりとした

invent
[ア] [ɪnvént]
□□ 429

を発明する
□ invéntion [名] 発明(品)
□ invéntive [形] 発明の才のある
□ invéntor [名] 発明者[家]

0　　　　　　　600　　　　　　1100　　　1400	

The company **shifted** the emphasis from manufacturing to sales.	その企業は製造から販売へと重視するものを変えた。
They **hid** the truth from the public.	彼らは世間から真実を隠した。
I **mixed** blue with yellow to make green.	私は緑色を作るために青色と黄色を混ぜた。
My father **fixed** the broken table.	父は壊れたテーブルを修理した。
She tends to **display** emotions more directly than her sister.	彼女は姉に比べてより直接的に感情を示す傾向がある。
We can **define** salary as a payment for a person's work.	私たちは給料を人の仕事に対する支払いと定義することができる。
They **invented** *emoji* to make texting more enjoyable.	携帯メールがより楽しいものになるように、彼らは絵文字を発明した。

vary
[発] [véəri]
□□ 430

異なる，多様である；(多様に)変わる
▶ differ が異種のものを比較するのに対し，vary は同種のものを部分的に比較する。
□ váried [véərid] [形] 変化に富んだ
□ váriable [véəriəbl] [形] 変わりやすい
□ variátion [vèəriéɪʃən] [名] 変動(の幅)；変種
□ varíety [vəráɪəti] [名] 多様(性) ➡ 244
□ várious [véəriəs] [形] さまざまな ➡ 183

expand
[ɪkspǽnd]
□□ 431

を(～に)拡大する(into)；広がる
□ expánse [名] 広がり
□ expánsion [名] 拡大；膨張

evolve
[ɪvá(:)lv]
□□ 432

(～に)進化する，発展する(into)；を発展させる
□ evolútion [èvəlú:ʃən] [名] 進化
□ evolútionary [形] 進化の；発展的な

confuse
[kənfjú:z]
□□ 433

を混同する；を困惑させる
[TG] confuse *A* with *B*「AをBと混同する」
□ confúsion [名] 混同；困惑
□ confúsing [形] 紛らわしい；困惑させる
□ confúsed [形] 混乱した；困惑した

consume
[kənsjú:m]
□□ 434

を消費する；を飲食する
□ consúmer [名] 消費者
□ consúmption [kənsʌ́mpʃən] [名] 消費
▶ consumption tax 消費税

compete
[kəmpí:t]
□□ 435

(～と；～を求めて)競う(with / against；for)
□ competítion [kà(:)mpətíʃən] [名] 競争；競技(会)
□ compétitive [kəmpétətɪv] [形] 競争の；競争力のある

repeat
[アク] [rɪpí:t]
□□ 436

を繰り返す
□ repetítion [rèpətíʃən] [名] 繰り返し，反復

repair
[rɪpéər]
□□ 437

を修理する(≒ fix)
[TG] have ～ repaired「～を修理してもらう」
[名] 修理

| 0 | | | 600 | | | 1100 | | 1400 |

Climates **vary** from country to country.	気候は国によって異なる。
The company **expanded** its market into Asia.	その企業は市場をアジアに拡大した。
One theory states that some dinosaurs **evolved** into birds.	ある理論では一部の恐竜は鳥に進化したと言う。
Many people **confuse** the flu with the common cold.	多くの人がインフルエンザを普通の風邪と混同する。
This new type of engine **consumes** much less energy.	この新型エンジンはエネルギーを消費する量がずっと少ない。
We have to **compete** with foreign companies for a share of the market.	私たちは市場のシェアをめぐって外国企業と競争しなければならない。
They **repeated** the same experiment to confirm the data.	彼らはデータを裏付けるために同じ実験を繰り返した。
I must have my car **repaired** as soon as possible.	私はできる限り早く車を修理してもらわなければならない。

remind [rɪmáɪnd] □□ 438	に(〜を)**思い出させる**(of) ▶ remind 〜 to do「〜(人)に…することを気づかせる」 □ remínder 图 気づかせるもの
refuse [rɪfjúːz] □□ 439	を**拒む**；を断る(⇔ accépt 受け入れる) **⑰ refuse to do**「…するのを拒む」 □ refúsal 图 拒絶
reject [rɪdʒékt] □□ 440	を**拒絶する**(⇔ accépt 受け入れる) □ rejéction 图 拒絶
deny 愛 [dɪnáɪ] □□ 441	を**否定する**(⇔ admít → 608)；を拒む **⑰ deny doing**「…する[した]ことを否定する， …していないと言う」 □ deníal [dɪnáɪəl] 图 否定；拒否
destroy ⑰ [dɪstrɔ́ɪ] □□ 442	を**破壊する**(⇔ constrúct → 628) □ destrúction 图 破壊 □ destrúctive 形 破壊的な

audience [ɔ́ːdiəns] □□ 443	**観衆，聴衆**；(映画などの)観客 ▶「大観衆」は a *large* audience とし，*many* audience とは言わない。
race [reɪs] □□ 444	**民族，人種**；競走 □ rácial 形 人種[民族]の
conflict ⑰ [ká(ː)nflɪkt] □□ 445	(〜との；〜間の)**争い**(with；between)；(利害 の)**衝突** 動 [kənflíkt] (〜と)対立する(with)
debate [dɪbéɪt] □□ 446	(〜についての)**論争**(over / on / about) 動 (を)討論する

| 0 | 600 | 1100 | 1400 |

This photo **reminds** me of my happy school days.	この写真を見ると楽しかった学生時代を思い出す。
He **refused** to pay by cash.	彼は現金で支払うことを拒んだ。
I was upset to hear that he **rejected** my offer.	彼が私の申し出を拒絶したと聞いて動揺した。
He **denies** breaking the vase, but I think he did it.	彼は花瓶を割ったことを否定しているが、私は彼がしたと思う。
No other animal **destroys** the environment as humans do.	人間ほど環境を破壊する動物は他にいない。
There was a large **audience** in the stadium.	スタジアムには大観衆が詰めかけた。
The different **races** lived in harmony in that country.	その国では異なる人種が仲よく生活していた。
The company struggled to avoid **conflict** between management and labor.	その会社は経営者側と労働者側の争いを避けるのに苦労した。
The **debate** about the death penalty is heating up again.	死刑をめぐる論争が再び加熱している。

struggle [strʌ́gl] □□ 447	(…しようとする)**懸命の努力，奮闘**(to do)； (〜を求める)**闘い**(for) 動 (〜を求めて；〜と)奮闘する(for；with / against)；努力する
strategy [strǽtədʒi] □□ 448	**戦略** ▶「個々の戦術」は tactics。 □ stratégic [strətí:dʒɪk] 形 戦略(上)の
progress ⑦ [prá(:)grəs] □□ 449	**進歩**；**進行** ▶ make progress「進歩する」 動 [prəgrés] 進歩する □ progréssive 形 進歩的な
principle [prínsəpəl] □□ 450	**原則，原理**；**主義** ▶ in principle 原則的に(は) ▶ principal「主要な」と同音。
element [éləmənt] □□ 451	**要素** ▶ an element of 〜 いくらかの〜 □ eleméntary [èləméntəri] 形 初等(教育)の；初歩の；基本の ➡ 691
origin ⑦ [ɔ́(:)rɪdʒɪn] □□ 452	**起源** □ oríginal [ərídʒənəl] 形 最初の；創造[独創]的な 　　名 原物，原作(⇔ copy) □ oríginate [ərídʒənèɪt] 動 生じる
birth [bəːrθ] □□ 453	**出産**；**誕生** ▶ give birth to 〜「〜を産む」
ancestor ⑦ [ǽnsèstər] □□ 454	**祖先**(⇔ descéndant 子孫) □ áncestry 名 〔集合的に〕祖先；家系
cell [sel] □□ 455	**細胞**；**小個室** ▶ a cell phone 携帯電話 □ céllular 形 細胞の；小区画の

The long **struggle** to achieve racial equality has not ended.	人種的平等を実現しようとする長い奮闘は終わっていない。
The government is developing a long-term economic **strategy**.	政府は長期経済戦略を立てている。
She is making **progress** in speaking English.	彼女は英語を話すことにおいて進歩しつつある。
We should stick to the **principles** of democracy.	私たちは民主主義の原則を堅持すべきだ。
Persistence is the most important **element** of success.	継続が成功するための最も重要な要素だ。
The custom has its **origin** in ancient Rome.	その慣習は古代ローマに起源がある。
My wife gave **birth** to our first child last month.	妻は先月私たちの第1子を出産した。
Those two species share a common **ancestor**.	その2つの生物種は共通の祖先を持っている。
Nerve **cells** serve as messengers in your body.	神経細胞は体内で伝達係の役割を果たす。

gene [dʒiːn] □□ 456	**遺伝子** □ genétic [dʒənétɪk] 形 遺伝(子)の □ genétically [dʒənétɪkəli] 副 遺伝(学)的に ▶ genetically modified food(s) 遺伝子組み換え食品
scene 🔈 [siːn] □□ 457	**場面**；(事件などのあった)場所；風景 □ scénery 名 (その地域全体の)風景 □ scénic [síːnɪk] 形 風景の；景色のよい
trend [trend] □□ 458	**傾向**(≒ téndency)；流行(≒ fáshion) □ tréndy 形 流行の先端をいく
traffic [trǽfɪk] □□ 459	**交通(量)** ▶「(交通量が)多い」は heavy，「少ない」は light で表す。 ▶ traffic light(s) 交通信号
track [træk] □□ 460	〔普通～s〕**(車などが通った)跡**；走路；線路 ▶ keep track of ～ ～の跡をたどる；～を見失わないようにする 動 ～の跡をたどる
series [síəriːz] □□ 461	**連続**；(テレビ番組などの)続き物 ▶ 単数形も複数形も series。 🔊 a series of ～ 「一連の～」 □ sérial 形 連続物の；連続している
context 🔈 🔈 [ká(:)ntekst] □□ 462	**状況**；**文脈** □ contéxtual 形 文脈上の
background 🔈 [bǽkgràund] □□ 463	**(景色・事件などの)背景**；経歴
basis [béɪsɪs] □□ 464	**基準**；**基礎** ▶ 複数形は bases [béɪsiːz]。 ● on a regular basis 定期的に □ básic 形 基本的な □ base [beɪs] 名 土台(複数形は bases [béɪsɪz])

We inherit **genes** from our parents.	私たちは親から遺伝子を受け継ぐ。
He stared at the **scene** with horror.	彼は恐ろしい気持ちでその場面を見つめた。
If this economic **trend** continues, the unemployment rate will decline.	この経済動向が続けば，失業率は下がるだろう。
I arrived late because of the heavy **traffic**.	私は交通渋滞のために到着が遅れた。
The photographer followed the deer's **tracks** into the woods.	その写真家はシカの足跡を追って森に入った。
We heard a **series** of noises and then a loud bang.	一連の物音の後で，バーンという大きな音が聞こえた。
The same joke can work **in one context** and fail in another.	同じ冗談でも，ある状況ではうまく通じるが，別の状況では通じないこともある。
There are people from diverse cultural **backgrounds** living in this area.	この地域には多様な文化的背景を持つ人々が暮らしている。
It is illegal to discriminate **on the basis of color**.	肌の色を基にして差別するのは違法だ。

status
[stéɪtəs]
□□ 465

地位，身分；社会的評価；状況
▶ the status quo 現状

volunteer
⑦ [và(ː)ləntíər]
□□ 466

(〜の；…する)ボランティア(for；to do)；志願者
動 (〜を；…することを)進んで引き受ける(for；to do)
□ vóluntary 形 自発的な；無償の

staff
[stæf]
□□ 467

〔集合的に〕スタッフ，職員
▶ 米 では単数扱い，英 ではしばしば複数扱い。
動 〔普通受身形で〕に職員を配置されている

duty
[djúːti]
□□ 468

義務；〔しばしば〜ties〕職務；関税
▶ on [off] duty 勤務時間中[外]で
□ duty-frée 形 免税の 名 (〜s)免税品

labor
[léɪbər]
□□ 469

労働；(肉体的・精神的)骨折り
▶ 英 では labour を使う。
▶ Ministry of Health, Labour and Welfare 厚生労働省
動 労働する

reward
発 [rɪwɔ́ːrd]
□□ 470

(〜に対する)褒美(for)；報酬；報奨金
動 に褒美を与える；に報いる
□ rewárding 形 満足[利益]が得られる

aim
[eɪm]
□□ 471

目的(≒púrpose)；ねらい
動 (武器・カメラなど)を向ける；(〜を)ねらう(at)
□ áimless 形 当てのない

fun
[fʌn]
□□ 472

楽しみ，おもしろいこと[人]
▶ 形容詞に修飾されても a は付かない。
□ fúnny 形 滑稽な

crowd
[kraʊd]
□□ 473

群衆；観衆
動 (に)群がる
□ crówded 形 混雑した

Cars may display the social status of the owner.	車が所有者の社会的地位を表すこともある。
I work as a volunteer to teach Japanese to children.	私は子供たちに日本語を教えるボランティアとして働いている。
The restaurant serves good food and the staff is very nice.	そのレストランはおいしい料理を出し、そしてスタッフはとても親切だ。
It is our civic duty to vote in elections.	選挙で投票するのは我々市民の義務だ。
The use of machinery has taken the place of manual labor.	機械の使用が肉体労働に取って代わった。
Parents often give their children rewards for getting high grades.	親はしばしば子供に、よい成績を取ったことに対する褒美を与える。
The main aim of this class is to improve your fitness.	このクラスの主たる目的は健康を改善することだ。
We had a lot of fun playing video games.	私たちはテレビゲームをして大いに楽しんだ。
I lost sight of him in the crowd.	私は人ごみの中で彼を見失った。

revolution [rèvəlú:ʃən] □□ 474	**革命**；回転 □ revolútionary [形] 革命的な □ revólve [動] (～の周りを)回る(around / about)；回転する
poverty [pá(:)vərti] □□ 475	**貧困** □ poor [形] 貧しい(⇔ rich 裕福な)；(～が)下手な(at)(⇔ good 上手な)；かわいそうな
consequence [ká(:)nsəkwens] □□ 476	〔普通～s〕**結果**(≒ resúlt)；〔主に否定文で〕重要性 ▶ as a consequence 結果として □ cónsequent [形] 結果として起こる □ cónsequently [副] その結果(として)
sequence [発] [sí:kwəns] □□ 477	**連続，(連続するものの)順番**；一続き ▶ in sequence「連続で」 □ súbsequent [sʌ́bsɪkwənt] [形] (時間的に)後に続く

形容詞編

complex [kà(:)mpléks] □□ 478	**複雑な**(⇔ símple 簡単な)；複合の [名] [ká(:)mplèks] 複合体
complicated [ká(:)mpləkèɪtɪd] □□ 479	**複雑な**(≒ compléx) □ cómplicate [動] を複雑にする □ complicátion [名] 複雑化
false [fɔ:ls] □□ 480	**誤った**(⇔ true 本当の)；うその；偽(にせ)の ▶ a false diamond 偽[人造]ダイヤ
alternative [発] [ア] [ɔ:ltə́:rnətɪv] □□ 481	**代替の**；どちらか[どれか] 1 つの [名] (～に)代わるもの(to)；選択肢
extreme [ɪkstrí:m] □□ 482	**極端な** [名] 極端 ▶ go to extremes 極端に走る □ extrémely [副] 極端に，非常に

The Industrial **Revolution** brought many changes to society.	産業革命は社会に多くの変化をもたらした。
I want to build a society without **poverty**.	私は貧困のない社会を築きたい。
The accident was the **consequence** of his careless driving.	その事故は彼の不注意運転の結果だった。
I numbered the pages in **sequence**.	私はページに連続で番号をふった。
Humans have many **complex** emotions.	人間は多くの複雑な感情を持っている。
The situation is too **complicated** to explain on the phone.	状況があまりに複雑で電話では説明できない。
The **false** information spread quickly over the Internet.	誤った情報がインターネット上で急速に広がった。
We must develop **alternative** energy sources.	私たちは代替エネルギー源を開発しなければならない。
They experienced **extreme** hunger during the war.	彼らは戦時中、極度の飢餓を経験した。

ideal　形 ⑦ [aɪdíːəl]　□□ 483	（〜にとって）理想的な (for) 　名 理想 　□ idéally 副 理想的に(は)
primary　形 [práɪmèri]　□□ 484	最も重要な；最初の；初等の 　▶ a primary school 國 小学校(國 an elementary school) 　□ primárily 副 本来は
worth　形 [wəːrθ]　□□ 485	価値のある 　**TG** be worth doing「…する価値がある」 　▶ worth the cost コストに見合う 　名 価値 　□ wórthy [wə́ːrði] 形 （〜に）値する (of)
obvious　形 [á(ː)bviəs]　□□ 486	明らかな (≒ clear) 　**TG** It is obvious that ... 　　「…だということは明らかだ」 　□ óbviously 副 言うまでもなく；明らかに
legal　形 [líːɡəl]　□□ 487	法律（上）の；合法的な (⇔ illégal 非合法の) 　□ law [lɔː] 名 法律；法則
commercial　[kəmə́ːrʃəl]　□□ 488	商業的な，営利的な；商業上の 　名 （テレビなどの）コマーシャル 　□ cómmerce 名 商業
artificial　⑦ [àːrtɪfíʃəl]　□□ 489	人工の (⇔ nátural 天然の) 　▶ artificial intelligence 人工知能(略：AI)
chemical　形 [kémɪkəl]　□□ 490	化学（上）の 　名 化学製品[薬品] 　□ chémistry 名 化学 　□ chémist 名 化学者
biological　[bàɪəlá(ː)dʒɪkəl]　□□ 491	生物（学）の 　▶ biological clock 体内時計 　□ biólogy 名 生物学

The weather was **ideal** for sightseeing.	その天気は観光に理想的だった。
The Prime Minister's **primary** concern is the welfare of the people.	その首相の最大の関心事は国民の福祉だ。
That old temple is **worth** seeing.	その古い寺院は見る価値がある。
It was **obvious that** he did not get much sleep.	彼があまり睡眠を取っていないことは明らかだった。
A suspect has a **legal** right to remain silent.	容疑者には黙秘する法的な権利がある。
My company makes many kinds of **commercial** products.	私の会社は多くの種類の商品を製造している。
Some experts say that **artificial** sweeteners are bad for the health.	一部の専門家は人工甘味料が健康によくないと言う。
They use **chemical** fertilizers to increase production.	彼らは生産量を上げるために化学肥料を使用している。
Substantial investments are required to preserve **biological** diversity.	生物の多様性を守るためにかなりの投資が必要とされる。

former [fɔ́ːrmər] □□ 492	元の；(the ～)前者の(⇔ the látter 後者の) ▶ the former Prime Minister 元[前]首相
mobile ㊟ [móubəl] □□ 493	(物が)可動[移動]式の；(人が)動き回れる
straight [streɪt] □□ 494	真っすぐな；直立した；率直な 副 真っすぐに；直立して □ stráighten 動 を真っすぐにする
regular [régjulər] □□ 495	定期的な；規則正しい(⇔ irrégular 不規則な)； 通常の；正規の 名 (普通～s)常連(客)；正選手 □ régularly 副 規則正しく；定期的に □ régulate 動 を規制する
independent ㊟ [ìndipéndənt] □□ 496	(人が)(～から)自立した(of)；(～から)独立した(of / from) □ indepéndence 名 独立
overseas [òuvərsíːz] □□ 497	副 海外へ[に，で] 形 海外の
unlike [ʌnláɪk] □□ 498	前 ～と違って ▶ 否定文の場合，unlike は否定語よりも前に置く。 □ like 前 ～のような[に]，～に似て
via ㊟ [váɪə] □□ 499	前 ～の媒介で；～経由で
whereas ㊟ [hweəráez] □□ 500	接 …だけれども；その一方で

The retired teacher has kept in touch with his **former** students.	その退職した教師は彼の元生徒たちと連絡を取り続けている。
A new type of **mobile** device will go on sale next week.	新型の携帯端末が来週発売される。
She drew two **straight** lines on the blackboard.	彼女は黒板に2本の直線を引いた。
Regular exercise is good not only for your body but for your brain.	定期的な運動は体だけでなく頭脳にもよい。
He is financially **independent** and can even support his parents.	彼は経済的に自立していて両親を養うことさえできる。
Our niece is still too young to **travel overseas** alone.	私たちの姪（めい）は1人で海外旅行をするにはまだ幼すぎる。
Unlike adults, children are not afraid of making mistakes.	大人と違って，子供は間違えることを恐れない。
Could you send me the file **via** e-mail?	そのファイルをEメールで送っていただけないでしょうか。
Wind power generation is clean, **whereas** coal-fired power generation causes pollution.	風力発電はクリーンだけれども，石炭火力発電は汚染を引き起こす。

動詞編

perceive [pərsíːv] □□ 501	を**知覚する**；がわかる □ percéption [pərsépʃən] 图 知覚；認識 □ percéptive 形 直感の鋭い
fascinate [fǽsɪnèɪt] □□ 502	を**魅了する** 🆃🅶 be fascinated by [with] 〜「〜に魅了される」 □ fáscinating 形 魅惑的な □ fascinátion 图 魅了(すること)
bore [bɔːr] □□ 503	を**退屈させる** □ bored 形 (〜に)退屈した(with) □ bóring 形 退屈な □ bóredom 图 退屈
disappoint [dìsəpóɪnt] □□ 504	を**失望させる** □ disappóintment 图 失望 □ disappóinted 形 がっかりした □ disappóinting 形 がっかりさせる(ような)
imply 🅐 🅟 [ɪmpláɪ] □□ 505	(…と)**それとなく言う**(that 節)；を暗に示す □ implicátion 图 言外の意味, 含意
recommend 🅟 [rèkəménd] □□ 506	を**勧める** 🆃🅶 recommend that A (should) do 「A(人)に…するよう勧める」 □ recommendátion 图 推薦(状)
demonstrate 🅟 [démənstrèɪt] □□ 507	(…ということ)を**証明する**(that 節)；を実演する；デモをする □ demonstrátion 图 証明；実演；デモ
conclude [kənklúːd] □□ 508	(…だ)と**結論づける**(that 節)；を締めくくる □ conclúsion 图 結論 □ conclúsive 形 決定的な

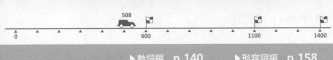
We **perceive** smells through our nose.	私たちは鼻を通してにおいを感知する。
Many people **are fascinated** by the beautiful painting.	多くの人がその美しい絵に魅了されている。
Today's lecture **bored** me.	今日の講義は私には退屈だった。
The final exam results **disappointed** me.	最終試験の結果に私はがっかりした。
She **implies** that global warming is not true.	彼女は地球温暖化が真実ではないとそれとなく言っている。
The doctor **recommended** that his patients do light exercise every day.	その医師は患者に毎日軽い運動をするように勧めた。
The scientists **demonstrated** that their theory was right.	科学者たちは自分たちの理論が正しいことを証明した。
They **concluded** that black holes exist.	彼らはブラックホールは存在すると結論づけた。

announce [ənáuns] □□ 509	(…ということ)を**発表する**(that 節) □ annóuncement 图 発表 □ annóuncer 图 アナウンサー
appeal [əpíːl] □□ 510	(〜の)**心に訴える**(to)；(人に；〜を求めて；〜するよう)**懇願する**(to；for；to *do*)；(カ・手段に)**訴える**(to) 图 訴え □ appéaling 圈 魅力的な；哀願的な
address ⑦ [ədrés] □□ 511	(問題)に**取り組む**；(人)に**演説をする**；に宛名を書く 图 住所；演説；(ネット上の)アドレス
advertise ⑦ [ǽdvərtàiz] □□ 512	を**宣伝する** □ advertísement [ædvərtáizmənt] 图 広告 ▶ 口語では ad と略す。 □ ádvertising 图 広告すること
invite ⑦ [inváit] □□ 513	を(〜に)**招待する**(to)；に(…するよう)お願いする(to *do*)；(よくない事態)を引き起こす □ invitátion 图 招待
afford [əfɔ́ːrd] □□ 514	を**持つ余裕がある** ▶ 普通 can，be able to を伴って否定文・疑問文で使う。 ⑩ **cannot afford to** *do*「…する余裕がない」 □ affórdable 圈 入手可能な
purchase ⑨ ⑦ [pɔ́ːrtʃəs] □□ 515	を**購入する**(≒ buy) 图 購入(品)
participate ⑨ ⑦ [pɑːrtísipèit] □□ 516	(〜に)**参加する**(in)(≒ take part in) □ participátion [pɑːrtìsipéiʃən] 图 (〜への)参加(in) □ partícipant 图 参加者

The president **announced** that he would seek a second term.	大統領は 2 期目に立候補すると発表した。
His music **appeals** to the older generation.	彼の音楽は年配の世代の心に訴えかける。
We have to **address** the problem of child abuse.	私たちは児童虐待の問題に取り組まなければならない。
The professor **addressed** the students at the ceremony.	教授は式典で学生たちに演説をした。
We would like to **advertise** our service on your website.	あなたのウェブサイトで私たちのサービスを宣伝したいのですが。
She **invited** me to her birthday party.	彼女は私を誕生日パーティーに招待してくれた。
The company cannot **afford** to build a new factory.	その会社は新しい工場を建設する余裕がない。
I can't **afford** to **purchase** such an expensive car.	私にはそんな高い車を購入する余裕はない。
I've decided to **participate** in the international exchange program.	私は国際交流プログラムに参加することに決めた。

belong
[bɪlɔ́(:)ŋ]
□□ 517

(～に)**所属している**(to)；(～の)**ものである**(to)
▶ 進行形にはしない。
□ belónging [名]〔～s〕所持品

conduct
[アク][kəndʌ́kt]
□□ 518

を**行う**；を導く；案内する
[名][kɑ́(:)ndʌ̀kt] 行動；指導
□ condúctor [名](楽団の)指揮者；車掌

behave
[発][bɪhéɪv]
□□ 519

振る舞う；行儀よくする
▶ 様態の副詞(句・節)を伴う。
▶ behave *oneself* 行儀よく振る舞う
□ behávior [名] 振舞い；行動

operate
[アク][ɑ́(:)pərèɪt]
□□ 520

を**操作する**；(人に；病気の)**手術を行う**(on；for)；作動する
□ operátion [名] 操作；手術
□ óperator [名](機械などの)運転者

organize
[ɔ́:rgənàɪz]
□□ 521

を**主催する，準備する**；を組織する
□ organizátion [名] 組織(化)
□ órganized [形] 組織化された
□ órganizer [名] 主催者

host
[発][houst]
□□ 522

を**主催する**；の主人役を務める
[名](客に対する)主人，主催者；多数
▶ a host of ～「多数の～」
□ hóstess [hóustəs] [名] 女主人
▶ 最近は女性にも host を使う傾向がある。

combine
[kəmbáɪn]
□□ 523

を(～と)**組み合わせる**(and / with)
□ combinátion [名] 結合(体)

deliver
[dɪlívər]
□□ 524

(を)(～から；～に)**配達する**(from；to)；(意見など)を述べる
□ delívery [名] 配達

I **belong** to the planning section.	私は<u>企画部に所属しています</u>。
That briefcase **belongs** to him.	その書類かばんは<u>彼のものです</u>。
They **conducted** research to learn more about the phenomenon.	彼らはその現象についてもっと知るために<u>調査を行った</u>。
Children should be disciplined when they **behave** badly.	子供たちがよくない<u>振舞いをしたら</u>，しつけをすべきだ。
I want to learn how to **operate** the new software.	私は新しいソフトウエア<u>を操作する</u>方法を学びたい。
The doctors **operated** on him for stomach cancer.	医師たちは彼に<ruby>胃癌<rt>いがん</rt></ruby>の<u>手術を行った</u>。
The company is planning to **organize** a huge sporting event.	その企業は<u>大きなスポーツイベントを主催する</u>計画を立てている。
We will **host** a reception for new members.	私たちは新会員のために<u>歓迎会を主催する</u>つもりです。
His program **combines** a special diet and daily physical activity.	彼のプログラムは特別な<u>食事法と日々の運動を組み合わせている</u>。
The mailman **delivered** a package to my apartment.	郵便集配人が私のアパートに<u>小包を配達してくれた</u>。

locate ⑦ [lóukeɪt] □□ 525	を(場所に)**置く**(in)；(場所など)を**突き止める** **⑯ be located in ~**「~に位置している」 □ locátion 图 場所(≒ place)；ロケ現場
encounter [ɪnkáuntər] □□ 526	に(偶然)**出会う**；に**直面する** 图 (~との)(偶然の)出会い(with)
surround [səráund] □□ 527	を**囲む** **⑯ be surrounded by [with] ~** 「~に囲まれている」 □ surróunding 图 〔~s〕周囲の状況；(地理的・生活) 環境(≒ environment) 圈 周囲の
explore [ɪksplɔ́ːr] □□ 528	を**探検する**；を**調査する** □ explorátion [èkspləréɪʃən] 图 探検；調査 □ explórer 图 探検家；調査者
stick [stɪk] □□ 529	(~に)**くっつく，固執する**(to)；を(~に)**貼 り付ける**(on)；を**突き刺す** ▶ 活用：stick - stuck [stʌk] - stuck 图 棒；棒状のもの；つえ □ stícky 圈 くっつく，べとべとする
strike [straɪk] □□ 530	に**当たる**；(人)に(~という)**印象を与える** (as)；(考えが)(人)の**心に浮かぶ** ▶ 活用：strike - struck [strʌk] - struck 图 攻撃；(労働者の)ストライキ ▶ on strike ストライキ中で □ strícken 圈 傷ついた；打ちひしがれた □ stríking 圈 著しい，際立った
hurt ❀ [həːrt] □□ 531	を**痛める，傷つける**；**痛む** ▶ 活用：hurt - hurt - hurt 图 精神的苦痛；傷
bite [baɪt] □□ 532	に**かみつく** ▶ 活用：bite - bit [bɪt] - bítten [bítən], 圏 bit 图 かむこと；一口

That airport is located in the center of the city.	その空港はその市の中心部に位置している。
She encountered a polar bear during the exploration.	彼女は探検中にホッキョクグマに遭遇した。
The small village is surrounded by a deep forest.	その小さな村は深い森に囲まれている。
We explored the river by canoe.	私たちはカヌーでその川を探検した。
He stuck to his original plan.	彼は自分の最初の計画に固執した。
He stuck a stamp on the envelope.	彼は封筒に切手を貼った。
Lightning struck the tree in the park.	公園の木に雷が落ちた。
He struck me as a brave man.	彼は私に勇敢な男だという印象を与えた。
I chose my words carefully so as not to hurt her feelings.	私は彼女の気持ちを傷つけないように慎重に言葉を選んだ。
If a dog bites you, you should see a doctor.	犬があなたにかみついたら、医師にみてもらうべきだ。

tear [発] [teər] □□ 533	を**引き裂く** ▶ 活用：tear - tore [tɔːr] - torn [tɔːrn] ▶ tear [tɪər]「涙」との発音の違いに注意。
aid [eɪd] □□ 534	を**援助する**（≒ help） [名] 援助；救援 ▶ first aid 応急手当
press [pres] □□ 535	を**押す**；に（～を）強要する（for） [名] 圧縮；印刷（所）；〔普通 the ～〕報道陣；新聞 □ préssure [préʃər] [名] 圧力
burn [bəːrn] □□ 536	を**燃やす**；燃える ▶ burn out 燃え尽きる；（体力・気力など）を使い果たす ▶ 過去形・過去分詞形は burned だが，[英] では burnt も使う。過去分詞の形容詞用法は [英]・[米] ともに burnt。 [名] やけど；日焼け
flow [floʊ] □□ 537	（～へ；～から）**流れる**（into / to；from） [名] 流れ ▶ flow chart（作業の手順を示す）流れ図
preserve [発] [アク] [prɪzə́ːrv] □□ 538	を**保存する**；を（～から）保護する（from / against） □ preservátion [prèzərvéɪʃən] [名] 保存；保護
borrow [bɔ́(ː)roʊ] □□ 539	を**（無料で）借りる**（⇔ lend → 837） ▶ borrow は「移動できるもの（金銭など）を無料で借りる」，use は「移動できないもの（トイレなど）を無料で借りる」の意味。
steal [発] [stiːl] □□ 540	を**盗む** [TG] **have ～ stolen**「～を盗まれる」 ▶ 活用：steal - stole [stoʊl] - stólen [stóʊlən]
escape [ɪskéɪp] □□ 541	（～から）**逃れる，脱出する**（from）；を**免**（まぬか）**れる** ▶ escape from *A* は「すでに起きている A という事態から逃げる」，escape *A* は「好ましくない A という事態を未然に免れる」の意味。 [名] 脱出；逃亡

0 ... 600 ... 1100 ... 1400	

Suddenly, he tore the document into pieces.	突然，彼はその書類をずたずたに引き裂いた。
The organization is calling for volunteers to aid the flood victims.	その団体は洪水の被災者を援助するボランティアを募集している。
I put the coins in the slot, and pressed the button.	私は投入口に硬貨を入れ，ボタンを押した。
We burn fossil fuels to produce electricity.	我々は電気を生み出すために化石燃料を燃やす。
The river flows through our town into the ocean.	その川は私たちの町を通って海へ流れる。
You can preserve meat with salt.	塩を使って肉を保存することができる。
I forgot to take my wallet to school, so I borrowed 1,000 yen from Yumiko.	学校に財布を持っていくのを忘れたので，ユミコから1,000円を借りた。
I had my bicycle stolen in front of the library.	私は図書館の前で自転車を盗まれた。
He escaped from poverty and rose to the very top of society.	彼は貧困から抜け出し，社会の最高位にのし上がった。
My mother barely escaped the accident.	母はかろうじてその事故を免れた。

名詞編

neighbor
[néɪbər]
□□ 542

隣人，近所の人
- □ néighborhood 图 近所(の人々)；周辺地域
- □ néighboring 形 隣の，近隣の

household
[háʊshòʊld]
□□ 543

世帯；家族
形 家庭の

resident
[rézɪdənt]
□□ 544

居住者，住人
- □ résidence 图 居住；邸宅

vehicle
⦿ [víːəkl]
□□ 545

車，乗り物

wheel
[hwíːl]
□□ 546

〔the ～〕(自動車の)ハンドル
(= steering wheel)；車輪；歯車
- ▶ 自動車のハンドルを handle とは言わない。自転車やオートバイのハンドルは handlebars。
- ▶ behind [at] the wheel「(自動車などを)運転して」
- 動 (車輪の付いた乗り物を)動かす，押す
- □ wheeled 形 車輪の付いた
- ▶ a wheeled cart 車輪付き荷台
- □ whéelchair 图 車いす

delay
[dɪléɪ]
□□ 547

遅れ
- ▶ without delay 即座に
- 動 を遅らせる；を延期する

fuel
[fjúːəl]
□□ 548

燃料
- ▶ 石油や石炭などのこと。
- ▶ fossil fuels「化石燃料」

pollution
[pəlúːʃən]
□□ 549

汚染
- □ pollúte 動 を汚染する
- □ pollútant 图 汚染物質

Sometimes, a good **neighbor** becomes a good friend.	時に，よい隣人はよい友人になる。
The number of elderly-couple **households** has been increasing.	高齢者夫婦の世帯数が増えてきている。
I'm a new **resident** in this area, and I'd like to get a library card.	私はこの地域の新しい住人で，図書館のカードを作りたいのですが。
In 2009, the company released the world's first **mass-produced** electric **vehicles**.	2009年に，その会社は世界初の量産電気自動車を発売した。
You must not **remove** your hands from the **wheel** while driving.	運転中はハンドルから手を離してはいけない。
Trains are facing major **delays** after the accident.	事故後に電車には大幅な遅れが出ている。
Fossil **fuels** are limited in supply.	化石燃料は供給が限られている。
Electric cars produce no harmful gases and decrease air **pollution**.	電気自動車は有害ガスを発生させず，大気汚染を減少させる。

atmosphere
[ア] [ǽtməsfìər]
□□ 550

雰囲気；〔the ～〕大気
- □ atmosphéric [形] 大気(中)の
- ▶ atmospheric pressure 気圧

electricity
[ア] [ɪlèktrísəti]
□□ 551

電気
- □ eléctric [形] 電気の；電気を使う
- □ eléctrical [形] 電気の；電気を扱う
- □ electrónic [ɪlèktrá(:)nɪk] [形] 電子(工学)の

cancer
[kǽnsər]
□□ 552

癌(がん)

plague
[発] [pleɪɡ]
□□ 553

疫病；厄介なもの[人]
- [動] を絶えず苦しめる

threat
[発] [θret]
□□ 554

恐れ，予兆；脅し
- □ thréaten [動] の恐れがある；を脅す
- □ thréatening [形] 脅すような；(天気が)荒れ模様の

flood
[発] [flʌd]
□□ 555

洪水；(～の)殺到(of)
- [動] を氾濫(はんらん)させる；に殺到する；(川が)氾濫する

earthquake
[ə́ːrθkwèɪk]
□□ 556

地震
- □ earth [名] 〔the ～；(the) E～〕地球；陸地；土
- □ quake [動] 揺れる；震える　[名] 震動；地震

disaster
[dɪzǽstər]
□□ 557

災害；災難
- □ disástrous [dɪzǽstrəs] [形] 悲惨な

crisis
[kráɪsɪs]
□□ 558

危機
- ▶ 複数形は críses [kráɪsiːz]。
- □ crítical [krítɪkəl] [形] 危機的な；批判的な

| 0 | 600 | 1100 | 1400 |

The café has a relaxed **atmosphere**.	そのカフェにはくつろげる雰囲気がある。
Solar power is used to **generate electricity**.	太陽エネルギーが電気を作り出すのに使われている。
It is said that smoking is a major cause of lung **cancer**.	喫煙は肺癌の主な原因と言われている。
The **plagues** and **famines** caused over 100,000 deaths.	疫病と飢饉で10万人以上が死亡した。
The **threat** of losing their jobs worries them.	職を失う恐れが彼らを不安にしている。
The heavy rain has caused **floods** in many areas.	大雨が多くの地域で洪水を引き起こした。
The **earthquake** did much damage to the infrastructure.	その地震はインフラに多大な損害を与えた。
No country is completely safe from a natural **disaster**.	自然災害から絶対に安全な国は1つもない。
The economic **crisis** hit the country in the 1990s.	1990年代に経済危機がその国を襲った。

victim [víktɪm] ☐☐ 559	被害者，犠牲者
wealth ⑰ [welθ] ☐☐ 560	富，財産 ☐ wéalthy 形 裕福な (≒ rich)
fund [fʌnd] ☐☐ 561	〔しばしば~s〕資金，基金 動 (組織など)に資金を出す ☐ fúnding 名 資金調達
capital [kǽpətəl] ☐☐ 562	資本；首都；大文字 (= capital letter) 形 資本の；主要な；大文字の ☐ cápitalism 名 資本主義 ☐ cápitalize 動 を大文字で書く
profit [prá(:)fət] ☐☐ 563	収益；〔しばしば~s〕利益 (⇔ loss 損失) 動 利益を得る ☐ prófitable 形 もうかる
talent ⑰ [tǽlənt] ☐☐ 564	才能；才能のある人 ☐ tálented 形 才能のある
capacity [kəpǽsəti] ☐☐ 565	(…する)能力 (to do)；収容力 ☐ cápable [kéɪpəbl] 形 能力がある；有能な → 579
scholar [ská(:)lər] ☐☐ 566	(主に人文系の)学者；奨学生 ☐ schólarly 形 学者らしい ☐ schólarship 名 奨学金
tradition ⑰ [trədíʃən] ☐☐ 567	伝統；伝承 ☐ tradítional 形 伝統的な

Tourists are potential <u>victims</u> of <u>pickpockets</u>.	観光客はすりの被害者になる可能性がある。
He was unhappy in spite of <u>his great wealth</u>.	彼は莫大(ばくだい)な富があるにもかかわらず不幸だった。
They <u>are raising funds</u> to help the earthquake victims.	彼らは地震の被災者を助けるために<u>資金</u>を集めている。
He started a new business <u>with capital of ten million yen</u>.	彼は<u>資本金</u>1千万円で新しいビジネスを始めた。
His new business is struggling to <u>make a profit</u>.	彼の新しいビジネスは<u>収益を上げる</u>のに苦戦している。
I think that top athletes are born with a special <u>talent</u>.	一流の運動選手は特別な<u>才能</u>を持って生まれてきたのだと私は思う。
Children have <u>the capacity</u> to acquire foreign languages easily.	子供には外国語を容易に習得する<u>能力</u>がある。
She was one of <u>the leading scholars</u> in the field.	彼女はその分野において<u>一流の学者</u>の1人だった。
<u>The traditions</u> have been handed down from generation to generation.	その<u>伝統</u>は代々引き継がれてきた。

literature
発 [lítərətʃər]
□□ 568

文学；文献
□ líterary 形 文学[文芸]の
▶ literary works 文学[文芸]作品
□ líteral 形 文字どおりの
□ líterate 形 読み書きのできる

lecture
[léktʃər]
□□ 569

講義，講演
▶ attend a lecture 講義に出席する
動 講義する
□ lécturer 名 講師

manner
[mǽnər]
□□ 570

方法(≒ way)；〔～s〕**行儀，作法**；振舞い
熟 in a ～ manner「～の仕方で」

symbol
[símbəl]
□□ 571

(～の)**象徴**(of)；**記号**
□ symbólic 形 象徴的な

analysis
[ənǽləsɪs]
□□ 572

分析
▶ 複数形は anályses [ənǽləsìːz]。
□ ánalyze 動 を分析する
□ ánalyst 名 分析者[家]

version
[vɜ́ːrʒən]
□□ 573

(製品などの)…**版**(of)；(作品・事件などの)**解釈**

perspective
[pərspéktɪv]
□□ 574

観点(≒ víewpoint)；**見通し**
熟 from a ～ perspective「～の観点から」

vision
[víʒən]
□□ 575

(将来の)**展望**；(将来を)**見通す力**；**視力**
(≒ sight)
□ vísible 形 (目に)見える(⇔ invísible 見えない)
□ vísual 形 視覚の
□ vìsibílity 名 目に見えること；視野

The Tale of Genji is one of the greatest works of Japanese literature.	『源氏物語』は日本文学で最も偉大な作品のうちの1つだ。
He gave a lecture on the global economy.	彼は世界経済についての講義を行った。
The manager talked to us in a friendly manner.	部長は私たちに気さくな接し方で話しかけてきた。
The child has good manners.	その子供は行儀がよい。
Mount Fuji is a symbol of Japan.	富士山は日本の象徴だ。
They made a close analysis of the economic crisis.	彼らはその経済危機の詳しい分析を行った。
He made a film version of his stage drama.	彼は自分の舞台劇の映画版を制作した。
We should approach the issue from a different perspective.	我々は違う観点からその問題に取りかかるべきだ。
The company lacks a global vision.	その企業には世界的展望が欠けている。

sight
東 [saɪt]
□□ 576

見えること；光景；視力
▶ at first sight「一目見て；一見したところ」
▶ catch [lose] sight of ～「～を見つける[見失う]」
動 を見つける；じっと見る
□ síghtseeing 名 観光

insight
㋳ [ínsàɪt]
□□ 577

(～への)洞察(力)(into)

bilingual
[baɪlíŋgwəl]
□□ 578

バイリンガルの，2言語を話す
名 バイリンガル，2言語話者
□ trilíngual 形 3言語を話す 名 3言語話者
□ multilíngual 形 多言語を話す 名 多言語話者

capable
東 [kéɪpəbl]
□□ 579

(…する)能力がある(of doing)(⇔ incápable
無能の)；有能な(⇔ incompetent 無能な)
□ capácity 名 能力；収容力 → 565

willing
[wílɪŋ]
□□ 580

(…するの)をいとわない(to do)
□ will 名 意志；遺言(書)
□ wíllingly 副 進んで，快く
□ wíllingness 名 嫌がらずにすること
□ unwílling 形 気が進まない

eager
[íːgər]
□□ 581

(～を；…することを)熱望して(for；to do)；
熱心な
□ éagerness 名 熱望
□ éagerly 副 熱心に

amazing
[əméɪzɪŋ]
□□ 582

驚くほどの
🄲 It is amazing that ...「…とは驚きだ」
□ amáze 動 を驚かせる
□ amázement 名 驚き

calm
東 [kɑːm]
□□ 583

冷静な；穏やかな
名 平静 動 静まる；を静める
▶ Calm down. 落ち着きなさい。
□ cálmly 副 穏やかに

I felt sick at the **sight** of blood.	私は血を見て気分が悪くなった。
The **analysis** gives us a new **insight** into the present economic condition.	その分析は私たちに経済の現状への新たな洞察を与えてくれる。
Some parents try to raise their children to be **bilingual** speakers.	一部の親は子供が2言語を話す人になるように育てようとする。
Brains are **capable** of processing information faster than computers.	脳はコンピューターより速く情報を処理することができる。
We are **willing** to pay extra to sit together on the plane.	私たちは飛行機で一緒に座るのに追加料金を払うのをいとわない。
He is **eager** to come back to our team as soon as possible.	彼はできる限り早くチームに復帰することを熱望している。
It's **amazing** that she can answer all the questions.	彼女がすべての質問に答えられるとは驚きだ。
It is important to stay **calm** in an emergency.	緊急時には冷静でいることが重要だ。

quiet
[kwáɪət]
□□ 584

静かな(⇔ nóisy 騒々しい)
- 名 静けさ
- □ quíetly 副 静かに

senior
[síːnjər]
□□ 585

高齢者の；(地位などが)上級の；年上の
- ▶ a senior citizen「高齢者」
- 名 年長者；主に米 (大学・高校の)最上級生
- ▶ 主に米 では，4年制大学・高校の1年生を freshman, 2年生を sophomore, 3年生を junior, 4年生を senior で表す。
- □ seniórity 名 年長；優位
- ▶ the seniority system「年功序列制度」

elderly
[éldərli]
□□ 586

年配の
- ▶ old の遠回しな表現。
- □ élder 形 年長の(⇔ yóunger)

firm
[fəːrm]
□□ 587

確固とした；(質が)堅い
- 名 (合資の)会社
- □ fírmly 副 断固として；堅く

severe
禹 [sɪvíər]
□□ 588

(痛みなどが)ひどい；厳しい；深刻な
- □ sevérely 副 厳しく；ひどく
- □ sevérity [sɪvérəti] 名 厳しさ；つらさ

tough
禹 [tʌf]
□□ 589

困難な；頑丈な；厳しい

rapid
[ræpɪd]
□□ 590

急速な
- □ rápidly 副 急速に

immediate
禹 [ɪmíːdiət]
□□ 591

即座の；直接の
- □ immédiately 副 直ちに(≒ at once)

Keep <u>quiet</u>, or I can't concentrate.	<u>静かにしていて</u>よ，集中できないから。
We offer a discount for <u>senior</u> citizens.	ご高齢の方々には割引をしています。
I was promoted to <u>senior</u> manager.	私は<u>上級</u>管理者に昇格した。
I helped <u>an elderly woman</u> cross a busy street.	私は<u>年配の女性</u>が混雑した通りを渡るのを手助けした。
I am a <u>firm</u> believer in hard work.	私は勤勉はよいことだと<u>固く</u>信じる者だ。
I am suffering from a <u>severe</u> headache today.	私は今日<u>ひどい</u>頭痛に苦しんでいる。
He received a <u>severe</u> punishment for the crime.	彼はその犯罪で<u>厳しい</u>罰を受けた。
It took me five hours to finish the <u>tough</u> assignment.	私はその<u>難しい</u>課題を終わらせるのに5時間かかった。
There are many problems caused by a <u>rapid</u> growth in population.	人口の<u>急速な</u>増加によって多くの問題が引き起こされている。
We have to make an <u>immediate</u> decision on that matter.	私たちはその件について<u>即座の</u>決定をする必要がある。

vast

[væst]

□□ 592

広大な；膨大な，莫大な

□ vástly 圓 広大に；非常に

enormous

[ɪnɔ́ːrməs]

□□ 593

巨大な，莫大な

□ enórmously 圓 大いに，莫大に

broad

඲ [brɔːd]

□□ 594

広範囲な；広い(⇔ nárrow)；大ざっぱな

□ bróadly 圓 大ざっぱに；広く

□ bróaden 圓 を広げる；広くなる

□ breadth [bredθ] 图 広さ；幅

narrow

[nǽrou]

□□ 595

(幅が)狭い(⇔ broad, wide)；やっとの

▶「(面積が)狭い部屋」は a small room。

圓 を狭くする；狭くなる

tiny

඲ [táɪni]

□□ 596

とても小さな(≒ líttle)

efficient

[ɪfíʃənt]

□□ 597

効率のよい；有能な

□ efficiency 图 能率；効率

▶ energy efficiency エネルギー効率

constant

[ká(ː)nstənt]

□□ 598

絶え間ない；不変の

□ cónstantly 圓 絶えず

nearby

ቃ [nìərbái]

□□ 599

すぐ近くの

圓 すぐ近くに

□ near 圓 ～の近くに

distant

[dístənt]

□□ 600

遠い；(～に)よそよそしい(with)

▶ in the distant future [past] 「遠い未来[過去]に」

□ dístance 图 距離；(the ～)遠方

▶ in the distance 「遠くに」

Vast areas of rainforests were destroyed to make farms.	農地を作るために熱帯雨林の広大な地域が破壊された。
Asia has experienced **enormous changes** in recent years.	アジアは近年，非常に大きな変化を経験した。
Sociology covers a **broad** range of topics.	社会学は幅広い領域のテーマを扱う。
We drove carefully through the **narrow** street.	私たちはその狭い通りを注意深く車で走り抜けた。
I found a **tiny** insect in the bathroom.	私は浴室でとても小さい虫を見つけた。
Our new house is equipped with energy **efficient** air conditioners.	私たちの新居にはエネルギー効率のよいエアコンが備え付けられている。
Constant effort enabled the team to win the championship.	絶え間ない努力によってチームは優勝することができた。
I often go fishing in a **nearby** river.	私は近くの川によく釣りに行く。
I saw fireworks exploding **in the distant** sky.	私は遠い空に花火が上がっているのを見た。

基本動詞の使い方①

be / become / get 「である」「いる・ある」「になる」

- □ **be** + 名 / 形 / 前置詞句「〜である」
  be a doctor 医師である
- □ **be** + 副 / 前置詞句「(〜に)いる[ある]」
  He is home. 彼は家にいる。
- □ **there be** + 名 (A) + 前 + 名 (B)「B に A がいる[ある]」
  There is a lion in the cage. 檻の中にライオンがいる。
- □ **become** + 形 / 名「〜になる」
  become healthier もっと健康になる
- □ **get** + 形「〜になる」
  It's getting warmer. だんだん暖かくなっている。

seem / appear / look 「に思われる」「に見える」

- □ **seem** + (to be) 形 / 名   □ **seem** + like 名「〜(のよう)に思われる」
  She seems intelligent. 彼女は聡明に思われる。
- □ **appear** + (to be) 形 / 名「〜のように見える」
  He appears rich. 彼は金持ちのように見える。
- □ **look** + 形   □ **look** + like 名「〜(のよう)に見える」
  He looks happy. 彼は幸せに見える。
- □ **it seems [looks] like [as if / as though]** + 名 (A) + does
  「A が…するように思われる」
  It seems like [as if] she likes that work.
  彼女はその仕事が好きなように思われる。

go / come 「行く」「来る」「になる」

- □ **go** + 副 / 前「(〜に)行く」
  This bus goes downtown. このバスは町の中心に行く。
- □ **go** *doing*「…しに行く」
  She went shopping in Paris. 彼女はパリに買い物をしに行った。
- □ **go** + 形「〜になる」
  go bad 悪くなる；腐る   go mad 激怒する；気が狂う
- □ **come** + 副 / 前「(〜に)来る[行く]」
  She'll come here. 彼女はここに来る。
- □ **come to** *do*「…するようになる」
  come to know him better 彼のことがもっとよくわかるようになる
- □ **come** + 形「〜になる」
  come true 実現する   come good (事態などが)よくなる

Part 2

さらに実力を伸ばす

500語

入試で狙われ，知っておかなければならない単語が中心です。入試対策には欠かせない単語ばかりなので，しっかり意味を覚えましょう。

| 動詞編 |

insist
[ɪnsíst]
□□ 601

(〜を)**断固要求する**(on)；(〜を)**強く主張する**(on)；(…ということ)を言い張る(that 節)
□ insístence 图 主張
□ insístent 形 しつこい

intend
[ɪnténd]
□□ 602

(…すること)を**意図する**, (…する)**つもりでいる**(to *do*)
□ inténtion 图 意図
□ inténtional 形 意図的な

inspire
⑦ [ɪnspáɪər]
□□ 603

を(…するように)**奮起させる**(to *do*)
□ inspíring 形 奮い立たせる
□ inspirátion [ìnspəréɪʃən] 图 鼓舞；霊感

emphasize
[émfəsàɪz]
□□ 604

(…ということ)を**強調する, 力説する**(that 節 / wh- 節)
□ émphasis 图 (〜の)強調(on)；重点
□ emphátic [ɪmfǽtɪk] 形 強調された

propose
[prəpóuz]
□□ 605

を**提案する**；(〜に)**結婚を申し込む**(to)
⓱ propose (to *A*) that *B* (should) *do*
　「*B*は…したほうがよいと(*A*に)提案する」
□ propósal 图 提案；(結婚の)申し込み
□ proposítion 图 主張；提案

persuade
楽 [pərswéɪd]
□□ 606

を(…するよう)**説得する**(to *do*)
▶ 説得が成功し, 相手に行動を起こさせるところまでを含意する。
□ persuásion [pərswéɪʒən] 图 説得(力)

convince
[kənvíns]
□□ 607

に(〜を；…だと)**納得[確信]させる**(of；that 節)
□ convíction [kənvíkʃən] 图 (…という)確信(that 節)；説得(力)；有罪判決
□ convíncing 形 納得のいく

▶動詞編　p.166　　▶形容詞編　p.184
▶名詞編　p.176

In spite of my refusal, he insisted on my going there.	私の拒否にもかかわらず，彼は私にそこに行くよう強く求めた。
I didn't intend to lie to you.	あなたにうそをつくつもりはなかったのです。
Good teachers inspire students to keep learning.	優れた教師は生徒を学び続けるよう奮起させる。
My doctor emphasizes the importance of a balanced diet.	私の主治医はバランスのとれた食事の重要性を強調する。
I proposed to him that we start a new business.	私は彼に私たちが新しいビジネスを始めたほうがよいと提案した。
I persuaded my parents to let me study abroad.	私は両親を説得して留学させてもらった。
His confident manner convinced me that he was right.	彼の自信に満ちた振舞いが私に彼が正しいことを確信させた。

admit [ədmít] □□ 608	(…ということ)を**(事実と)認める**(that 節) (⇔ dený → 441)；（入場・入学）を認める 　□ admíssion 名 容認；入学[入会]許可 　▶ an admission fee 入場料
favor [féɪvər] □□ 609	に**賛成する**；を(〜より)**好む**(over) 　名 親切な行為；好意；支持 　▶ in favor of 〜 〜に賛成して 　▶ Will you do me a favor? 頼みを聞いてもらえますか。 　□ fávorite 形 お気に入りの 名 大好きな物[人] 　□ fávorable 形 好意的な；好都合の
excuse ⦿ [ɪkskjúːz] □□ 610	を**大目に見る**；の**言い訳をする**；（義務など）を**免除する** 　▶ Excuse me. すみません[ちょっと失礼します]。 　名 [ɪkskjúːs] 言い訳
interpret ⦿ [ɪntə́ːrprət] □□ 611	を(〜と)**解釈する**(as)；を**通訳する** 　□ interpretátion 名 解釈；通訳 　□ intérpreter 名 通訳者
translate [trǽnsleɪt] □□ 612	を(〜に)**翻訳する**(into) 　□ translátion 名 翻訳 　□ translátor 名 翻訳者
concentrate ⦿ [ká(ː)nsəntrèɪt] □□ 613	(〜に)**精神を集中する**(on)；を(〜に)**集中させる**(on) 　□ concentrátion 名 集中(力)，専念
criticize [krítəsàɪz] □□ 614	を(〜のことで)**非難する**(for) 　□ crític 名 批評家，評論家 　□ crítical 形 (〜に)批判的な(of)；重大な；危機的な 　□ críticism 名 批評，評論；非難
blame [bleɪm] □□ 615	を(〜のことで)**責める**(for)；を(〜の)**せいにする**(on) 　▶ be to blame (主語に)責任がある 　名 責任；非難

I have to **admit** that I have made some <u>mistakes</u>.	私はいくつかの間違いを<u>犯してきたことを認め</u>なくてはならない。
All of the committee members **favored** <u>her proposal</u>.	委員全員が彼女の提案に<u>賛成した</u>。
She **favors** Western food over Japanese traditional dishes.	彼女は日本の伝統的な料理よりも西洋料理を<u>好む</u>。
She **excused** us for being late.	彼女は私たちの遅刻を<u>大目に見て</u>くれた。
I **excused** myself for being late for work.	私は仕事に遅刻したこと<u>の言い訳をした</u>。
I **interpreted** her smile as a sign of agreement.	私は彼女の微笑を同意のしるしと<u>解釈した</u>。
You cannot **translate** these words into Japanese.	これらの言葉を日本語に<u>翻訳する</u>ことはできない。
I can't **concentrate** on studying with all this noise.	私はこの騒音のせいで勉強に<u>集中する</u>ことができない。
They severely **criticized** me for the <u>mistake</u>.	彼らは私をそのミスのことで厳しく<u>非難した</u>。
His teacher **blamed** him for neglecting his homework.	先生は宿題を怠ったことで彼を<u>責めた</u>。
He **blamed** his failure on bad luck.	彼は自分の失敗を不運の<u>せいにした</u>。

oppose [əpóuz] □□ 616	に**反対する**(≒ object to ～)(⇔ suppórt ➡24) □ oppósed [形](～に)反対して(to) ▶ as opposed to ～ ～に対して，～とは対照的に □ opposítion [名](～への)反対(to)；抵抗
inform [ɪnfɔ́ːrm] □□ 617	に(～を；…だと)**知らせる**(of / about；that 節) ▶ keep ～ informed of ...「～(人)に…を逐一知らせる」 □ informátion [名] 情報 □ infórmed [形] 情報に基づく ▶ informed consent「インフォームド・コンセント」(医師による十分な説明を受けた上での同意)
grant [grænt] □□ 618	**(人)に(物)を(求めに応じて)与える**；と仮定する ▶ granted [granting] (that) ...「仮に…だとしても」 ▶ take ～ for granted「～を当然のことと思う」 [名] 助成金；奨学金
obtain [əbtéɪn] □□ 619	を**得る**(≒ get, gain, acquíre)
transform [ア][trænsfɔ́ːrm] □□ 620	を(～に)**変える**(into) ▶ 形や質を変えるときに使う。 □ transformátion [trænsfərméɪʃən] [名] 変化
alter [発][ɔ́ːltər] □□ 621	を**変える**(≒ change)；変わる ▶ 主に部分的に変えるときに使う。 □ alterátion [名] 変更
arrange [発][əréɪndʒ] □□ 622	を**(きちんと)並べる；**(の)**手はずを整える**；(を)取り決める □ arrángement [名] 配置；取り決め；手配
interact [ìntərǽkt] □□ 623	(～と)**相互に作用する**(with)；交流する □ interáction [名] 相互作用 □ interáctive [形] 相互に作用し合う

I firmly **oppose** the import of genetically modified foods.	私は遺伝子組み換え食品の輸入には断固反対する。
The company **informed** its employees of the new conditions of work.	その会社は従業員に新しい労働条件を知らせた。
They **granted** her a scholarship to the university.	彼らは彼女にその大学に進学する奨学金を与えた。
We **obtain** knowledge through learning and experience.	私たちは学習と経験によって知識を得る。
Last week's snow **transformed** the city into a different world.	先週の雪はその都市を違った世界に変えた。
She **altered** the color of the photograph to look more natural.	彼女はもっと自然に見えるように写真の色を変えた。
We **arranged** the tables for our meeting.	私たちは会議のためにテーブルを並べた。
My secretary will **arrange** a convenient time to meet you.	あなたとお会いするのに都合のよい時間を秘書が決めてくれるでしょう。
Every organism **interacts** with other living things.	あらゆる生き物は他の生物と相互に影響している。

handle
[hǽndl]
□□ 624

(問題など)を処理する(≒ deal with)；
を(手で)扱う
　图 取っ手

extend
[ɪksténd]
□□ 625

を延長する；**を広げる**；**広がる，伸びる**
▶ extended family「拡大家族」(祖父母，おじ・おば
　などを含む大家族)(⇔ nuclear family「核家族」)
□ extént 图 (the 〜)程度；広さ
▶ to a certain extent ある程度まで
□ exténsive 形 広大な；広範な
□ exténsion 图 延長；内線(番号)

settle
[sétl]
□□ 626

(〜に)定住する(in)；**を決める**(≒ decíde)；
を解決する
▶ settle down「落ち着く」
□ séttlement 图 入植(地)；解決

contribute
⑦ [kəntríbjət]
□□ 627

(〜に)貢献する(to)；**を寄付する**
□ contribútion 图 貢献；寄付

construct
⑦ [kənstrʌ́kt]
□□ 628

を建設する(⇔ destróy → 442)；**を組み立てる**
□ constrúction 图 建設
□ constrúctive 形 建設的な

consist
⑦ [kənsíst]
□□ 629

(〜から)成る(of)；**(〜に)(本質が)ある**(in)
▶ 普通，進行形にはしない。
□ consístent 形 首尾一貫した

suit
⑦ [su:t]
□□ 630

に(色・服などが)似合う；**に都合がよい**；
を(〜に)適合させる(to)
　图 スーツ；訴訟(≒ láwsuit)
□ súitable 形 (〜に)適した(for)(≒ fit)

You have to **handle** the data with care.	そのデータは慎重に扱わなければならない。
We are going to **extend** our business hours to 9:00 p.m.	私たちは営業時間を午後9時まで延長するつもりです。
It is believed that the Polynesians **settled** in Hawaii long ago.	ポリネシア人がずっと昔にハワイに住みついたと考えられている。
We **settled** the date for our next meeting.	私たちは次の会合の日取りを決めた。
Her efforts **contributed** to the success of the program.	彼女の努力はその番組の成功に貢献した。
I **contributed** 100,000 yen to the charity.	私はその慈善事業に10万円を寄付した。
The government plans to **construct** a new bridge across the river.	政府はその川に新しい橋を建設する計画を立てている。
The league **consists** of 18 teams.	そのリーグは18のチームから成る。
Freedom of action **consists** in freedom of will.	行動の自由は意志の自由に本質がある。
The blue jacket **suits** him.	青いジャケットが彼に似合っている。
Sunday **suits** me best.	日曜日が私には一番都合がよい。

tie [taɪ] □□ 631	を(〜に)**結び付ける**(to) ▶ 現在分詞形は týing [táɪɪŋ]。 图 (普通〜s)結び付き;同点;ネクタイ(= nécktie)
differ ⑦ [dífər] □□ 632	(〜と;〜の点で)**異なる**(from;in) □ dífferent 厖 異なった;さまざまな □ dífference 图 違い;(a 〜)差額
hate [heɪt] □□ 633	(…すること)を**ひどく嫌う**(to *do* / *doing*)， **憎む** 图 憎悪 □ hátred [héɪtrɪd] 图 憎しみ
dislike [dɪsláɪk] □□ 634	(…すること)を**嫌う**(*doing*) ▶ not like より意味が強く，hate より弱い。 图 (〜に対する)嫌悪(for / of);(〜s)嫌いなもの
disagree ⑦ [dìsəgríː] □□ 635	(〜と;〜について)**意見が合わない**(with;on / about / over);(記述などが)(〜と)食い違う(with) □ disagréeable 厖 不愉快な □ disagréement 图 意見の相違
regret [rɪgrét] □□ 636	(…したこと;…ということ)を**後悔する**(*doing*; that 節);(…すること)を**残念に思う**(to *do*) 图 後悔，残念 ▶ to *one's* regret「残念なことに」 □ regréttable 厖 (出来事などが)残念な □ regrétful 厖 (人が)後悔している
employ [ɪmplɔ́ɪ] □□ 637	を**雇用する**;を(手段などに)**用いる**(for) □ emplóyment 图 職;雇用 □ unemplóyment 图 失業 □ emplóyer 图 雇い主 □ emplóyee [ɪmplɔ́ɪiː] 图 従業員
hire [háɪər] □□ 638	を**雇う**(≒ emplóy)(⇔ fíre, dismíss → 1138); 主に英 を**賃借りする**(米 rent → 838) 图 賃借り[貸し]

He **tied** his horse to a tree.	彼は馬を木に結び付けた。
The new car **differs** greatly in design from the previous model.	その新しい車はデザインが前の型と大きく異なる。
I **hate** going to the dentist.	私は歯医者に行くのが大嫌いだ。
People **dislike** being criticized.	人は批判されることが嫌いだ。
I **disagree** with her on this point.	私はこの点で彼女と意見が合わない。
I **regret** saying such a rude thing to him.	私は彼にあんな失礼なことを言ってしまって後悔している。
I **regret** to say that I am not able to help you.	残念ながらお手伝いできません。
That company **employs** a large number of senior citizens.	その会社は多くの高齢者を雇用している。
I **employ** the same technique for a similar kind of task.	私は似たような作業には同じ技術を用いる。
We have to **hire** more people to expand the production line.	私たちは生産ラインを拡大するためにもっと多くの人を雇わなければならない。

absorb [əbzɔ́:rb] □□ 639	**(人)を夢中にさせる**；を吸収する [TG] **be absorbed in** ～「～に夢中になる」 □ absórption [名] 熱中；吸収
expose [ɪkspóuz] □□ 640	を(～に)**さらす**(to)；をあばく [TG] **expose *oneself* to** ～「～に身をさらす」 □ expósure [名] さらされること；暴露
breathe [発] [bri:ð] □□ 641	**呼吸する**；を吸う ▶ breathe in [out] 息を吸う[吐く] □ breath [breθ] [名] 呼吸 ▶ hold *one's* breath 息を止める；息を殺す

名詞編

root [ru:t] □□ 642	〔～s〕**起源，ルーツ**；根源；根 [動] を根づかせる
immigration [ìmɪgréɪʃən] □□ 643	**(外国からの)移住** ▶「外国への移住」は emigrátion [èmɪgréɪʃən]。 □ ímmigrant [名] (外国からの)移民 □ ímmigrate [動] (外国から)移住する
tribe [traɪb] □□ 644	**部族** □ tríbal [形] 部族の
landscape [lǽndskèɪp] □□ 645	**風景**
agriculture [ア] [ǽgrɪkʌ̀ltʃər] □□ 646	**農業** □ agricúltural [形] 農業の
soil [sɔɪl] □□ 647	**土壌，土**

0 600 1100 1400	

The audience was absorbed in her music.	聴衆は彼女の音楽に夢中になった。
We expose ourselves to a huge amount of information.	私たちは膨大な量の情報に身をさらしている。
I breathed deeply to keep calm.	私は落ち着くために深呼吸した。
Jazz has its roots in African music.	ジャズの起源はアフリカ音楽にある。
The President wants to regulate immigration.	大統領は移住を規制することを望んでいる。
The Anglo-Saxons belonged to the Germanic tribes.	アングロサクソン人はゲルマン部族に属していた。
The rapid growth of population has changed the rural landscape.	急激な人口増加によって田舎の風景が変わってしまった。
I want to be engaged in organic agriculture.	私は有機農業に従事したいと思う。
These crops do not grow in poor soil.	これらの作物はやせた土壌では育たない。

mine [maɪn] ☐☐ 648	鉱山；地雷(= lándmine) ▶ mine「私のもの」も同じ発音。 **動** を採掘する；に地雷を敷設する ☐ **míneral** **名** 鉱物；ミネラル **形** 鉱物質の ☐ **míner** **名** 炭鉱労働者
mass [mæs] ☐☐ 649	〔the ～es〕大衆；〔the ～〕(～の)大多数(of)； たくさん；かたまり；質量 ▶ a mass of ～「たくさんの～」 **形** 大量の；大衆の ▶ mass production「大量生産」 ▶ the (mass) media「マスメディア，マスコミ」 ☐ **mássive** **形** 大きくて重い；大量の
quarter **発** [kwɔ́:rtər] ☐☐ 650	**4分の1**；15分；**米** 25セント(硬貨)；地区 ▶ at (a) quarter to ten「10時15分前に」 ☐ **quárterly** **形** 年4回の **名** 季刊誌
era **発** [íərə] ☐☐ 651	時代(≒ périod) ▶ 重要な出来事により特徴づけられる「時代」や，歴史上の「～ 時代」のこと。 ▶ the Meiji era「明治時代」
circumstance **ア** [sə́:rkəmstæns] ☐☐ 652	〔普通～s〕状況，事情
phenomenon **ア** [fəná(:)mənà(:)n] ☐☐ 653	現象 ▶ 複数形は phenómena [fəná(:)mənə]。
custom [kʌ́stəm] ☐☐ 654	(社会の)慣習；(～s)関税；(～s)税関 ☐ **custom-máde** **形** 注文の ☐ **accústom** **動** を(～に)慣れさせる(to) ➡ 1238
religion [rɪlídʒən] ☐☐ 655	宗教 ☐ **relígious** **形** 宗教(上)の；信仰が厚い

That area is known as the site of a rich diamond **mine**.	その地域は豊かなダイヤモンド鉱山の敷地として知られている。
His movie did not appeal to **the masses**.	彼の映画は大衆の興味をひかなかった。
I save a **quarter** of my salary every month.	私は毎月給料の4分の1を貯金する。
We live **in an era** of rapid urbanization.	私たちは急速に都市化する時代に生きている。
Under no circumstances should you drive after drinking.	いかなる状況でも飲酒後に決して運転すべきでない。
The rise of the Internet is a global **phenomenon**.	インターネットの台頭は世界的な現象だ。
Exchanging New Year's cards is a Japanese **custom**.	年賀状のやりとりは日本の慣習だ。
I believe in God, but I **don't belong to** any **religion**.	私は神の存在は信じているが，どの宗教にも属していない。

civilization [sìvələzéɪʃən] □□ 656	**文明** □ cívilize [sívəlàɪz] [動] を文明化する □ cívil [形] 市民の；民間の
universe [ア] [júːnɪvə̀ːrs] □□ 657	**〔the ～, the U～〕宇宙**；〔the ～〕全世界 □ univérsal [形] 普遍的な；共通の
diversity [dəvə́ːrsəti] □□ 658	**多様性**；差異 ▶ biodivérsity [名] 生物多様性（= biological diversity） □ divért [動] をそらす □ divérsion [名] そらす[それる]こと □ divérse [形] 多様な（≒ várious）
trait [treɪt] □□ 659	**（人の性格などの）特性，特徴**
review [ア] [rɪvjúː] □□ 660	**批評；再検討**；[米] 復習 [動] を論評する；をよく調べる；を見直す □ revíewer [名] 評論家
occasion [əkéɪʒən] □□ 661	**場合，時**；機会；行事 □ occásional [形] ときどきの □ occásionally [副] ときどき
campaign [発] [kæmpéɪn] □□ 662	**（政治的・社会的）運動，活動** ▶ an election campaign「選挙運動」 [動]（政治などの）運動をする
board [bɔːrd] □□ 663	**委員会，重役会**；（特定の目的に使う）板；盤 ▶ on board「乗車[船]して，搭乗して」 ▶ a bulletin board「掲示板」 [動]（乗り物）に乗り込む；下宿する □ bóarding [名] 寄宿；乗車[船]，搭乗；板囲い ▶ boarding school「寄宿学校」 ▶ a boarding pass「（飛行機の）搭乗券」 □ abóard [副] 乗車[船]して，搭乗して

One of the earliest **civilizations** emerged in Mesopotamia.	メソポタミアに最古の文明の１つが起こった。
It is believed that the **universe** is still expanding.	宇宙は今も拡大していると考えられている。
I am convinced that protecting linguistic **diversity** is important.	私は言語の多様性を守ることが重要だと確信している。
He inherited many of his father's personality **traits**.	彼は父親の性格特性の多くを受け継いだ。
Her first book did not **get good reviews**.	彼女の最初の本はよい批評を受けなかった。
This policy is **under review**.	この方針は再検討中だ。
We have discussed the matter on several **occasions**.	私たちはその問題について何度か話し合った。
The sales **campaign** of our new product was a huge success.	我が社の新製品の販売促進活動は大成功だった。
She was offered a seat on the **board**.	彼女は委員会のメンバーになる打診を受けた。

facility
[fəsíləti]
□□ 664

〔しばしば～ties〕施設；才能
- □ facílitate [動] を容易にする，を促進する
- □ facilitátion [名] 促進

court
[kɔːrt]
□□ 665

法廷，裁判所；(テニスなどの)コート
- ▶ the Supreme Court「[米] 最高裁判所」
- ▶ a high court「高等裁判所」

trial
[tráɪəl]
□□ 666

裁判；(品質などの)試験
- ▶ on trial「裁判にかけられて；試しに」
- ▶ trial and error「試行錯誤」
- □ try [動] (を)試みる

laboratory
[アク] [lǽbərətɔ̀ːri]
□□ 667

研究室[所]，実験室
- ▶ 口語では lab と略す。

instrument
[アク] [ínstrəmənt]
□□ 668

道具，機器；楽器
- □ instruméntal [形] 助けになる；楽器だけで演奏される

instruction
[ɪnstrʌ́kʃən]
□□ 669

〔普通～s〕指示；教えること
- □ instrúct [動] (人)に(…するように)指示する(to *do*)
- □ instrúctive [形] ためになる
- □ instrúctor [名] 指導員

document
[dá(ː)kjumənt]
□□ 670

書類；記録
- [動] を(文書などに)記録する
- □ documéntary [形] 書類の [名] ドキュメンタリー
- □ documentátion [名] 証拠書類

target
[táːrgət]
□□ 671

目標；標的
- [動] を対象にする

outcome
[アク] [áutkʌ̀m]
□□ 672

結果(≒ resúlt)

This hotel has various excellent <u>facilities</u>.	このホテルにはさまざまなすばらしい<u>施設</u>がある。
He was ordered to <u>appear in court</u>.	彼は<u>法廷に出る</u>よう命じられた。
He gave evidence <u>at the trial</u>.	彼は<u>裁判</u>で証拠を提示した。
The samples were analyzed <u>in the laboratory</u>.	その標本は<u>研究室</u>で分析された。
I can use sign language as <u>an instrument</u> for communication.	私は手話をコミュニケーションの<u>道具</u>として用いることができる。
I followed the <u>instructions</u> step by step.	私は1つずつ<u>指示</u>に従った。
I read through the <u>document</u> while checking for errors.	私は間違いがないか確かめながら<u>書類</u>に目を通した。
We have achieved our monthly sales <u>target</u>.	私たちは月間販売<u>目標</u>を達成した。
The political scandal affected <u>the outcome</u> of the election.	その政治スキャンダルが選挙の<u>結果</u>に影響を及ぼした。

muscle 🔊 [mʌ́sl] □□ 673	**筋肉**；威力 　□ múscular [mʌ́skjulər] 形 筋肉の
wage [weɪdʒ] □□ 674	〔しばしば〜s〕**賃金** 　▶ 主に肉体労働に支払われる時給・日給・週給などの「賃金」 　　のこと。
gender [dʒéndər] □□ 675	**(男女の)性**(≒ sex) 　▶ 社会的・文化的観点から見た「性」。
confidence 🔊 [kɑ́(:)nfɪdəns] □□ 676	(〜に対する)**自信**(in)；**信頼** 　□ cónfident 形 (〜を)確信して(of)；自信に満ちた 　□ self-cónfident 形 自信のある
credit [krédət] □□ 677	**信用**；名誉；信用貸し 　動 には(〜の)功績があると思う(with)；(功績など)を 　　(〜に)帰する(to)

conscious 🔊 [kɑ́(:)nʃəs] □□ 678	(〜を)**意識して，自覚して**(of)；意識がある (⇔ uncónscious 無意識の) 　□ cónsciousness 名 意識；思想
anxious [ǽŋkʃəs] □□ 679	(〜を)**心配して**(about)；(〜を；…することを) **切望して**(for；to do) 　□ anxíety [æŋzáɪəti] 名 不安，心配；切望
asleep [əslíːp] □□ 680	**眠って** 　▶ 補語として使う。名詞を修飾する場合は sleeping を使う。 　□ sléepy 形 眠い；眠くなるような
alive [əláɪv] □□ 681	**生きている**(⇔ dead 死んだ) 　▶ 補語として使う。名詞を修飾する場合は live, living を使う。 　□ live [laɪv] 形 生きている；(放送などが)生の 　□ líving 形 生きている

This exercise helps <u>strengthen your</u> <u>back</u> <u>muscles</u>.	この運動は<u>背筋を強化す</u><u>る</u>のに役立つ。
He earns a good <u>wage</u> at the factory.	彼は工場で高い<u>賃金</u>をもらっている。
Traditional <u>gender</u> roles still remain in this country.	この国には伝統的な<u>性別</u><u>による役割</u>が依然として残っている。
Because of his success, he <u>has gained</u> a lot of <u>confidence</u>.	彼は成功したことで，た<u>くさんの自信を得た</u>。
I cannot give <u>credit</u> to his story.	私は彼の<u>話を信用する</u>ことができない。
He is not <u>conscious</u> of his failure.	彼は自分の<u>失敗を自覚し</u><u>ていない</u>。
She is <u>anxious</u> about her husband's health.	彼女は<u>夫の健康を心配し</u><u>ている</u>。
I am <u>anxious</u> to finish the work by the deadline.	私は期限までに<u>仕事を終</u><u>えたいと思っている</u>。
He fell <u>asleep</u> with the light on.	彼は明かりをつけたまま<u>眠ってしまった</u>。
I am informed that she is still <u>alive</u>.	私は彼女がまだ<u>生きてい</u><u>る</u>という情報を得ている。

alike [əláɪk] □□ 682	(〜の点で)**似ている**(in) ▶ 補語として使う。名詞を修飾する場合は similar。 [副] 同様に；平等に
excellent [éksələnt] □□ 683	(〜に)**秀でている**(at / in)；すばらしい □ éxcellence [名] 優秀さ □ excél [動] 秀でている；勝る
odd [ɑ(:)d] □□ 684	**奇妙な**；奇数の(⇔ éven 偶数の) ▶ odd numbers 奇数 □ óddly [副] 奇妙なことに
sensitive [sénsətɪv] □□ 685	(〜に)**敏感な**(to)(⇔ insénsitive 鈍感な) □ sense [名] 感覚；感じ；意味　[動] を感知する □ sensitívity [名] 敏感さ
sensible [sénsəbl] □□ 686	**賢明な**；分別のある [TG] **It is sensible of 〜 to *do*** 「〜(人)が…するのは賢明だ」
violent [váɪələnt] □□ 687	**暴力的な**；(自然現象などが)激しい □ víolence [名] (〜への)暴力(against)；激しさ
military [mílətèri] □□ 688	**軍(隊)の，軍事の** ▶ military service「軍務，兵役」
nuclear [アク] [njú:kliə*r*] □□ 689	**原子力の，核の** ▶ a nuclear weapon「核兵器」
contemporary [kəntémpərèri] □□ 690	**現代の**(≒ módern)；(〜と)同時代の(with) [名] (〜と)同時代の人(of)
elementary [èlɪmént*ə*ri] □□ 691	[米] **初等(教育)の**；初歩の；基本の ▶ elementary school「[米] 小学校」 ([英] primary school)

| 0 | 600 | 1100 | 1400 |

The two cities are very much **alike** in size and population.	その2つの市は面積と人口の点でとてもよく似ている。
She is **excellent** at speaking English.	彼女は英語を話すことに秀でている。
There is something **odd** about the global warming debate.	地球温暖化の議論にはどこか奇妙なところがある。
You should be more **sensitive** to her feelings.	あなたは彼女の気持ちにもっと敏感になるべきだ。
It is **sensible** of her to refuse the offer.	彼女がその申し出を断るのは賢明だ。
Violent crime is always a real problem.	暴力的犯罪は常に現実的な問題である。
The President has decided to send **military** forces to the region.	大統領はその地域に軍隊を送ることを決めた。
They gave up building a **nuclear** power plant there.	彼らはそこに原子力発電所を建設することを断念した。
This museum has an amazing display of **contemporary** art.	この美術館には現代美術の見事な展示がある。
She teaches English in **elementary** school.	彼女は初等学校[小学校]で英語を教えている。

annual [ǽnjuəl] □□ 692	年1回の；1年間の ▶ an annual budget [income]「年間予算[年収]」 □ annivérsary 图 記念日
chief [tʃíːf] □□ 693	第1の，主要な 图（組織の）長
actual [ǽktʃuəl] □□ 694	実際の □ áctually 副 実は；本当に
virtual [vɔ́ːrtʃuəl] □□ 695	仮想の；事実上の ▶ virtual reality「バーチャルリアリティー, 仮想現実」 □ vírtually 副 事実上；ほぼ
numerous ⑦ [njúːmərəs] □□ 696	多数の ▶「非常に多くの」の意味。「無数の」は innúmerable [ɪnjúːmərəbl]。
multiple [mʌ́ltɪpl] □□ 697	多くの（部分から成る）；さまざまな □ múltiply [mʌ́ltɪplàɪ] 動（数）を掛ける；増殖する ▶ multiply 3 by 7　3に7を掛ける
widespread [wáɪdsprèd] □□ 698	広範囲にわたる □ wide 形（幅の）広い；広大な
sufficient ⑦ [səfíʃənt] □□ 699	十分な(≒ enóugh) ▶ sufficient condition「十分条件」 　(⇔ necessary condition 必要条件) □ suffíce [səfáɪs] 動（に）十分である □ sufficiency 图（a ～）十分な数(量)
empty [émpti] □□ 700	空の(⇔ full いっぱいの)；空いている 動 を空にする(⇔ fill ➜ 23)

The **annual** car show took place in Nagoya.	年に1度の自動車ショーが名古屋で開催された。
His **chief** concern is money.	彼の最大の関心事はお金だ。
The **actual** situation is quite different from our expectation.	実際の状況は我々の予想とかなり異なる。
Computer games create **virtual** worlds.	コンピューターゲームは仮想世界を作り出す。
Numerous experiments have been carried out to prove the theory.	その理論を証明するために数多くの実験が行われてきた。
People in the region speak **multiple** languages.	その地域の人々は多くの言語を話す。
The eating trends have caused **widespread** obesity.	その食の傾向は広範囲にわたる肥満を引き起こしている。
We don't have **sufficient** time to deal with the problem.	私たちにはその問題に対処するのに十分な時間がない。
You must not throw **an empty** can on the sidewalk.	歩道に空き缶を捨ててはいけない。

動詞編

confirm
[kənfə́ːrm]
□□ 701

を**裏付ける**，（本当だと）**確認する**
□ confirmátion 图 確認

---

illustrate
⑦ [íləstrèit]
□□ 702

（～を使って）を**説明する**（with）；を**例証する**
□ illustrátion 图 挿絵，イラスト；具体例

---

spell
[spel]
□□ 703

(語)をつづる
图 呪文；魔力；しばらくの間
□ spélling 图 語のつづり(方)

---

bother
[bá(ː)ðər]
□□ 704

を**困らせる**；〔普通否定文・疑問文で〕わざわざ(…
する)(to do / doing)
▶ I'm sorry to bother you, but ...
「(ご面倒をかけて)すみませんが，…」
图 面倒；〔a ～〕厄介なこと[人]

---

annoy
[ənɔ́i]
□□ 705

を**いらいらさせる，悩ます**(≒ bóther)
□ annóyance 图 いらだち
□ annóying 形 いらだたせる

---

disturb
[distə́ːrb]
□□ 706

を**邪魔する**；を乱す
□ distúrbance 图 邪魔；乱すこと
□ distúrbed 形 精神を病んでいる；不安な
□ distúrbing 形 迷惑な，心を悩ませる

---

discourage
[diskə́ːridʒ]
□□ 707

に**思いとどまらせる**；を**落胆させる**
(⇔ encóurage ➡ 106)
🔟 discourage ～ from doing
「～(人)に…するのを思いとどまらせる」
□ discóuragement 图 落胆(させること)
□ discóuraging 形 がっかりさせる

This study **confirmed** the previous research.	この研究が前回の調査を裏付けた。
He **illustrated** the problem with a short story.	彼は短い話を使ってその問題を説明した。
This fact **illustrates** my point.	この事実が私の言いたいことを例証する。
Make sure you **spell** the word correctly.	その語を正しくつづっているか確かめなさい。
The cold weather doesn't **bother** me.	私は寒さが気になることはありません。
The interviewer's stupid question **annoyed** him.	インタビュアーのばかげた質問が彼をいらだたせた。
The dog is kept inside so as not to **disturb** the neighbors.	近所の邪魔にならないように，その犬は室内で飼われている。
He **discouraged** his daughter from getting into show business.	彼は娘に芸能界に入るのを思いとどまらせた。
The bad news **discouraged** me.	私はその悪い知らせに落胆した。

embarrass
[アク] [ɪmbǽrəs]
□□ 708

を当惑させる, に恥ずかしい思いをさせる
- □ embárrassment [名] 当惑
- □ embárrassed [形] 恥ずかしい，きまりが悪い
- □ embárrassing [形] (人を)当惑させるような

frighten
[発] [fráɪtən]
□□ 709

を怖がらせる
- □ fríghtened [形] 怖がっている
- □ fríghtening [形] 恐ろしい
- □ fright [名] (激しい)恐怖(≒ fear)

puzzle
[pʌ́zl]
□□ 710

を当惑させる
- [名] なぞ，難問；(ジグソー)パズル
- □ púzzled [形] 当惑した
- □ púzzling [形] 人を当惑させる

upset
[アク] [ʌ̀psét]
□□ 711

を動揺させる；をひっくり返す
- ▶ 活用：upset - upset - upset
- [形] (～に)うろたえる，腹を立てている(about / over / by)
- [名] [ʌ́psèt] 動揺；転覆
- □ upsétting [形] 人を動揺させる

stimulate
[アク] [stímjulèɪt]
□□ 712

を刺激する；を激励する
- □ stimulátion [名] 刺激
- □ stímulus [stímjuləs] [名] 刺激(になるもの)
- ▶ 複数形は stímuli [stímjulàɪ]。

beat
[biːt]
□□ 713

を打ち負かす(≒ deféat)；(を)(続けざまに)打つ；を殴る
- ▶ 活用：beat - beat - beat(en)
- [名] 打つこと；鼓動；拍子

blow
[blou]
□□ 714

(風が)吹く；を吹き飛ばす
- ▶ blow up「爆発する」
- ▶ 活用：blow - blew [bluː] - blown [bloun]
- [名] (風の)一吹き；強打，打撃

injure
[índʒər]
□□ 715

を傷つける(≒ wound, hurt)
- ▶ be injured「けがをしている」
- □ ínjury [名] けが，傷害
- □ ínjured [形] 傷ついた

The question about her private life **embarrassed** her.	私的な生活に関する質問が彼女を当惑させた。
I stroked the rabbit gently <u>so as not to</u> <u>frighten</u> it.	私はウサギを怖がらせないように優しくなでた。
His silence **puzzled** the police officer.	彼の沈黙が警察官を当惑させた。
This decision may **upset** a lot of people.	この決定は多くの人を動揺させるかもしれない。
A tax cut will <u>stimulate</u> the economy.	減税が経済を刺激するだろう。
The boxer <u>beat his opponent</u> in the match.	そのボクサーはその試合で対戦相手を負かした。
My heart was <u>beating</u> fast.	心臓がどきどきしていた。
The wind is <u>blowing</u> from the south.	南から風が吹いている。
He <u>injured</u> his right leg during soccer practice.	彼はサッカーの練習で右足にけがをした。

cure [kjuər] □□ 716	を**治す** ▶ cure *A* of *B*「A(人)のB(病気・けが)を治す」 [名] 治療(法);回復
recover [rɪkʌ́vər] □□ 717	(~から)**回復する**(from);を取り戻す □ recóvery [名] 回復;回収
overcome [アク] [òuvərkʌ́m] □□ 718	を**克服する**;に打ち勝つ ▶ 活用:overcome - overcame [òuvərkéɪm] - overcome
quit [kwɪt] □□ 719	を**やめる** ▶ 活用:quit - quit - quit
transfer [アク] [trænsfə́ːr] □□ 720	を(~から;~へ)**移す**(from;to);移る;(電車などを)乗り換える [名] [trǽnsfəːr] 移転;乗り換え
transport [アク] [trænspɔ́ːrt] □□ 721	を**輸送する** ▶ trans- 向こうへ+port 運ぶ [名] [trǽnspɔːrt] [主に英] 輸送(機関) □ transportátion [名] [主に米] 輸送(機関)
export [アク] [ɪkspɔ́ːrt] □□ 722	を(~へ)**輸出する**(to)(⇔ impórt) ▶ ex- 外へ+port 運ぶ [名] [ékspɔːrt] 輸出;〔普通~s〕輸出品[額] □ exportátion [名] 輸出(品) □ expórter [名] 輸出業者[国]
import [アク] [ɪmpɔ́ːrt] □□ 723	を(~から)**輸入する**(from)(⇔ expórt) ▶ im- 中へ+port 運ぶ [名] [ímpɔːrt] 輸入;〔普通~s〕輸入品[額] □ importátion [名] 輸入(品) □ impórter [名] 輸入業者[国]

They believed that garlic could <u>cure</u> <u>many diseases</u>.	彼らはニンニクが多くの病気を<u>治す</u>ことができると信じていた。
I haven't <u>recovered</u> from jet lag yet.	私はまだ時差ぼけから<u>回復</u>していない。
We can <u>overcome</u> any difficulties.	私たちはどんな<u>困難</u>をも<u>克服する</u>ことができる。
I <u>quit</u> <u>my job</u> due to a health problem.	私は健康上の問題で<u>仕事</u>を<u>辞めた</u>。
My company <u>is transferring</u> me to the <u>London branch</u> next month.	会社は来月私を<u>ロンドン支社に転勤させ</u>ようとしている。
They constructed canals to <u>transport</u> <u>food</u>.	彼らは<u>食料</u>を<u>輸送する</u>ために運河を建設した。
India <u>exports</u> cotton to China.	インドは綿花を中国へ<u>輸出する</u>。
Japan <u>imports</u> oranges from California.	日本は<u>オレンジ</u>を<u>カリフォルニアから輸入する</u>。

invest [ɪnvést] ☐☐ 724	(を)(〜に)投資する(in) ☐ invéstment 名 投資
investigate ⑦ [ɪnvéstɪgèɪt] ☐☐ 725	を調査する；を捜査する ☐ investigátion 名 (〜の)調査(of / into) ☐ invéstigator 名 調査者；捜査員
manufacture 🔲 ⑦ [mæ̀njufǽktʃər] ☐☐ 726	を(大量に)製造する 名 製造(業) ☐ manufácturer 名 (〜s)製造業者 ☐ manufácturing 形 製造の
react [riækt] ☐☐ 727	(刺激・出来事などに)反応する(to) ☐ reáction 名 反応；反動
award 🔲 [əwɔ́ːrd] ☐☐ 728	(人)に(賞など)を授与する 🔟 A is awarded B / B is awarded to A 「A(人)がB(賞など)を授与される」 名 賞 ▶ Academy Award「アカデミー賞」
ban [bǽn] ☐☐ 729	を(公式に)禁止する(≒ prohíbit, forbíd) 名 (法律による)(〜の)禁止(on) ▶ 禁止の度合いは ban, prohibit, forbid の順に弱くなる。
prohibit ⑦ [prouhíbət] ☐☐ 730	を禁止する(≒ ban, forbíd) 🔟 prohibit 〜 from doing 「〜(人)が…するのを禁止する」 ☐ prohibítion [pròuhəbíʃən] 名 禁止
forbid [fərbíd] ☐☐ 731	を禁じる(≒ ban, prohíbit) 🔟 forbid 〜 to do「〜(人)に…するのを禁じる」 ▶ 活用：forbid - forbade [fərbǽd] - forbidden ☐ forbídden 形 禁じられた
abandon [əbǽndən] ☐☐ 732	を捨てる；を断念する(≒ give up) ☐ abándoned 形 放棄された

Parents **invest** a lot of time and money in their children's education.	親は多大な時間とお金を子供の教育に投資する。
The police **are investigating** the cause of last month's accident.	警察は先月の事故の原因を調べている。
This company **manufactures** a variety of electronic devices.	この会社は多様な電子機器を製造する。
We all **reacted** positively to her proposal.	私たちは皆，彼女の提案に前向きに反応した。
She was **awarded** a scholarship to Oxford University.	彼女はオックスフォード大学に通うための奨学金を授与された。
We support an international treaty to **ban** landmines.	私たちは地雷を禁止する国際条約を支持する。
The Constitution **prohibits** the Emperor from having political influence.	憲法は天皇が政治的影響を与えることを禁じている。
His doctor **forbade** him to drink alcohol.	主治医は彼が飲酒することを禁じた。
I feel sad when I see that people **have abandoned** their pets.	私は，人がペットを捨てたのを知ると悲しくなる。

freeze [friːz] □□ 733	凍る；を凍らせる ▶ Freeze!「動くな！」 ▶ 活用：freeze - froze [frouz] - frozen [fróuzən] 名（賃金などの）凍結 □ fréezer 名 冷凍庫；冷凍室 □ frózen 形 凍った
lift [lɪft] □□ 734	を持ち上げる 名 英 エレベーター（米 élevator）
hang [hæŋ] □□ 735	を(〜に)掛ける(on)；ぶら下がる ▶ hang around「ぶらぶらする」 ▶ hang on「しっかりつかまる，頑張り続ける」 ▶ 活用：hang - hung [hʌŋ] - hung □ hánger 名 洋服掛け，ハンガー
shake [ʃeɪk] □□ 736	を振る；を動揺させる；揺れる ▶ shake hands with 〜「〜と握手する」 ▶ 活用：shake - shook [ʃuk] - shaken [ʃéɪkən] 名（普通 a 〜）ひと振り；震え □ sháky 形（声や体が）震える
stretch [stretʃ] □□ 737	を(引っ張って)伸ばす，広げる；伸びる 名 ひと続きの広がり[距離，期間]
lay [leɪ] □□ 738	を置く(≒ put)，敷く；(卵)を産む ▶ 活用：lay - laid [leɪd] - laid ▶ lie「横たわる」lie - lay - lain の過去形と同形なので注意。 □ láyer 名 層 ▶ the ozone layer オゾン層
stare [steər] □□ 739	(〜を)じっと見つめる(at)(≒ gaze) 名 じっと見つめること
gaze [geɪz] □□ 740	(〜を)見つめる(at / into)(≒ stare) 名 凝視

On the Celsius scale, water freezes at 0° and boils at 100°.	摂氏の目盛では，水は0度で凍り，100度で沸騰する。
She couldn't lift the heavy box.	彼女はその重い箱を持ち上げることができなかった。
He hung the picture on the wall in his office.	彼は事務所の壁にその絵を掛けた。
She shook her head and sighed.	彼女は首を横に振り，ため息をついた。
I stood up and stretched my back.	私は立ち上がって背中を伸ばした。
He laid his books carefully on the desk.	彼は机の上に注意して本を置いた。
The child stared at the strangers as if they were aliens.	その子供は見知らぬ人々をまるで異星人であるかのようにじっと見つめた。
I gazed at her in admiration.	私は感嘆して彼女を見つめた。

capture [kǽptʃər] ☐☐ 741	を捕らえる(⇔ reléase → 335) 名 捕獲；捕虜 ☐ cáptive 名 捕虜 形 捕虜になった ☐ cáptivate 動 を魅了する
breed [bri:d] ☐☐ 742	を繁殖させる，飼育する；(動物が)子を産む **熟** be bred to *do* 　「…するように繁殖される；しつけられる」 ▶ 活用：breed - bred [bred] - bred 名 品種 ☐ bréeding 名 繁殖；品種改良

名詞編

mammal 発 [mǽməl] ☐☐ 743	哺乳類，哺乳動物
ape [eɪp] ☐☐ 744	類人猿 ▶ チンパンジー，ゴリラ，オランウータンなど。
insect ア [ínsekt] ☐☐ 745	昆虫
infant [ínfənt] ☐☐ 746	乳児；幼児 形 幼児の ☐ ínfancy 名 幼児期
organ 発 [ɔ́:rgən] ☐☐ 747	臓器 ▶ 楽器の「オルガン」の意味もある。 ☐ órganism 名 有機体 ☐ orgánic 形 有機(栽培)の
web [web] ☐☐ 748	(the W〜 / the w〜)(ワールドワイド)ウェブ；クモの巣(状のもの) ▶ on the web「ウェブ上で」 ☐ wébsite 名 ウェブサイト

Plants **capture** sunlight and convert it into energy.	植物は日光を捕らえてエネルギーに変換する。
Dairy cows are **bred** to produce milk.	乳牛は牛乳を作るよう繁殖されている。
Mice **breed** quickly.	ネズミはすぐに子を産む。
A dolphin is a **mammal**, not a fish.	イルカは哺乳類であり、魚類ではない。
Darwin suggested that **humans** and **apes** share a common ancestor.	ダーウィンは人間と類人猿は共通の祖先を持つと示唆した。
The ladybug is said to be one of the beneficial **insects**.	テントウムシは益虫の1つと言われている。
Newborn **infants** recognize their mother's voice.	生まれたばかりの赤ん坊は母親の声を認識する。
The heart is one of the vital **organs**.	心臓は生命に不可欠な臓器の1つだ。
You can read the article on the **web**.	その記事はウェブ上で読める。

fossil [fɑ́(ː)səl] ☐☐ 749	化石 形 化石の；地中から掘り出した ▶ fossil fuel「（石油・石炭などの）化石燃料」
battle [bǽtl] ☐☐ 750	（〜との）**戦闘**（with / against）；争い 動 戦う
enemy [énəmi] ☐☐ 751	**敵**（⇔ friend 味方） ▶ a common enemy「共通の敵」
weapon ⚓ [wépən] ☐☐ 752	**兵器；武器** ▶ 比喩的に「強み」の意味でも使われる。
arm [ɑːrm] ☐☐ 753	**腕**；〔普通〜s〕**武器，兵器** 動 を（〜で）武装させる（with）；武装する
army [ɑ́ːrmi] ☐☐ 754	〔普通 the 〜〕**陸軍**；軍隊 ▶「空軍」は air force，「海軍」は navy。
navy [néɪvi] ☐☐ 755	〔しばしば the N〜〕**海軍**
border [bɔ́ːrdər] ☐☐ 756	**境界線，国境** 動 と境界を接する
barrier ⑦ [bǽriər] ☐☐ 757	**障壁** ☐ barrier-frée 形 （段差などの）障害がない

Scientists discovered a dinosaur fossil in the woods.	科学者がその森で恐竜の化石を発見した。
In 1815 Napoleon was defeated at the Battle of Waterloo.	1815年にナポレオンはワーテルローの戦いで敗れた。
Sharks have few natural enemies.	サメには天敵がほとんどいない。
The use of chemical weapons has been banned internationally.	化学兵器の使用は国際的に禁止されている。
Humor was his best weapon.	ユーモアが彼の持つ最高の武器だった。
She has a baby in her arms.	彼女は腕に赤ん坊を抱いている。
They laid down their arms and surrendered.	彼らは武器を捨てて降伏した。
He joined the army and took part in the war.	彼は陸軍に入隊して戦争に参加した。
My brother has been in the Navy for six years.	兄は6年間海軍に在籍している。
Mount Hiei is located on the border between Kyoto and Shiga Prefectures.	比叡山は京都府と滋賀県の境界線上に位置している。
We had difficulty overcoming the language barrier.	私たちは言葉の壁を乗り越えるのに苦労した。

philosophy

[fəlá(:)səfi]

☐☐ 758

哲学；(個人の) 人生観
- ☐ philosóphical 形 哲学的な，哲学(上)の
- ☐ philósopher 名 哲学者

psychology

発 [saɪká(:)lədʒi]

☐☐ 759

心理学；心理
- ☐ psychológical 形 心理的な；心理学の
- ☐ psychólogist 名 心理学者

alarm

[əlá:rm]

☐☐ 760

警報(機)；目覚まし時計(= alarm clock)
- ▶ a false alarm 「誤警報」
- 動 をはっとさせる；を心配させる

harm

[ha:rm]

☐☐ 761

害(⇔ good 利益)
- 🔞 do ～ harm [do harm to ～]
  「～に害を及ぼす」
- 動 を傷つける
- ☐ hármful 形 有害な

depression

[dɪpréʃən]

☐☐ 762

うつ病；憂うつ；不景気
- ☐ depréss 動 を意気消沈させる
- ☐ depréssed 形 元気のない

disadvantage

発 [dìsədvǽntɪdʒ]

☐☐ 763

(～に) 不利(な点)(to)(⇔ advántage → 249)；
不利益
- 動 (人)を不利な立場に置く
- ☐ disadvantágeous 形 (～に)不利な(to / for)

shortage

発 [ʃɔ́:rtɪdʒ]

☐☐ 764

(～の) 不足(of)(≒ lack)
- ☐ short 形 短い；低い；(～が)足りない(of)

stock

[sta(:)k]

☐☐ 765

在庫品；株式(≒ share)；蓄え
- ▶ the stock market 「株式市場」
- 動 (商品)を店に置いている

| 0 | 600 | 1100 | 1400 |

Greek **philosophy** has had a great influence on Western culture.	ギリシャ哲学は西洋文化に大きな影響を与えてきた。
Criminal **psychology** is the study of crimes and criminals.	犯罪心理学は犯罪と犯罪者に関する研究だ。
The fire **alarm** went off, but no smoke or fire was seen.	火災報知機が鳴ったが,煙も炎も見えなかった。
I set my **alarm** clock for five o'clock, but it didn't ring.	私は目覚まし時計を5時にセットしたが,鳴らなかった。
These websites will do young people great **harm**.	これらのウェブサイトは若者に大きな害を及ぼすだろう。
Great stress can result in severe **depression**.	大きなストレスは深刻なうつ病につながることがある。
The country is facing a deep **depression**.	その国は深刻な不景気に直面している。
If you can't use the software, you're at a huge **disadvantage**.	そのソフトが使えないと,君は非常に不利な立場に置かれることになる。
The **shortage** of laborers will bring more foreign workers to Japan.	労働者不足は,より多くの外国人労働者を日本に呼び込むことになる。
The item you ordered is temporarily out of **stock**.	ご注文の品は一時的に在庫切れです。

loan [loun] □□ 766	ローン，貸付金 動 を(〜に)貸す(to)
budget [bʌ́dʒət] □□ 767	予算(案)；経費 ▶ a family budget「家計」
innovation [ìnəvéiʃən] □□ 768	革新 □ ínnovate　動 刷新する；を導入する □ ínnovative 形 刷新[革新]的な
union [júːnjən] □□ 769	組合；連合 ▶ the European Union 欧州連合
unit [júːnɪt] □□ 770	(最小)単位；構成部分
material [mətíəriəl] □□ 771	材料，原料；資料；生地 ▶ educational materials「教材」 形 物質の；物質的な
substance ⑦ [sʌ́bstəns] □□ 772	物質；実質 □ substántial 形 実質的な；(数量が)かなりの
stuff [stʌf] □□ 773	持ち物；材料；(漠然と)物 ▶ 不可算名詞なので a stuff, stuffs としない。 動 を(〜に)詰め込む(in / into)；に詰め物をする ▶ a stuffed animal 主に米 ぬいぐるみの動物
proportion [prəpɔ́ːrʃən] □□ 774	(〜の；〜に対する)割合(of；to)；(普通〜s)均衡 ▶ in proportion to 〜「〜に比例して」 □ propórtional 形 比例した；釣り合った □ propórtionate 動 を(〜に)比例させる(to) 形 (〜に)比例した，釣り合った(to)

I will pay off the loan in two years.	私は2年でローンを返済するつもりだ。
I have to live within a tight budget.	私は厳しい予算内で生活しなければならない。
Technological innovation has changed our lives.	技術革新は私たちの生活を変えた。
The labor union is likely to go on strike.	労働組合がストライキに入りそうだ。
The family is the smallest unit of society.	家族は社会の最小単位だ。
The company supplies factories with raw materials.	その会社は工場に原料を供給する。
Cholesterol is a fatty substance found in blood.	コレステロールは血中に見られる脂肪性の物質だ。
Excuse me, is this your stuff?	すみませんが，これはあなたの持ち物ですか。
These shoes are made of high-quality stuff.	これらの靴は高品質の素材で作られている。
A very high proportion of the population doesn't read the newspaper.	非常に高い割合の人々が新聞を読まない。

edge [edʒ] □□ 775	へり；(刃物の)刃 ▶ cutting edge「最先端」 [動] を縁取る；を研ぐ
code [koʊd] □□ 776	**規範；暗号，コード** □ decóde [動] (暗号など)を解読する
mystery [místəri] □□ 777	**なぞ，神秘**；推理小説 □ mystérious [mɪstíəriəs] [形] 神秘的な

形容詞編

curious [kjúəriəs] □□ 778	(～に関して)**好奇心の強い**(about)；**(物事が)奇妙な** □ cúriously [副] 物珍しそうに；奇妙なことに(は) □ curiósity [kjùəriá(:)səti] [名] 好奇心
strict [strɪkt] □□ 779	**(規則などが)厳しい**；(人が)(人に；事柄に)厳格な(with；about) □ stríctly [副] 厳しく；厳密に
frank [fræŋk] □□ 780	(人に；～について)**率直な**(with；about) ▶ to be frank (with you)「率直に言うと」 □ fránkly [副] 率直に(言って) ▶ frankly speaking 率直に言って
polite [アク] [pəláɪt] □□ 781	**丁寧な，礼儀正しい**(⇔ impolíte, rude → 980) □ polítely [副] 丁寧に □ políteness [名] 丁寧な言動
aggressive [əgrésɪv] □□ 782	**攻撃的な**；積極的な □ aggréssion [名] 侵略；侵害(≒ invásion)

He found himself walking on the edge of the cliff.	彼は自分が崖のへりを歩いているのに気づいた。
I think there should be some kind of dress code at school.	私は学校に何らかの服装規定があるべきだと思う。
You need the coupon code when you purchase on our website.	私たちのサイトで買い物をする際はクーポンコードが必要です。
It remains a mystery why they built this.	彼らがなぜこれを建設したのかは依然なぞである。
The child is curious about everything.	その子供は何にでも好奇心を抱く。
I found his behavior very curious.	私は彼の振舞いがとても奇妙だと思った。
We should impose strict rules to control smartphone use.	我々はスマートフォンの使用を規制するために厳しい規則を課すべきだ。
I was frank with her about my true feelings.	私は自分の本当の気持ちを彼女に率直に語った。
She speaks to her parents in a polite manner.	彼女は両親に丁寧な言葉遣いで話す。
Playing violent games makes some children more aggressive.	暴力的なゲームをするとより攻撃的になる子供もいる。

209

accurate 働 [ækjərət] □□ 783	**正確な**(≒ exáct, corréct → 188) □ áccuracy　名 正確さ □ áccurately　副 正確に(≒ with accuracy)
exact [ɪgzǽkt] □□ 784	**正確な**(≒ áccurate, corréct → 188) □ exáctly　副 正確に；(返答で)まったくそのとおり
proper [prá(:)pər] □□ 785	(〜に)**適切な**(for / to) □ próperly　副 適切に
brief [bri:f] □□ 786	**短時間の**(≒ short)；簡潔な 名 概要 ▶ in brief「要するに」 □ bríefly　副 少しの間；簡潔に
extraordinary 働 [ɪkstrɔ́:rdənèri] □□ 787	**並はずれた**(⇔ órdinary → 89)；異常な ▶ extra-(= out of)「〜の外の」+ ordinary「普通の」
flexible [fléksəbl] □□ 788	(〜について)**柔軟な**(about)；(物が)曲げやすい □ flexibílity　名 柔軟性
pleasant 働 ⑦ [plézənt] □□ 789	**(物事が)快い，楽しい；(人が)感じのよい** ▶「私は楽しい」は I am pleased. と言う。 □ please　動 を喜ばせる □ pléasure [pléʒər]　名 喜び；娯楽
comfortable 働 ⑦ [kʌ́mfərtəbl] □□ 790	**(家具・衣服などが)心地よい，快適な；(人が)心地よく感じる**(⇔ uncómfortable 不快に感じる) □ cómfort　名 快適さ；慰め　動 を慰める
stable [stéɪbl] □□ 791	**安定した**(⇔ unstáble 不安定な) □ stabílity [stəbíləti]　名 安定(性)

His prediction proved to be fairly accurate.	彼の予測はかなり正確であるとわかった。
There are no exact figures on how many children are abused.	どれだけの子供が虐待されているかに関する正確な数値はない。
I cannot find a proper gift for her birthday.	私は彼女の誕生日にふさわしい贈り物を見つけることができない。
I only had a brief conversation with him.	彼とは短い会話を交わしただけだった。
He has extraordinary musical abilities.	彼には並はずれた音楽の才能がある。
We can be flexible about working hours in our office.	私どもは社内での就業時間について柔軟な対応が可能です。
It's raining now, but we'll have pleasant weather tomorrow.	今は雨が降っているが,明日は気持ちのよい天気になるだろう。
He is very pleasant to work with.	彼は一緒に働いていてとても感じがよい。
This bed is comfortable to sleep on.	このベッドは寝心地がよい。
The air conditioner keeps us comfortable.	エアコンのおかげで私たちは心地よくいられる。
The country is politically stable.	その国は政治的に安定している。

thick [θɪk] □□ 792	**分厚い**(⇔ thin)；濃い □ thícken [θíkən] 動 を厚く[太く]する；(液体)を濃くする
thin [θɪn] □□ 793	**やせた**；細い；薄い(⇔ thick) 動 やせる；を薄くする
abstract [ǽbstrækt] □□ 794	**抽象的な**(⇔ concréte) 動 [æbstrǽkt] を抽出する　名 [ǽbstrækt] 要約 □ abstráction 名 抽象的概念
concrete [kɑ(:)nkríːt] □□ 795	**具体的な**(⇔ ábstract)；コンクリート製の 名 [kɑ́(:)nkriːt] コンクリート □ concrétely 副 具体的に
absolute [ǽbsəljùːt] □□ 796	**絶対的な**(⇔ rélative 相対的な)；まったくの ▶ an absolute majority「絶対多数」 □ ábsolutely 副 (返事で)まったくそのとおり
prime [praɪm] □□ 797	**最も重要な, 第1の** ▶ Prime Minister「首相」 名 〔普通the [one's] ～〕全盛期 □ prímary 形 最も重要な；最初の；初等の ➡ 484
vital [váɪtəl] □□ 798	**極めて重要な**(≒ esséntial)；生命の □ vitálity [vaɪtǽləti] 名 活力；生命力
contrary [kɑ́(:)ntrèri] □□ 799	**相反する** 熟 contrary to ～「～に反して」 名 (the ～)(正)反対 ▶ on the contrary「それどころか；まるで反対で」
regardless [rɪgɑ́ːrdləs] □□ 800	**気にかけない** 熟 regardless of ～ 　「～に関係なく，～にもかかわらず」 副 (困難・非難・危険などに)構わず

The old man wore glasses with **thick** lenses.	その老人は<u>分厚いレンズ</u>の眼鏡をかけていた。
He became so **thin** that I didn't recognize him at first.	彼がとても<u>やせた</u>ので, 私は最初彼だとわからなかった。
Humans are the only animals that are capable of **abstract** thought.	人間は<u>抽象的な思考</u>を行える唯一の動物だ。
When you make a speech, use **more concrete** words.	スピーチをするときは, <u>もっと具体的な</u>言葉を使いなさい。
I have **absolute** confidence in our teammates.	私にはチームメートに対する<u>絶対的な</u>信頼がある。
Their **prime** concern is the recovery of the economy.	彼らの<u>第1の</u>関心事は経済の回復だ。
The engine is a **vital** part of the car.	エンジンは車の<u>極めて重要な</u>部分だ。
Contrary to popular belief, men like shopping as much as women do.	<u>一般に信じられていることに反して</u>, 男性は女性と同じくらい買い物好きだ。
Mail carriers deliver the mail every day **regardless** of the weather.	郵便配達員は天候に<u>関係なく</u>毎日郵便物を配達する。

Section 9

単語番号 801 ～ 900

動詞編

permit [アク] [pərmít] □□ 801	を許可する(≒ allów) [TG] **permit ～ to *do*** 「～(人)に…するのを許可する」 [名] [pə́:rmɪt] 許可証 □ permíssion [名] 許可
suspect [アク] [səspékt] □□ 802	(…)ではないかと思う(that 節) [名] [sʌ́spekt] 容疑者 ▶ arrest a suspect 容疑者を逮捕する □ suspícion [səspíʃən] [名] 疑い □ suspícious [形] 疑わしい
pursue [アク] [pərsjú:] □□ 803	を追求する；(仕事など)に従事する；を追跡する □ pursúit [名] 追求；追跡
pretend [アク] [prɪténd] □□ 804	(…する；…という)ふりをする(to *do*；that 節) □ prétense [prí:tens] [名] (a ～)見せかけ；口実
calculate [アク] [kǽlkjulèɪt] □□ 805	を計算する □ calculátion [名] 計算；予測 □ cálculator [名] 計算機
guarantee [発] [アク] [gæ̀rəntí:] □□ 806	(…ということ)を保証する, 確約する(that 節) [名] 保証；保証書 ▶ There is no guarantee that ... 「…という保証はない」
acknowledge [発] [əkná(:)lɪdʒ] □□ 807	を認める；に礼を言う □ acknówledgment [名] 承認；感謝

My father didn't **permit** me to study abroad.	父は私が留学するのを許可しなかった。
I **suspect** that the man was involved in the crime.	私はその男がその犯罪に関わっていたのではないかと思う。
Every person has the right to **pursue** happiness.	いかなる人も皆，幸福を追求する権利を有する。
I hope to **pursue** a career in journalism.	私はジャーナリズムの仕事に従事したい。
I closed my eyes and **pretended** to be asleep.	私は目を閉じて寝ているふりをした。
In order to **calculate** the area, multiply the width by the length.	面積を計算するには，横の長さに縦の長さを掛ければよい。
They **guarantee** that their organic foods are safe to eat.	彼らは自分たちの有機食品は食べても安全だと保証している。
He didn't **acknowledge** his mistakes.	彼は自分の間違いを認めなかった。

impress [アク] [ɪmprés] □□ 808	を**感動させる** [TG] **be impressed by [with] ～**「～に感動する」 □ impréssion [名] 感銘；印象 □ impréssive [形] 印象的な(≒ móving)
urge [発] [əːrdʒ] □□ 809	を**熱心に勧める**；を強く促す [TG] **urge ～ to *do*** 「～(人)に…することを熱心に勧める」 [名] (～への；…したいという)衝動(for；to *do*) □ úrgent [形] 緊急の ➡ 1196 □ úrgency [名] 緊急
convey [アク] [kənvéɪ] □□ 810	を(～に)**伝達する**(to)；を運ぶ(≒ cárry) □ convéyance [名] 伝達；輸送
celebrate [アク] [séləbrèɪt] □□ 811	**(行事など)を祝う** ▶ 人を祝う場合は congrátulate(➡ 1341)を使う。 □ célebrated [形] 有名な □ celebrátion [名] 祝賀(会) □ celébrity [səlébrəti] [名] 有名人
admire [ədmáɪər] □□ 812	に(～のことで)**感嘆する**(for)；を称賛する(≒ praise) □ ádmirable [ǽdmərəbl] [形] 見事な □ admirátion [名] (～に対する)感嘆(for)
devote [dɪvóut] □□ 813	**(時間など)を(～に)充てる**(to)(≒ dédicate) ▶ devote *oneself* to ～「～に専念する」 □ devóted [形] 献身的な □ devótion [名] 献身；専念
dominate [dá(ː)mɪnèɪt] □□ 814	を**支配する，統治する** □ dóminant [形] 支配的な □ dóminance [名] 優勢
eliminate [アク] [ɪlímɪnèɪt] □□ 815	を(～から)**取り除く**(from)(≒ remóve) □ eliminátion [名] 除去

We were deeply **impressed** by her speech.	我々は彼女の演説に深く感動した。
One of my professors **urged** me to apply to graduate school.	教授の1人が私に大学院に出願するよう熱心に勧めた。
He was obviously **conveying** a very important message to us.	彼は明らかにとても重要なメッセージを私たちに伝えようとしていた。
Next month, the museum will **celebrate** its one-hundredth anniversary.	来月、その美術館は100周年を祝う。
I **admired** the author for her literary genius.	私はその作家の文学的才能に感嘆した。
He decided to **devote** more time to studying English.	彼はもっと多くの時間を英語の勉強に充てることに決めた。
That brand of beverage **has dominated** the market.	その飲料の銘柄が市場を支配した。
It is impossible to completely **eliminate** crime from the world.	犯罪を世界から完全に取り除くことなど不可能だ。

restrict [rɪstríkt] □□ 816	を(～に)**制限する**(to / within) □ restríction 名 制限 □ restríctive 形 制限する
isolate [áɪsəlèɪt] □□ 817	を(～から)**切り離す**(from)；を(～から)**孤立させる**(from) □ isolátion 名 孤立；隔離 □ ísolated 形 孤立した
endanger [ɪndéɪndʒər] □□ 818	を(滅亡の)**危険にさらす** □ endángered 形 絶滅の危機にある ▶ endangered species 絶滅危惧種
secure ⑦ [sɪkjúər] □□ 819	を**確保する**；を**守る** 形 安全な；確かな □ secúrity 名 安全；警備；保証
reserve 愛 [rɪzə́ːrv] □□ 820	を**予約する**；を**とっておく** 名 〔しばしば～s〕備蓄；保護区 □ reservátion 名 〔～s〕予約(≒bóoking) ▶ make a reservation 予約する
possess 愛⑦ [pəzés] □□ 821	(性質・能力など)を**持っている**；を**所有している**(≒have, own) □ posséssion 名 所有；〔普通～s〕所有物 □ posséssive 形 独占欲の強い
launch 愛 [lɔːntʃ] □□ 822	を**始める**；(ロケットなど)を**発射する** 名 開始；(ロケットなどの)発射
detect [dɪtékt] □□ 823	を**見つける**，**検出する** □ detéctive 名 刑事；探偵 形 探偵の □ detéction 名 発見
reverse [rɪvə́ːrs] □□ 824	を**逆転させる**，**転換する** 名 〔the ～〕逆 形 逆の；裏の ▶ the reverse side of ～ ～の裏面 □ revérsible 形 逆[裏返し]にできる

Speed is **restricted** to 50 kilometers per hour here.	ここでは速度が時速50キロに制限されている。
It is often difficult to **isolate** religion from politics.	宗教を政治から切り離すのはしばしば難しい。
The use of English will **endanger** their own language.	英語の使用は彼らの言語を消滅の危機にさらすことになるだろう。
They **secure** their water from the lake.	彼らはその湖から水を確保する。
I'd like to **reserve** a single room for two nights.	シングルルームを2泊予約したいのですが。
He **possesses** a great sense of humor.	彼はすばらしいユーモア感覚を持っている。
She **launched** her own company to realize her dream.	彼女は夢を実現するために自分の会社を始めた。
We **detected** a fault in the sensor.	私たちはセンサーに欠陥を見つけた。
Perhaps the new law will **reverse** the trend.	もしかするとその新しい法律は流れを逆転させるかもしれない。

convert ⑳ [kənvə́ːrt] □□ 825	を(〜に)**変える**(into / to)；を転向させる 　图 [kɑ́(ː)nvəːrt] 改宗者，転向者 　□ convértible 形 転換[転用]できる 　□ convérsion 图 転換；改造
hurry [hə́ːri] □□ 826	(〜へと)**急ぐ**(to)；をせき立てる 　▶ hurry up 急ぐ 　图 急ぐこと 　▶ in a hurry 急いで
rush [rʌ́ʃ] □□ 827	(〜に)**急いで行く**(to) 　▶ hurry よりも大慌てで行動することを意味する。 　图 突進；混雑 　▶ (the) rush hour(s) 混雑時，ラッシュアワー
roll [roʊl] □□ 828	**転がる**；を転がす 　▶ roll up a blanket 毛布を巻く 　图 一巻き；名簿 　▶ a roll of wire 針金一巻き
crash [krǽʃ] □□ 829	(**大きな音を立てて**)**衝突する**；墜落する； (企業などが)破綻する 　⑩ crash into 〜「〜に衝突する」 　图 衝突(事故)；墜落；すさまじい音 　▶ a plane crash 飛行機の墜落(事故)
bury 囲 [béri] □□ 830	を**埋める**(⇔ dig)；を埋葬する 　▶ berry「(果実の)ベリー」と同音。 　□ búrial [bériəl] 图 埋葬
dig [dɪ́g] □□ 831	を**掘る**(⇔ búry) 　⑩ dig up 〜「〜を掘り出す；見つけ出す」 　▶ dig a hole「穴を掘る」 　▶ 活用：dig - dug [dʌ́g] - dug
attach [ətǽtʃ] □□ 832	を(〜に)**付ける**(to)；を(〜に)添付する(to)； 〔受身形で〕(〜に)**愛着を抱いている**(to) 　▶ attach a file to an e-mail Eメールにファイルを添付する 　□ attáchment 图 添付ファイル；付属品；(〜への)愛着 　(to / for)

Mitochondria **convert** food into energy.	ミトコンドリアは食べ物をエネルギーに変える。
It was likely to rain, and we **hurried** to our hotel.	雨が降りそうだったので，私たちはホテルへと急いだ。
When we finally arrived, I **rushed** to the restroom.	やっとのことで到着すると，私はトイレに急いで行った。
The ball **rolled** across the floor.	ボールは床の向こうに転がった。
A car **crashed** into a signpost.	車が道路標識に衝突した。
It is said that the pirates **buried** their treasure around here.	海賊がこの辺りに宝物を埋めたと言われている。
Scientists have **dug** up fossils of a bird that lived 100 million years ago.	科学者たちは1億年前に生息していた鳥の化石を掘り出した。
They **attached** price stickers to their products.	彼らは製品に価格シールを付けた。
People are deeply **attached** to their language and culture.	人は自分の言語と文化に深い愛着を持っている。

melt [melt] ☐☐ 833	**(熱で)溶ける**；**を溶かす** ▶ 固体が液体の中に溶ける場合は dissólve を使う。 Salt dissolves in water. 塩は水に溶ける。
accompany [əkʌ́mpəni] ☐☐ 834	**と一緒に行く**；**に伴って起こる**；**の伴奏をする** **⑰** be accompanied by ～「～が同伴する」 ☐ accómpaniment 名 伴奏
assist [əsíst] ☐☐ 835	**(人)を手伝う**(≒ help)；**援助する** **⑰** assist A in [with] B「AをBの面で手伝う」 名 主に米 援助 ☐ assístance 名 援助 ☐ assístant 名 助手
cope [koʊp] ☐☐ 836	**(～に)(うまく)対処する**(with)
lend [lend] ☐☐ 837	**(人)に(物)を貸す**(⇔ bórrow → 539) **⑰** lend A B / lend B to A 「A(人)にB(物)を貸す」 ▶ 活用：lend - lent [lent] - lent
rent [rent] ☐☐ 838	主に米 **を賃借りする**；**を賃貸しする** 名 家賃；使用料 ▶ The rent is too high.「家賃が高すぎる。」 ☐ réntal 名 賃貸し[賃借り]すること；使用料 形 賃貸の
owe [oʊ] ☐☐ 839	**(人)に(金など)を借りている**；**は(～の)おかげである**(to) **⑰** owe A B / owe B to A 「A(人)にB(金など)を借りている」 ☐ ówing 形 借りている ▶ owing to ～ ～のために(≒ because of)
apologize ⑰ [əpá(:)lədʒàɪz] ☐☐ 840	**謝る** **⑰** apologize to A for B 「A(人)にBのことで謝る」 ☐ apólogy 名 謝罪；弁明

The snow **melts** in spring.	その雪は春には溶ける。
The child is **accompanied** by his mother wherever he goes.	その子供はどこへ行くにも母親が同伴する。
Soon robots will **assist** us in almost all kinds of work.	やがてロボットが私たちをほぼすべての種類の仕事で手伝うようになるだろう。
She helped me **cope** with the problem.	彼女は私がその問題に対処するのを手伝ってくれた。
Excuse me, but could you **lend** me a pen?	すみませんが，私にペンを貸していただけませんか。
My sister **rents** an apartment near the campus.	姉はキャンパスの近くにアパートを借りている。
Do you remember you **owe** me 20,000 yen?	君は僕に2万円の借りがあることを覚えているかい？
I **owe** my progress in English to the teacher.	私の英語の進歩はその先生のおかげである。
You must **apologize** to her for your rude behavior last night.	あなたは彼女に昨夜の無礼な振舞いについて謝らなければならない。

forgive [fərgív] □□ 841	**(人の罪など)を許す** **⑩ forgive A for B**「BのことでAを許す」 ▶ 活用：forgive - forgave - forgiven □ forgiveness 図 許し

tongue 発 [tʌŋ] □□ 842	**言語**；**舌**；**言葉遣い** ▶ *one's* native [mother] tongue「母語」 ▶ a slip of the tongue「失言，言い間違い」
dialect ⑦ [dáɪələkt] □□ 843	**方言**
accent [ǽksent] □□ 844	**なまり，方言**；**アクセント** ▶ an American accent アメリカなまり
colony [ká(:)ləni] □□ 845	**植民(地)**；**集団** ▶ a colony of ants アリのコロニー □ colónial [kəlóuniəl] 形 植民地の
grain [greɪn] □□ 846	**穀物**；**(砂などの)粒** ▶ wheat「小麦」，rice「米」など。
harvest ⑦ [há:rvɪst] □□ 847	**収穫** 動 を収穫する
ingredient [ɪngríːdiənt] □□ 848	**(料理の)材料**；**(成功などの)要素**
portion [pɔ́:rʃən] □□ 849	**部分**；**(食べ物)1人前**；**分け前**(≒ share) 動 を分割する

Please **forgive** me for writing to you suddenly like this.	このように突然あなたに手紙を書いていることをお許しください。
That ancient **tongue** has fewer than 3,000 native speakers.	その古代言語は3,000人に満たない話者しかいない。
Some people say that Cantonese is a **dialect** of Chinese.	広東語は中国語の一方言だと言う人もいる。
I can tell from her **accent** that she is Australian.	私は彼女のなまりから彼女がオーストラリア人だとわかる。
Malaysia was formerly a British **colony**.	マレーシアは以前，英国の植民地だった。
The **grain** has to be harvested within a short period.	その穀物は短い期間で収穫しなければならない。
We have had a rich **harvest** of rice this year.	今年は米が豊作だ。
Vinegar is a necessary **ingredient** when making sushi.	酢は寿司を作る際に必要な材料だ。
A vast **portion** of our planet remains poorly studied.	地球の広大な部分が十分に研究されないままだ。
She ate a large **portion** of salad.	彼女は1人前の分量が多いサラダを食べた。

225

hunger [hʌ́ŋgər] □□ 850	**飢え**；〔a ～〕(～に対する)渇望(for) □ **húngry** [形] 空腹な(⇔ full 満腹で)
obesity [発] [oubí:səti] □□ 851	**肥満** □ **obése** [oubí:s] [形] 肥満した
burden [bə́:rdən] □□ 852	**(精神的)負担，重荷** [TG] **a burden on** ～「～に対する負担，重荷」 [動] に負担をかける
emergency [ɪmə́:rdʒənsi] □□ 853	**緊急(事態)** ▶ an emergency exit 非常口
debt [発] [det] □□ 854	**借金**；恩義 ▶ be in debt 借金している
contract [ア] [ká(:)ntrækt] □□ 855	(～との；～のための)**契約**(with；for)；契約書 [動] [kəntrǽkt] を契約する；(病気)にかかる；を縮小する
client [kláɪənt] □□ 856	**得意客**；(弁護士などへの)依頼人 ▶「商品やサービスを買う客」は cústomer(➡ 165)。
therapy [θérəpi] □□ 857	**(心理)療法**；治療 □ **therapéutic** [θèrəpjú:tɪk] [形] 治療の □ **thérapist** [θérəpɪst] [名] 治療士，セラピスト
physician [fɪzíʃən] □□ 858	**内科医，医師**(≒ dóctor) ▶「外科医」は **súrgeon** [sə́:rdʒən]。
democracy [ア] [dɪmá(:)krəsi] □□ 859	**民主主義**；民主政治 □ **democrátic** [dèməkrǽtɪk] [形] 民主主義の ▶ the Democratic Party (アメリカの)民主党

There are still so many people who suffer from **hunger**.	飢えに苦しむ人たちが今も非常に多くいる。
People suffering from **obesity** often lack exercise.	肥満に悩んでいる人々は運動不足であることが多い。
The consumption tax is a bigger **burden** on poor people.	消費税は貧しい人にとってより大きな負担である。
In case of an **emergency**, you must make a quick decision.	緊急の場合には，君は即座に決断しなければならない。
The company is struggling to pay off its **debt**.	その会社は借金を完済するのに苦労している。
He signed a five-year **contract** worth $50 million.	彼は5,000万ドル相当の5年契約を結んだ。
A new branch will be opened to serve our **clients** in Sendai.	仙台の得意客に便宜を図るために新しい支店をオープンする。
He is in group **therapy**.	彼は集団療法を受けている。
She consulted her **physician** about her health.	彼女は自分の健康のことでかかりつけの医師に相談した。
We are expecting the country to move toward **democracy**.	私たちはその国が民主主義に向かうことを期待している。

election
[ɪlékʃən]
□□ 860

選挙
□ eléct [動] を選出する

vote
[vout]
□□ 861

投票；〔普通the ～〕選挙権
[動] 投票する；を投票で決める
▶ vote for ～「～に(賛成の)票を投じる」
□ vóter [名] 有権者
□ vóting [名][形] 投票(の)，選挙(の)
▶ voting age 選挙権取得年齢

candidate
[ア] [kǽndɪdèɪt]
□□ 862

(～の)**候補者**(for)；志願者

minister
[mínɪstər]
□□ 863

〔しばしばM～〕**大臣**；聖職者
▶ the Prime Minister 総理大臣，首相
□ mínistry [名] 〔M～〕(政府機関の)省

conference
[ká(:)nfərəns]
□□ 864

会議；会合(≒ méeting)
▶ a press conference 記者会見

ceremony
[sérəmòuni]
□□ 865

式典，儀式
□ ceremónial [形] 儀式の

institution
[ìnstɪtjúːʃən]
□□ 866

機関；制度
□ ínstitute [動] (制度・ルールなど)を設ける [名] 協会

corporation
[kɔ̀ːrpəréɪʃən]
□□ 867

(大)企業
▶ cooperátion [kouɑ̀(:)pəréɪʃən]「協力」と，つづり・発音を区別。
□ córporate [形] 企業の

The next general **election** will take place in July next year.	次の総選挙は来年の7月に行われる。
There were more **votes** for Democrats than for Republicans.	共和党員よりも民主党員に投じられた票のほうが多かった。
I want to vote for the female **candidate**.	私はその女性の候補者に投票したい。
The Finance **Minister** vowed to make every effort to stop deflation.	財務大臣はデフレを止めるためにあらゆる努力をすると誓った。
Representatives from 50 countries attended the international **conference**.	50か国の代表がその国際会議に出席した。
The show is one of the highlights of the Olympic Games' closing **ceremony**.	そのショーはオリンピックの閉会式の呼び物の1つだ。
He established a private educational **institution** 100 years ago.	彼は100年前、私立の教育機関を設立した。
Some people insist that the **institution** of marriage should be abolished.	結婚制度は廃止すべきだと主張する人もいる。
Chinese **corporations** will have more influence on the world economy.	中国企業が世界経済により大きな影響を及ぼすだろう。

cooperation [kouà(:)pəréɪʃən] ☐☐ 868	**協力，協同** **⓯** in cooperation with ～「～と協力して」 ☐ coóperate 動 (～と)協力する(with) ☐ coóperative 形 協同の
authority ⑦ [ə:θɔ́:rəti] ☐☐ 869	**(普通 the ～ties)当局；権威；権限** ☐ áuthorize 動 に(…する)権限を与える(to do)
theme 発 [θi:m] ☐☐ 870	**主題，テーマ**(≒ súbject) ▶ a theme park テーマパーク
notion [nóuʃən] ☐☐ 871	**考え；概念** **⓯** a notion that ... 「…という考え」
hypothesis 発 [haɪpá(:)θəsɪs] ☐☐ 872	**仮説** ▶ 複数形は hypótheses [haɪpá(:)θəsì:z]。 ☐ hypothétical [hàɪpəθétɪkəl] 形 仮説の
discipline [dísəplɪn] ☐☐ 873	**規律，しつけ；訓練；(学問の)一分野** ▶ academic disciplines 学問の諸分野 動 を訓練する，しつける ☐ self-díscipline 名 自己訓練
route 発 [ru:t] ☐☐ 874	**道(筋)；方法**
routine 発 ⑦ [rù:tí:n] ☐☐ 875	**日課，決まりきった仕事** 形 日常の；決まりきった
destination [dèstɪnéɪʃən] ☐☐ 876	**目的地** ▶ a tourist destination 観光(目的)地 ☐ déstiny 名 運命 → 1173 ☐ déstined 形 運命づけられている

The government works in cooperation with the corporation.	政府はその企業と協力して作業を行っている。
The local authorities are widening roads to improve traffic flow.	地方当局は交通の流れを改善するために道路を拡張している。
The theme of his article is global climate change.	彼の論文の主題は地球規模の気候変動だ。
He seems to have a notion that any problem can be solved.	彼はどんな問題も解決できるという考えを持っているようだ。
She repeatedly tested the hypothesis.	彼女は繰り返しその仮説を検証した。
The school is criticized for maintaining very strict discipline.	その学校はとても厳しい規律を継続することで批判を受けている。
If you take this route, you will get caught in a traffic jam.	君がこの道を行くなら，渋滞にはまるだろう。
Jogging before breakfast is my daily routine.	朝食前にジョギングをするのが私の日々の日課だ。
We will arrive at our final destination in ten minutes.	我々はあと10分で最終目的地に着く予定だ。

形容詞編

domestic
[dəméstɪk]
□□ 877

国内の；家庭内の
- ▶ domestic animals 家畜(⇔ wild animals 野生動物)
- ▶ domestic violence 家庭内暴力(略：DV)
- ▶ a domestic flight (飛行機の)国内線
- □ domésticate 動 を飼いならす

ethnic
⑦[éθnɪk]
□□ 878

民族の，人種の
- □ ethnícity 名 民族性；民族的団結

alien
龜[éɪliən]
□□ 879

(〜にとって)異質の(to)；外国の(≒ fóreign)
- 名 (居留)外国人；異星人

visible
[vízəbl]
□□ 880

目に見える；目立った
- □ vísion 名 視力；心に描く像

verbal
[vɔ́:rbəl]
□□ 881

言葉による(⇔ nonvérbal 言葉を用いない)

fundamental
龜[fÀndəméntəl]
□□ 882

基本の
- 名 〔普通〜s〕基本
- □ fundaméntally 副 基本的に；根本的に

conventional
[kənvénʃənəl]
□□ 883

従来の；ありきたりの
- ▶ conventional wisdom 社会通念
- □ convéntion 名 慣習；(定期)大会

relevant
[réləvənt]
□□ 884

(〜に)関係のある(to)；適切な，妥当な
- □ rélevance 名 (〜との)関連(性)(to)；妥当性
- □ rélevantly 副 適切に；関連して

| I try to choose **domestic** products when I shop. | 私は買い物をするときは国内の製品を選ぶようにしている。 |

| There are students from different **ethnic groups** there. | そこには異なる民族集団出身の生徒たちがいる。 |

| Their way of life appears a little **alien to us**. | 彼らの生活様式は私たちには少し異質に見える。 |

| That tall building is clearly **visible** from a distance. | その高層ビルは遠くからはっきりと見える。 |

| Listen carefully to understand his **verbal** message. | 彼の言葉によるメッセージを理解するためによく聞きなさい。 |

| Freedom of expression is a **fundamental** principle of democracy. | 表現の自由は民主主義の基本原則だ。 |

| **Conventional** medicine did not help the patients. | 従来の薬剤はその患者らの助けにならなかった。 |

| The politician always makes **conventional** remarks. | その政治家はいつも月並みな発言ばかりする。 |

| His questions are highly **relevant** to the matter. | 彼の質問はその問題に大いに関係がある。 |

rational [rǽʃənəl] ☐☐ 885	**合理的な；理性のある**(⇔ irrátional 不合理な) ▶ a rational number 有理数(⇔ an irrational number 無理数)
precise ⑦[prɪsáɪs] ☐☐ 886	**正確な；緻密な**(≒ exáct) ☐ precísely 圖 正確に；(返答で)まさにそのとおり ☐ precísion [prɪsíʒən] 名 正確さ
principal [prínsəpəl] ☐☐ 887	**主要な**(≒ chief)；**第1位の** ▶ principle「原理」も同じ発音。 名 囲 校長；(組織の)長
crucial [krú:ʃəl] ☐☐ 888	**重大な**
permanent [pə́:rmənənt] ☐☐ 889	**永続的な；永久の；常任の**(⇔ témporary → 894) ▶ a permanent member of the U.N. Security Council 国連安全保障理事会の常任理事国 名 (髪の)パーマ(= permanent wave / perm) ☐ pérmanently 圖 永遠に
intense [ɪnténs] ☐☐ 890	**激しい，強烈な** ☐ inténsity 名 激しさ ☐ inténsify 動 を強化する ☐ inténsive 形 集中的な
equivalent ⑦[ɪkwívələnt] ☐☐ 891	**相当する；同等の**(≒ équal) ⑩ be equivalent to ～「～に相当する」 名 等しいもの ☐ equívalence / equívalency 名 同等，等価
frequent ⑦[frí:kwənt] ☐☐ 892	**頻繁な** ☐ fréquently 圖 しばしば(≒ óften)，頻繁に ☐ fréquency 名 しばしば起こること；頻度
sudden [sʌ́dən] ☐☐ 893	**急な**(⇔ grádual → 1295) ☐ súddenly 圖 急に(≒ all of a sudden)

That story is unbelievable; a more rational explanation is needed.	そんな話は信じられない。もっと合理的な説明が必要だ。
I told the police precise details about the accident.	私はその事故についての正確な詳細を警察に伝えた。
Rare metals are the country's principal exports.	希少金属がその国の主要な輸出品である。
The principal has to make a crucial decision about the matter.	校長はその問題について重大な決定を下さなければならない。
Nothing remains permanent and unchanged in the universe.	宇宙で永続的で変わらないままであるものは何一つない。
The pain was so intense that I couldn't stand up.	痛みがとても激しくて私は立ち上がることができなかった。
Every year for a dog is equivalent to five to seven human years.	犬の1年は人間の5年から7年に相当する。
The frequent and long use of smartphones is bad for eyes.	スマートフォンの頻繁で長い使用は目に悪い。
If you meet a wild animal, you should avoid any sudden movement.	野生動物に遭遇したら,どんな急な動きも避けるべきだ。

temporary [témpərèri] ☐☐ 894	臨時の，一時的な(⇔ pérmanent → 889, etérnal) 　　☐ temporárily 副 一時的に；仮に
internal ⑦[ɪntə́:rnəl] ☐☐ 895	内部の(⇔ extérnal)；国内の(≒ doméstic) 　▶ internal organs 内臓
external [ɪkstə́:rnəl] ☐☐ 896	外部の(⇔ intérnal)；国外の(≒ fóreign)
distinct ⑨[dɪstíŋkt] ☐☐ 897	(〜と)まったく異なる(from)；はっきりした 　　☐ distínction 名 (〜の間の)区別(between) 　　☐ distínctly 副 はっきりと 　　☐ distínguish 動 を区別する；見分ける(→ 421)
extinct [ɪkstíŋkt] ☐☐ 898	絶滅した；(火などが)消えた 　　☐ extínction 名 絶滅；消火 　　☐ extínguish [ɪkstíŋgwɪʃ] 動 を失わせる；(火など)を 　　　消す 　　☐ extínguisher 名 消火器(= fire extinguisher)
exhausted ⑨[ɪgzɔ́:stɪd] ☐☐ 899	疲れ果てた(≒ tíred)；使い尽くされた 　**TG** be exhausted from [by] 〜 　　「〜で疲れ果てる」 　　☐ exháust 動 を疲れ果てさせる；を使い果たす 　　☐ exháustion 名 極度の疲労；枯渇 　　☐ exháusting 形 くたくたに疲れさせる
evil ⑨[í:vəl] ☐☐ 900	邪悪な 　名 悪(⇔ good 善)；害悪

I did a temporary job during the summer vacation.	私は夏休みの間に臨時の仕事をした。
The substance has a complex internal structure.	その物質は複雑な内部構造を有する。
Many people think happiness depends on external factors.	多くの人が幸せは外的要因によるものだと思っている。
Modern technology use is clearly distinct from the early use of tools.	現代の技術利用は初期の道具の使用とは明確に異なる。
These animals will become extinct if more is not done to protect them.	もっと保護対策が講じられないと，これらの動物は絶滅してしまうだろう。
I'm totally exhausted from a hard day's work.	私は働きづめの1日でぐったりと疲れ果てた。
Scientists must not use their knowledge for evil purposes.	科学者は自分の知識を邪悪な目的に使ってはならない。

237

Section 10　単語番号 901 ～ 1000

動詞編

greet [gri:t] □□ 901	**(人)に**(言葉・動作で)**挨拶**(あいさつ)**する**(with)；(人)を(～で)迎える(with) □ gréeting [名] 挨拶；〔～s〕挨拶の言葉 ▶ the season's greetings 時候の挨拶
chat [tʃæt] □□ 902	**おしゃべりをする** [名] おしゃべり □ chátter [動] (ぺちゃくちゃと)おしゃべりをする
remark [rɪmɑ́:rk] □□ 903	(…だ)と**述べる，言う**(that 節)；に気づく [名] 意見 ▶ make a remark about ～ ～について意見を言う □ remárkable [形] 著しい，目立った
utter [ʌ́tər] □□ 904	**(言葉など)を発する** [形] まったくの，完全な □ útterance [名] 発言 □ útterly [副] まったく，すっかり
command [kəmǽnd] □□ 905	を**命ずる**(≒ órder)；(景色など)を見渡せる [TG] **command ～ to *do*** 「～(人)に…するよう命じる」 [名] 命令；支配(力)；(外国語などを)操る能力 ▶ have a good command of ～ ～(言語)を自由に使いこなせる □ commánder [名] 司令官
declare [dɪkléər] □□ 906	を**宣言する**；を断言する；(課税品)を申告する [TG] **declare *A* (to be) *B*** 「AをBと宣言する[断言する]」 □ declarátion [dèklərérʃən] [名] 宣言；申告(書)
pronounce [発] [アク] [prənáuns] □□ 907	を**発音する**；を明言する，宣言する □ pronunciátion [prənʌ̀nsiéɪʃən] [名] 発音 □ pronóunced [形] 目立つ；はっきりした

▶動詞編　p.238　　▶形容詞編　p.256
▶名詞編　p.248

He greeted me with a nod.	彼は私にうなずいて挨拶した。
I chatted with my friends.	私は友人とおしゃべりした。
He remarked that he had no idea.	彼はわからないと言った。
She didn't utter a word during the meeting.	彼女は会議中一言も話さなかった。
The captain commanded his men to attack the enemy.	大尉は部下に敵を攻撃するよう命じた。
He declared himself to be king.	彼は自らを王だと宣言した。
We often pronounce "this" as "dis."	私たちはしばしば this を dis と発音する。

correspond [アク] [kɔ̀(:)rəspɑ́(:)nd] □□ 908	(〜に)**一致する**(with / to)；(〜と)**(手紙などで)連絡を取り合う**(with) [TG] ***A* and *B* correspond**「AとBが一致する」 □ correspóndence [名] 一致；対応；文通 □ correspóndent [名] 通信員
imitate [アク] [ímɪtèɪt] □□ 909	を**まねる**；を手本とする □ imitátion [名] まね；模造品
resemble [rɪzémbl] □□ 910	(〜の点で)に**似ている**(in) ▶ 進行形では使わない。 □ resémblance [名] 類似；類似点
exhibit [発] [アク] [ɪgzíbət] □□ 911	を**(展覧会などに)展示する**(≒ displáy)；**(感情・兆候など)を示す** [名] 展示品；[米] 展覧会 □ exhibítion [èksɪbíʃən] [名] [主に英] 展覧会；展示
distribute [アク] [dɪstríbjət] □□ 912	を**分配する**；を(〜に)配達する(to) □ distribútion [名] 配達，流通；分配；分布 □ distríbutor [名] 流通業者
attribute [アク] [ətríbjù:t] □□ 913	**(結果)**を(〜の)**せい[おかげ]と考える**(to) ▶ よいことにも悪いことにも使う。 [名] [ǽtrɪbjù:t] 特質
evaluate [ɪvǽljuèɪt] □□ 914	を**評価する**(≒ asséss) □ evaluátion [名] 評価
assess [əsés] □□ 915	を**評価する**(≒ eváluate)；を査定する □ asséssment [名] 評価；査定
deserve [発] [dɪzə́:rv] □□ 916	に**値する** [TG] **deserve to *do***「…するに値する」

Words and actions often do not correspond.	言葉と身振りはしばしば一致しない。
I rarely meet him though we correspond regularly.	私は彼と定期的に連絡を取っているが、めったに会わない。
Babies often imitate their parents.	赤ん坊はよく親のまねをする。
He resembles his grandfather in appearance.	彼は外見が彼のおじいさんに似ている。
The museum exhibits some of Warhol's works.	その美術館は何点かのウォーホルの作品を展示している。
The country exhibits signs of changes.	その国は変化の兆候を示している。
He distributed the papers during the meeting.	彼は会議中にその書類を配布した。
He attributed his success to his daughter.	彼は自分の成功を娘のおかげと考えた。
We do several tests to evaluate products.	私たちは製品を評価するためにいくつかの検査を行う。
He assessed the situation to decide what to do.	彼は何をすべきかを判断するために状況を見極めた。
She deserves to be a company executive.	彼女は会社の重役になるに値する。

weigh
[発] [weɪ]
□□ 917

の重さがある；の重さを量る
- □ weight [weɪt] [名] 重量；体重
- ▶ gain [put on] weight「太る」(⇔ lose weight やせる)

strengthen
[発] [stréŋkθən]
□□ 918

を強くする(⇔ wéaken)；強くなる
- □ strong [形] 強い
- □ strength [streŋkθ] [名] 強さ，力

weaken
[wíːkən]
□□ 919

を弱める(⇔ stréngthen)；弱まる
- [TG] **be weakened by** ～「～で衰弱する」
- □ weak [形] 弱い
- □ wéakness [名] 弱さ；(a ～)大好きであること

approve
[əprúːv]
□□ 920

(～に)賛成する(of)；を承認する(⇔ disappróve 反対する)
- ▶ 普通，進行形にはしない。
- □ appróval [名] 賛成，承認
- □ appróved [形] 承認された

assign
[発] [əsáɪn]
□□ 921

(仕事など)を割り当てる；(人)を(～に)配属する(to)
- [TG] **assign** *A B* / **assign** *B* **to** *A*「A(人)にB(仕事など)を割り当てる」
- □ assígnment [名] 割り当て；宿題；仕事

sustain
[アク] [səstéɪn]
□□ 922

を持続させる；を(精神的に)支える
- □ sustáinable [形] 持続可能な
- ▶ sustainable development 持続可能な開発

accomplish
[əkɑ́(ː)mplɪʃ]
□□ 923

を成し遂げる(≒ achíeve)
- □ accómplishment [名] 達成；業績

relieve
[rɪlíːv]
□□ 924

(苦痛など)を和らげる，(不安など)を減らす
- □ relíef [名] 軽減；(a ～)安心
- □ relíeved [形] 安心した

An adult giant panda **weighs** more than 80 kilograms.	成長したジャイアントパンダは80キロ以上の重さがある。
I **weighed** the flour on the scale.	私ははかりで小麦粉の重さを量った。
Regular exercise will **strengthen** your willpower as well.	定期的な運動は意志の力もまた強くする。
My sister was **weakened** by her long illness.	私の姉は長患いで衰弱していた。
Our boss didn't **approve** of the plan.	私たちの上司はその計画に賛成しなかった。
The leader **assigned** him the important task.	リーダーは彼にその重要な任務を割り当てた。
The heart is the vital organ that **sustains** human life.	心臓は人間の生命を維持する極めて重要な器官だ。
I am working hard to **accomplish** my goal.	私は目標を達成するため一生懸命に努力している。
Music can **relieve** your stress.	音楽によってストレスを減らすこともある。

frustrate [frʌ́streɪt] □□ 925	**に不満を抱かせる**；**を挫折させる** □ frustrátion 名 欲求不満；挫折 □ frústrated 形 不満を持っている；挫折した □ frústrating 形 いらいらさせる(ような)
scare [skeər] □□ 926	**を怖がらせる**(≒ fríghten) □ scáry 形 恐ろしい □ scared 形 怖がっている，おびえた ▶ be scared of ～「～が怖い」
resist **発** [rɪzíst] □□ 927	〔普通否定文で〕**を我慢する**；**に抵抗する** □ resístance 名 抵抗 □ resístant 形 耐性のある；抵抗する
protest **⑦** [prətést] □□ 928	(～に)**抗議する**(against / at) 名 [próʊtest] (～に対する)抗議(against / at)
shut [ʃʌt] □□ 929	**を閉める**(≒ close)；**閉まる** ▶ 活用：shut - shut - shut ▶ shut down (工場などが)休業する；(工場など)を閉鎖する 形 閉まった ▶ with *one's* eyes shut 目を閉じて □ shútter 名 (～s)(窓・店などの)シャッター
defeat [dɪfíːt] □□ 930	**(対戦相手)を負かす**(≒ beat) 名 負かすこと；敗北
neglect **⑦** [nɪglékt] □□ 931	**を怠る**；**を無視[軽視]する** ▶ neglect to *do*「…するのを怠る」 名 無視；怠慢(≒ négligence) □ négligent 形 怠慢な；無造作な □ négligible 形 (無視できるほど)ごくわずかの
retire [rɪtáɪər] □□ 932	(～から)**引退する**(from)；**引き下がる** □ retírement 名 引退，退職 □ retíred 形 引退した ▶ a retired officer 退役士官

0 600 1100 1400	
What **frustrates me** is that he always ignores me.	私が不満なのは，彼がいつも私を無視することだ。
Lightning always **scares** my dog.	稲光はいつもうちの犬を怖がらせる。
I couldn't **resist** the chocolates.	私はそのチョコレートを我慢することができなかった。
They **protest** against the use of chemical weapons.	彼らは化学兵器の使用に抗議している。
Would you mind **shutting** that door?	そのドアを閉めていただけますか。
He narrowly **defeated** the champion.	彼はチャンピオンを僅差で負かした。
He was criticized for **neglecting** his duties.	彼は職務を怠ったことで非難された。
My grandfather has **retired** from his job.	祖父は仕事を引退している。

reform [rɪfɔ́ːrm] ☐☐ 933	**を改革する，改善する** ▶「(住宅を)リフォームする」は renovate または remodel。 名 改革 ☐ reformátion [rèfərméɪʃən] 名 改革；改良
collapse [kəlǽps] ☐☐ 934	**崩壊する；倒れる；(事業などが)破綻する** 名 崩壊；破綻
ruin 発 [rúːɪn] ☐☐ 935	**を台無しにする；を破滅させる** 名 破滅；荒廃；(〜s)廃墟
sink [sɪŋk] ☐☐ 936	**沈む**(⇔ float → 1041)**；を沈める** ▶ 活用：sink - sank [sæŋk] - sunk [sʌŋk]
pile [paɪl] ☐☐ 937	**を積み重ねる；積み重なる** 🅘🅖 pile up 〜「〜を積み重ねる」 名 (積み上げられた)山 ▶ a pile of 〜 / piles of 〜「たくさんの〜」
derive [dɪráɪv] ☐☐ 938	**(〜から)を得る，引き出す**(from)**；(〜に)由来する**(from) ☐ derivátion [dèrɪvéɪʃən] 名 由来，起源
yield [jiːld] ☐☐ 939	**を産出する**(≒ prodúce)**，(利益など)を生む；(〜に)屈する**(to) 名 産出(物)；利益
occupy 🅐 [ɑ́(ː)kjupàɪ] ☐☐ 940	**を占める；を占領する** ☐ occupátion 名 職業；占有 ☐ óccupant [ɑ́(ː)kjupənt] 名 居住者
wrap [ræp] ☐☐ 941	**を(〜で)包む**(in) 名 包み；(食品用)ラップ ☐ wrápping 名 (〜s)包装紙

Japan's education system was **reformed** after World War II.	第2次大戦後に日本の教育制度は改革された。
The building **collapsed** under its own weight.	その建物は自らの重さに耐えられず倒壊した。
He suddenly **collapsed** on the floor.	彼は突然床に倒れた。
The rain **ruined** my vacation plan.	その雨で休暇の計画が台無しになった。
The ship began to **sink** after hitting a tanker.	タンカーに衝突した後にその船は沈み始めた。
Books were **piled** up on the floor.	床に本が積み重ねられていた。
We **derive** energy from the sun.	私たちは太陽からエネルギーを得ている。
This word **derives** from Latin.	この単語はラテン語に由来する。
This soil **yields** good crops every year.	この土壌は毎年豊かな作物を産する。
We **yielded** to the customer's demands.	我々は客の要求に屈した。
The hotel **occupies** an entire block.	そのホテルは1ブロック全体を占めている。
The enemy **occupied** the town.	敵がその町を占領した。
She **wrapped** the gift in white paper.	彼女は贈り物を白い紙で包んだ。

embrace [ɪmbréɪs] □□ 942	を抱き締める(≒ hug)；(申し出など)を受け入れる；を含む 名 抱擁

名詞編

length 発 [leŋkθ] □□ 943	**(物や時間の)長さ** ▶ 横に対する「縦の寸法」についても言う。(⇔ width 横幅) □ long [lɔ(ː)ŋ] 形 長い □ léngthen [léŋkθən] 動 を長くする(⇔ shórten を短くする)
height 発 [haɪt] □□ 944	**高度**；身長；高さ □ high 形 高い
volume ⑦ [vá(ː)ljəm] □□ 945	**(総)量；体積，容積**；音量；(本などの)巻 ▶ turn the volume up [down] ボリュームを上げる[下げる]
sum [sʌm] □□ 946	**金額**；(the ~)合計；(the ~)要点 動 を合計する；を要約する □ súmmary 名 要約 □ súmmarize 動 を要約する
frame [freɪm] □□ 947	**額縁**；枠；骨組み 動 を枠にはめる；を立案する □ frámework 名 枠組み；構成
boundary [báʊndəri] □□ 948	**境界(線)**；(普通~ries)限界 □ bound 名 (~s)境界(線)；(~s)限界 □ bórder 名 境界線，国境
district [dístrɪkt] □□ 949	**(行政などの)地区**；地域，地方 ▶ région(→ 271)より狭い。 ▶ a district court (アメリカの)地方裁判所 ▶ a school district 学区

She **embraced** her daughter gently.	彼女は娘を優しく抱き締めた。
The country is beginning to **embrace** democracy.	その国は民主主義を受け入れつつある。
The bridge has an overall **length** of 850 meters.	その橋は全長850メートルだ。
An airplane was flying at a **height** of 5,000 meters.	飛行機が5,000メートルの高度で飛んでいた。
The **volume** of garbage has increased sharply.	ごみの量が急激に増えている。
The **volume** of the container measures 1,000 cubic meters.	そのコンテナの容積は1,000立方メートルだ。
He paid a large **sum** of money in tax.	彼は税金として多額の金を払った。
I put the picture in the metal **frame**.	私はその絵を金属製の額縁に入れた。
Some rivers flow across international **boundaries**.	いくつかの川は国境を越えて流れる。
People came from all the neighboring **districts** for the event.	人々がイベントのためにすべての近隣地区からやってきた。

territory [térətɔ̀:ri] □□ 950	領土；縄張り

square ⚫ [skweər] □□ 951	正方形；広場；平方，2乗 形 正方形の；平方の ▶ ～ square meters ～平方メートル 副 公平に；直角に；まともに 動 を2乗する

empire ⑦ [émpàɪər] □□ 952	帝国 ▶ the Roman Empire ローマ帝国 ▶ the British Empire 大英帝国 □ impérial [ɪmpíəriəl] 形 帝国の；堂々とした □ émperor 名 皇帝；天皇

heritage ⚫ [hérətɪdʒ] □□ 953	(文化・自然)遺産 ▶ a World Heritage (Site) 世界遺産 □ inhérit 動 を受け継ぐ，を相続する

fee [fi:] □□ 954	料金；(専門職への)謝礼(for)；〔～s〕授業料 ▶「運賃」は a fare (➡ 1244)，「罰金」は a fine，「(サービスに対する)料金」は a charge(➡ 347)。

discount ⑦ [dískaunt] □□ 955	割引 🅘 give ～ a (...) discount 「～に(…の)割引を与える」 ▶ at a discount 値引きして 動 を値引きする

charity [tʃǽrəti] □□ 956	慈善事業；慈善行為 □ cháritable 形 慈善の；慈悲深い

mission [míʃən] □□ 957	使命，任務；使節(団) □ míssionary 名 宣教師 形 伝道の

They occupied the enemy's territory.	彼らは敵の領土を占拠した。
The girl cut some paper into squares.	女の子は何枚かの紙を正方形に切った。
The empire expanded to the east.	その帝国は東へ拡大した。
Austrians are proud of their rich musical heritage.	オーストリア人は豊かな音楽遺産を誇りに思っている。
Visitors are required to pay an entrance fee.	観覧者は入場料を支払うことが必要です。
Can you give me a small discount, please?	少し値引きしてくれませんか。
He gave some money to charity.	彼は慈善事業にいくらかのお金を寄付した。
Her mission in life was to help the poor.	彼女の人生における使命は貧しい人々を助けることだった。

profession [prəféʃən] □□ 958	**(専門的な)職業**(≒job) □ **proféssional** [形] 専門家の，プロの [名] 専門家，プロ(⇔ ámateur 素人(しろうと))
slave [sleɪv] □□ 959	**奴隷** □ **slávery** [sléɪvəri] [名] 奴隷制度
witness [wítnəs] □□ 960	(～の)**目撃者**(to / of)；証人；証言 ▶ bear witness to ～ ～の証言をする [動] を目撃する；(法廷で)証言する
incident [アク] [ínsɪdənt] □□ 961	**出来事**；事件 □ **incidéntal** [ìnsɪdéntəl] [形] 付随的な □ **incidéntally** [副] ところで(≒by the way)
insurance [ɪnʃúərəns] □□ 962	**保険**；保険料 [TG] **have insurance on ～** 「～に保険をかけている」 □ **insúre** [動] に保険をかける
welfare [wélfèər] □□ 963	**福祉**；幸福；[主に米] 生活保護 ▶ a welfare state 福祉国家 ▶ be on welfare [米] 生活保護を受けている
treasure [発] [tréʒər] □□ 964	**宝物**；〔普通～s〕大切なもの [動] を大切にする
leisure [発] [líːʒər] □□ 965	**余暇** □ **léisurely** [形] のんびりとした
priority [praɪɔ́(ː)rəti] □□ 966	**優先事項**；優先 [TG] **～'s first priority**「～の最優先事項」 □ **príor** [práɪər] [形] (～より)前の(to)；より重要な

I want to enter the medical **profession**.	私は医療関係の職に就きたい。
They released the **slaves**.	彼らは奴隷を解放した。
The two independent **witnesses** agreed.	2人の別々の目撃者の供述が一致した。
I vividly remember the childhood **incident**.	私はその子供時代の出来事をはっきりと覚えている。
I have **insurance** on my car.	私は車に保険をかけている。
The government should spend more money on social **welfare**.	政府は社会福祉にもっと資金を投入すべきだ。
They were delighted by the **treasure** that they had found.	彼らは自分たちの見つけた宝物に喜んだ。
Some people say that **leisure** is a right.	余暇は権利であると言う人がいる。
My health is **my first priority**.	健康が私の最優先事項だ。

reputation

[rèpjutéɪʃən]

□□ 967

評判；名声

🔟 have a ~ reputation「~な評判だ」

▶ a person of good [bad] reputation 評判のよい[悪い]人

honor

🔈 [á(:)nər]

□□ 968

光栄；名誉(⇔ dishónor 不名誉)；敬意

▶ in honor of ~ ~に敬意を表して

🔟 に栄誉を与える；に敬意を表す

□ hónorable 🔟 尊敬すべき；名誉ある

statue

🔈 [stǽtʃu:]

□□ 969

像，彫像

□ statuésque 🔟 彫像のような；均整の取れた

architecture

🔈 [á:rkətèktʃər]

□□ 970

建築(学)；建築様式；構造(≒ strúcture)

□ árchitect 🔟 建築家

□ architéctural 🔟 建築上の

logic

[lá(:)dʒɪk]

□□ 971

論理；論理学

□ lógical 🔟 論理的な；筋の通った

mechanism

🔈 [mékənìzm]

□□ 972

仕組み；機械装置

□ mechánical [mɪkǽnɪkəl] 🔟 機械の；機械的な

□ mechánics 🔟 力学；技術

clue

[klu:]

□□ 973

(~への)手がかり(to / as to)

means

[mi:nz]

□□ 974

(~の)手段(of)

🔟 as a means of ~「~の手段として」

▶ by means of ~「~(という手段)によって」

▶ 単数形も複数形も means。

▶ meaning「意味」と，つづり・意味を区別。

▶ by all means ぜひとも；いいですとも

trap

[træp]

□□ 975

わな

▶ set a trap for ~ ~にわなを仕掛ける

🔟 を陥れる；をわなで捕らえる

254

That hairdresser has an excellent **reputation**.	その美容師はすばらしい<u>評判</u>を得ている。
It is a great **honor** to meet you, Mr. Jones.	ジョーンズさん，あなたにお目にかかれて<u>大変光栄</u>です。
The **statue** stands in the middle of the square.	<u>その像</u>は広場の中心に<u>立っている</u>。
He studied **architecture** under his father.	彼は父親のもとで<u>建築</u>を学んだ。
I can't understand the **logic** behind his argument.	私は彼の主張の背後にある<u>論理</u>が理解できない。
No one can explain the exact **mechanism** of the human brain.	人間の脳の正確な<u>仕組み</u>を説明できる人はいない。
The police found a **clue** to the mystery.	警察はその謎への<u>手がかり</u>を見つけた。
I take a hot bath as a **means** of relaxation.	私はくつろぎの<u>手段</u>として熱い風呂に入る。
A rabbit was caught in a **trap**.	ウサギが<u>わな</u>にかかった。

trick [trɪk] □□ 976	策略；いたずら；秘訣；芸当 ▶ play a trick on ~　~にいたずらをする 動 をだます
guard 🔊 [gɑːrd] □□ 977	警戒；護衛者 動 を(～から)守る(from / against) □ gúardian 名 保護者，守護者

innocent [ínəsənt] □□ 978	無罪の(⇔ gúilty)；無邪気な □ ínnocence 名 無罪(⇔ guilt)；無邪気
guilty 🔊 [gílti] □□ 979	(～について)罪悪感のある(about)；有罪の (⇔ ínnocent) □ guilt [gɪlt] 名 罪悪感；有罪
rude [ruːd] □□ 980	無礼な(⇔ políte → 781)；粗雑な □ rúdely 副 無作法に；粗雑に
shy [ʃaɪ] □□ 981	内気な，恥ずかしがりの □ shýness 名 内気
liberal [líbərəl] □□ 982	寛大な；自由主義の；気前のよい 名 自由主義者，リベラル(な人) □ líberty 名 (政治的)自由(≒ fréedom) □ líberate 動 を自由にする □ liberátion 名 解放
stupid [stjúːpəd] □□ 983	愚かな；ばかげた 🔟 It is stupid of ~ to do 「…するとは~(人)は愚かだ」 □ stupídity 名 愚鈍；(～ties)愚行

The president played dirty tricks during his campaign.	大統領は選挙運動中に汚い策略を使った。
The president arrived under heavy guard.	大統領は厳重な警備の下で到着した。
I believe him to be innocent.	私は彼が無罪だと信じている。
They feel guilty about taking time off from work.	彼らは休暇を取ることに罪悪感を感じる。
The jury judged that he was guilty.	陪審は彼が有罪だと判断した。
I must apologize for my son's rude manners.	私は息子の無礼な作法に対しておわびをしなければなりません。
She is so shy that she can't talk to anybody.	彼女はとても恥ずかしがりなので誰にも話しかけることができない。
I try to take a liberal attitude toward religion.	私は宗教に対して寛大な態度をとるようにしている。
It was stupid of me to say such a thing to my parents.	両親にそんなことを言うなんて私は愚かだった。

257

reluctant [rɪlʌ́ktənt] □□ 984	気が進まない(≒ unwilling) **TG be reluctant to** *do* 「…することに気が進まない」 □ relúctance 图 気乗りしないこと □ relúctantly 圖 渋々
generous [dʒénərəs] □□ 985	気前のよい;(~に対して)寛大な(to);豊富な **TG It is generous of ~ to** *do* 「…するとは~(人)は気前がよい」 □ generósity [dʒènərá(:)səti] 图 気前のよさ;寛大さ
modest [mɑ́(:)dəst] □□ 986	(~について)控えめな(about) □ módesty 图 謙虚さ
lonely 発 [lóunli] □□ 987	(孤独で)寂しい □ lóneliness 图 孤独 □ alóne 圖 単独で, 1 人で
pure [pjuər] □□ 988	純粋な;まったくの □ púrify 動 を浄化する;を精製する □ púrity 图 清らかさ;純粋 □ púrely 圖 まったく;単に
grand [grænd] □□ 989	豪華な;雄大な;すばらしい
adequate 発 🅐 [ǽdɪkwət] □□ 990	十分な(≒ sufficient)(⇔ inádequate 不十分な); 適切な □ ádequately 圖 適当に, 十分に □ ádequacy 图 適切さ, 妥当性
apparent 発 [əpǽrənt] □□ 991	(見て)明らかな;見たところ~らしい **TG It is apparent that ...** 「…だということは明らかだ」 □ appárently 圖 聞いた[見た]ところでは

0 600 1100 1400	

She seemed to be reluctant to talk about it.	彼女はそれについて話すことに気が進まないようだった。
It is very generous of you to lend him so much money.	彼にそんな大金を貸すとは君はなんて気前がよいんだ。
He is a great scientist, but very modest about his achievements.	彼は偉大な科学者だが,自分の業績に関してとても控えめだ。
She lives alone but doesn't feel lonely.	彼女はひとり暮らしだが,寂しいと感じていない。
He bought a ring made of pure gold.	彼は純金で作られた指輪を買った。
The celebrity lives in a grand house.	その有名人は豪邸に住んでいる。
You will see the grand mountains from the bus.	バスからは雄大な山々が見えるでしょう。
The students are given adequate financial assistance.	その学生たちは十分な資金援助を受けている。
It is apparent that she is ill.	彼女が病気なのは明らかだ。
His apparent anger turned out to be a joke.	彼の一見怒っているらしい様子は冗談だとわかった。

classic [klǽsɪk] □□ 992	**(芸術などが)最高水準の；典型的な** 名 名作，古典；代表的なもの □ clássical 形 古典的な；正統派の ▶ classical music クラシック音楽（classic music とは言わない）
remote [rɪmóut] □□ 993	**遠く離れた** ▶ dístant(→ 600)とは異なり，「不便な場所であること」を暗示する。
solid [sá(:)ləd] □□ 994	**固体の；しっかりした；中身のある** 名 固体
raw 発 [rɔː] □□ 995	**生の；加工していない** ▶ raw material「原料」
plain [pleɪn] □□ 996	**平易な；明白な；質素な** 名 (しばしば〜s)平原 □ pláinly 副 明らかに；はっきりと
primitive 発 [prímətɪv] □□ 997	**原始の；初期段階の** ▶ primitive tribes 未開の種族
steady 発 [stédi] □□ 998	**着実な，一定した**(⇔ irrégular 不規則な)**；安定した** □ stéadily 副 着実に；しっかりと
slight [slaɪt] □□ 999	**わずかな，少しの** □ slíghtly 副 わずかに
subtle 発 [sʌ́tl] □□ 1000	**微妙な；繊細な**

260

Gulliver's Travels is a **classic** work of fiction.	『ガリバー旅行記』は第一級の小説だ。
This is a **classic** case of food poisoning.	これは食中毒の典型例だ。
You can reach the **remote** desert only by helicopter.	その遠く離れた砂漠にはヘリコプターでしか到達できない。
Ice is the **solid** state of water.	氷は水の固体の状態だ。
He has established a **solid** reputation as a novelist.	彼は小説家として確固たる名声を確立している。
I am used to eating **raw** fish.	私は生の魚を食べることに慣れている。
I try to speak in **plain** English.	私は平易な英語で話すようにしている。
In **primitive** societies, it was important to control fire.	原始社会では，火を管理することが重要だった。
There has been a **steady** increase in demand for this kind of work.	この種の仕事には着実な需要増加が見られる。
I have a **slight** fever now.	私は今，微熱がある。
They are similar, but there are **subtle** differences between them.	それらは似ているが，両者には微妙な違いがある。

動詞編

delight [dɪláɪt] □□ 1001	を(～で)**大喜びさせる**(with) 🔔 大喜び；喜びを与えるもの □ delíghted 圏 (～を)非常に喜んで(at / by / with) □ delíghtful 圏 (人に)喜びを与える
entertain ⑦ [èntərtéin] □□ 1002	(人)を(～で)**楽しませる**(with)；をもてなす；を心に抱く □ entertáinment 圏 娯楽；催し物 □ entertáiner 圏 芸(能)人
fulfill ⑦ [fʊlfíl] □□ 1003	(要求・希望など)を**満たす**；(役割・義務など)を果たす ▶ fulfill a hope「希望をかなえる」 □ fulfíllment 圏 実現；満足感；遂行
cheer [tʃíər] □□ 1004	を**元気づける**；(に)歓声をあげる 🔔 cheer ～ up / cheer up ～「～を元気づける」 ▶ cheer up 元気づく 圏 歓声；声援 □ chéerful 圏 元気のよい；陽気な
amuse [əmjú:z] □□ 1005	を**笑わせる**；を楽しませる □ amúsement 圏 おかしさ；娯楽 ▶ an amusement park 遊園地 □ amúsing 圏 おもしろい
anticipate [æntísɪpèit] □□ 1006	を**予期[予想]する**；を楽しみに待つ □ anticipátion 圏 予期；期待
confront [kənfrʌ́nt] □□ 1007	(問題などが)に**立ちはだかる**；(問題など)に立ち向かう 🔔 be confronted with ～「～に直面する」 □ confrontátion [kà(:)nfrʌntéiʃən] 圏 対決

Artists **delight** us with their works of art.	芸術家は私たちに芸術作品で大きな喜びを与えてくれる。
They **entertained** the babies with a puppet show.	彼らは赤ん坊を人形劇で楽しませた。
We **entertained** our friends at a party.	私たちは友人をパーティーでもてなした。
She **fulfilled** her desire to become a singer.	彼女は歌手になりたいという望みをかなえた。
That good news **cheered** us up.	そのよい知らせは私たちを元気づけた。
He **amused** the children by making funny faces.	彼はおもしろい顔をして子供たちを笑わせた。
Despite the heavy rain, the pilot **anticipated** no problems.	大雨にもかかわらず、パイロットは何も問題はないと予想した。
The country is **confronted** with a severe food shortage.	その国は深刻な食糧不足に直面している。

undergo ⑦ [ʌ̀ndərgóu] ☐☐ 1008	(変化・試練など)を**経験する**；(試験・検査など)を**受ける** ▶ 活用：undergo - underwent - undergone
exceed ⑦ [ɪksíːd] ☐☐ 1009	を**超える，上回る** ☐ excéss [ɪksés] 图 超過(量) ▶ to excess 過度に ☐ excéssive 形 過度の ☐ excéedingly 副 非常に
overwhelm ⑦ [òuvərhwélm] ☐☐ 1010	を**まいらせる**；を**圧倒する** 🔟 be overwhelmed by ~ 「~によって(精神的に)まいる；~に圧倒される」 ☐ overwhélming 形 圧倒的な
shoot [ʃuːt] ☐☐ 1011	(人や動物)を**撃つ**；(弾丸など)を**発射する**；(映像など)を**撮影する**；(ボールなど)を**シュートする** ▶ 活用：shoot - shot - shot ☐ shot 图 発射；狙撃
murder ⑨ [má:rdər] ☐☐ 1012	を**殺害する** 图 殺人 ☐ múrderer 图 殺人者[犯] (≒ killer)
rob [rɑ(ː)b] ☐☐ 1013	(人)から**奪う** (≒ deprive)；(銀行など)を**襲う** 🔟 rob A of B「A(人)からB(金品)を奪う」 ☐ róbber 图 強盗 ☐ róbbery 图 強奪
deprive [dɪpráɪv] ☐☐ 1014	(人)から**奪う** (≒ rob) ▶「(権利や自由などのような)大切なものを奪う」こと。 🔟 deprive A of B「A(人)からB(物)を奪う」
rid [rɪd] ☐☐ 1015	から(~を)**取り除く** (of) 🔟 get rid of ~「~を取り除く，~を処分する」 ▶ 活用：rid - rid - rid

The country has undergone radical changes recently.	その国は近年急激な変化を経験した。
I will undergo two months of special treatment.	私は2か月の特別な治療を受けるつもりだ。
The company's profit exceeded ten billion yen last year.	昨年その企業の収益は100億円を超えた。
She was overwhelmed by grief.	彼女は悲しみに打ちひしがれた。
The hunter shot a bear with a rifle.	その猟師はクマをライフル銃で撃った。
The man was accused of murdering his wife.	その男は妻を殺害したことの罪で起訴された。
The man robbed her of her purse.	その男は彼女からハンドバッグを奪い取った。
Poverty deprives children of educational opportunities.	貧困は子供から教育の機会を奪う。
Why don't you get rid of these old toys?	これらの古いおもちゃを処分してはどうですか。

interrupt 他 自 [ìntərʌ́pt] □□ 1016	を(〜で)**さえぎる**(with)；を中断させる □ interrúption 名 邪魔(物)；中断
interfere 他 自 [ìntərfíər] □□ 1017	(〜の)**邪魔をする**(with)；(〜に)**干渉する**(in) □ interférence 名 邪魔；干渉
bully 他 [búli] □□ 1018	を**いじめる** 名 いじめっ子 □ búllying 名 いじめ
defend [dɪfénd] □□ 1019	を(〜から)**守る**(against / from) □ defénse 名 防御(⇔ offénse 攻撃) □ defénder 名 防御者 □ defénsive 形 防御(側)の
rescue [réskju:] □□ 1020	を(〜から)**救う**(from) 名 (〜の)救助(of)
accuse [əkjúːz] □□ 1021	を**非難する**；を告訴する **ТС** accuse A of B「A(人)をBのことで非難する」 ▶ accuse A of B は「告訴する，起訴する」の意味でも使う。 □ accusátion [æ̀kjuzéɪʃən] 名 非難；告訴
sue [sjuː] □□ 1022	を(〜のかどで／〜を求めて)**(法的に)訴える**(for) □ suit [suːt] 名 訴訟(≒ láwsuit)
wander 他 [wɑ́(ː)ndər] □□ 1023	**ぶらつく，歩き回る** 名 (a 〜)ぶらつくこと
chase [tʃeɪs] □□ 1024	を**追いかける**(≒ run after) 名 追跡

He **interrupted** the speaker with an awkward question.	彼は講演者の話を厄介な質問でさえぎった。
Those problems **interfere** with our plans.	それらの問題が私たちの計画を妨げている。
I wish you would stop **interfering** in my business.	私の仕事に口出しすることをやめてほしいのだが。
You must not **bully** your brother.	弟をいじめてはいけない。
I just tried to **defend** myself from being attacked.	私は攻撃から身を守ろうとしただけだ。
He **rescued** a child from drowning.	彼は子供がおぼれかけているのを救った。
I **accused** her of lying to me.	私にうそをついたことで私は彼女を非難した。
He **sued** the company for stealing his idea.	彼は自分のアイデアを盗用したことでその会社を訴えた。
She likes **wandering** on the beach.	彼女は浜辺をぶらつくことが好きだ。
A cat was **chasing** a mouse.	ネコがネズミを追いかけていた。

arrest [ərést] ☐☐ 1025	を(〜の理由で)**逮捕する**(for) 　名 逮捕 ▶ You're under arrest. おまえを逮捕する。
submit ㋐ [səbmít] ☐☐ 1026	を(〜に)**提出する**(to)；(〜に)**服従する，屈する**(to)(≒ give in to) 　☐ submíssion 名 提出；服従 　☐ submíssive 形 従順な
punish [pʌ́nɪʃ] ☐☐ 1027	を(〜のことで)**罰する**(for) 　☐ púnishment 名 処罰；刑罰
resolve ㋐ [rɪzá(:)lv] ☐☐ 1028	を**解決する**；(…すること)を**決意する**(to *do*) 　☐ resolútion [rèzəlú:ʃən] 名 解決；決意 ▶ a New Year's resolution 新年の決意
justify [dʒʌ́stɪfàɪ] ☐☐ 1029	を**正当化する** 　☐ just 形 正しい；正当な 　☐ justificátion [dʒʌ̀stɪfɪkéɪʃən] 名 正当化
restore [rɪstɔ́:r] ☐☐ 1030	を(元の状態に)**戻す，修復する** 　☐ restorátion [rèstəréɪʃən] 名 修復；回復
modify [má(:)dɪfàɪ] ☐☐ 1031	を(部分的に)**修正する** ▶ genetically modified foods 遺伝子組み換え食品 　☐ modificátion 名 修正
impose [ɪmpóʊz] ☐☐ 1032	を(〜に)**押しつける**(on)；を**課す** ▶ impose restrictions[conditions] on 〜 〜に制限[条件]を課す

The police **arrested** him for reckless driving.	警察は彼を無謀運転で逮捕した。
The teacher told us to **submit** the assignment by tomorrow.	先生は私たちに明日までに課題を提出するように言った。
She would not **submit** to their bullying.	彼女は彼らのいじめに屈するつもりはなかった。
The teacher **punished** the student for being late.	教師はその生徒を遅刻したことで罰した。
Politicians wish to **resolve** those problems.	政治家はそれらの問題を解決したいと思っている。
He **resolved** to ask for a transfer.	彼は転勤を申し出ることを決意した。
Nothing can **justify** racial discrimination.	何事も人種差別を正当化することはできない。
I **restored** my grandmother's old house myself.	私は自分で祖母の古い家を修復した。
He **modified** the folktale to make a movie.	彼は映画を作るためにその民話を一部作り変えた。
Our boss **imposed** his idea on us.	上司は自分の考えを私たちに押しつけた。
The government has decided to **impose** a heavier tax on imports.	政府は輸入品にさらに重い税を課すことを決めた。

269

compose
[kəmpóuz]
□□ 1033

を**構成する**；(曲など)を創作する
[TG] **be composed of ～**「～で構成されている」
▶ 進行形では使わない。
□ composítion [名] 構成；作曲；作文
□ compóser [名] 作曲家

classify
[klǽsɪfàɪ]
□□ 1034

を**分類する**
[TG] **classify *A* as *B***「AをBとして分類する」
□ classificátion [名] 分類(法)
□ clássified [形] 機密の；分類された
▶ classified ad (新聞の)部門別案内広告，三行広告

substitute
[アク] [sʌ́bstɪtjùːt]
□□ 1035

を(～の)**代わりに使う**(for)
[名] 代わりの物[人]
□ substitútion [名] (～の)代用(for)

shrink
[ʃrɪŋk]
□□ 1036

縮む；縮小する；を減らす
▶ 活用：shrink - shrank, [米] shrunk [ʃrʌŋk] - shrunk, [米] shrunken
[名] 収縮

lean
[liːn]
□□ 1037

(～に)**寄りかかる**(against / on)；傾く；を傾ける
▶ lean forward [back] 前かがみになる[そっくり返る]
[形] やせた

fold
[fould]
□□ 1038

を**折り畳む**；(両腕)を組む
▶ with *one's* arms folded「腕組みして」
□ fólding [形] 折り畳み式の

load
[loud]
□□ 1039

を(車・船などに)**積む**(into / onto)(⇔ unlóad を降ろす)，に(荷・乗客などを)**積む**(with)
[名] 積み荷；重荷；多数
▶ a load of ～ / loads of ～ たくさんの～

pour
[発] [pɔːr]
□□ 1040

を(～に)**注ぐ**(into)；流れ出る；**(雨が)激しく降る**

The committee is **composed** of eight women.	委員会は 8 人の女性で構成されている。
They **classify** the book as science fiction.	彼らはその本をSF小説として分類している。
The company **substitutes** new material for plastic.	その会社は新しい素材をプラスチックの代わりに使う。
The sweater **shrunk** slightly in the wash.	そのセーターは洗ったら少し縮んだ。
She **leaned** against the wall.	彼女は壁に寄りかかった。
She **folded** her umbrella and put it into her bag.	彼女は傘を折り畳んでかばんに入れた。
He **loaded** his baggage into the car.	彼は手荷物を車に積み込んだ。
She **poured** wine into the glass.	彼女はワインをグラスに注いだ。
It is **pouring** outside.	外は雨が激しく降っている。

float [flout] ☐☐ 1041	浮かぶ(⇔ sink →936);を浮かべる 名 浮くもの;救命具
shine [ʃaɪn] ☐☐ 1042	輝く;を磨いて光らせる(≒pólish) ▶ 活用: shine - shone [ʃoun] - shone (「磨いて光らせる」の意味では shine - shined - shined) 名 輝き

名詞編

editor [édətər] ☐☐ 1043	編集者 ☐ édit 動 を編集する ☐ edítion 名 版;部数 ☐ editórial 形 編集(上)の;社説の
poetry [póuətri] ☐☐ 1044	〔集合的に〕詩(≒póems) ☐ póem [póuəm] 名 (1 編の)詩 ☐ póet [póuət] 名 詩人 ☐ poétic [pouétɪk] 形 詩的な
usage 発 [júːsɪdʒ] ☐☐ 1045	(言葉・物の)使い方,使用 ☐ use 動 [juːz] を使う 名 [juːs] 使用
sector [séktər] ☐☐ 1046	(産業などの)部門,分野;(都市内の)地域
span [spæn] ☐☐ 1047	期間;全長 ▶ one's life span「寿命」
literacy [lítərəsi] ☐☐ 1048	読み書き能力;(ある分野の)知識 ▶ computer literacy「コンピューターリテラシー(コンピューターを使いこなす能力)」
symptom [símptəm] ☐☐ 1049	症状;(よくないことの)兆候

| A white cloud is **floating** in the sky. | 白い雲が空に浮かんでいる。 |
| The sun is **shining** brightly. | 太陽が明るく輝いている。 |

I submitted a manuscript to the **editor**.	私は原稿を編集者に提出した。
She read the **poetry** aloud.	彼女は詩を朗読した。
Those words are no longer **in common usage**.	それらの言葉はもはや一般的に使われていない。
Tourism is one of the growing economic **sectors**.	観光産業は成長している経済部門の1つだ。
It is difficult to complete this task **in** such a short **span** of time.	そんな短い期間でこの仕事を終えるのは難しい。
This educational program aims to increase **literacy**.	この教育プログラムは読み書き能力を高めることを目指す。
Fever is a common **symptom** of the flu.	発熱はインフルエンザの一般的な症状だ。

phase 🇬🇧 [feɪz] ☐☐ 1050	**(変化などの)段階**；(問題などの)面
surgery 🇬🇧 [sə́:rdʒəri] ☐☐ 1051	**(外科)手術**(≒ operátion)；外科 ▶ cosmetic [plastic] surgery 美容整形 ☐ súrgeon 图 外科医
virus 🇬🇧 [vάɪərəs] ☐☐ 1052	**ウイルス** ▶ a computer virus コンピューターウイルス
poison [pɔ́ɪzən] ☐☐ 1053	**毒**；有害なもの 🔲 に毒を盛る；に有害な影響を与える ☐ póisonous 形 有毒な；有害な
protein 🇬🇧🔊 [próuti:n] ☐☐ 1054	**タンパク質**
liquid 🇬🇧 [líkwɪd] ☐☐ 1055	**液体** 形 液体の
oxygen [ά(:)ksɪdʒən] ☐☐ 1056	**酸素** ▶「水素」は hýdrogen [hάɪdrədʒən]，「炭素」は cárbon， 「窒素」は nítrogen [nάɪtrədʒən]。
globe [gloub] ☐☐ 1057	〔普通the 〜〕**世界**；地球儀；球体 ▶ glove [glʌv]「手袋」と，つづり・発音を区別。 ☐ glóbal 形 地球全体の；全体的な
pole [poul] ☐☐ 1058	**極(地)**；棒 ▶ the South [North] Pole「南[北]極」 ☐ pólar 形 極地の ▶ a polar bear ホッキョクグマ，シロクマ(= white bear)

We have entered a new phase of climate change.	私たちは気候変動の新たな段階に入った。
He underwent surgery for stomach cancer.	彼は胃癌の手術を受けた。
My daughter is infected with the flu virus.	私の娘はインフルエンザウイルスに感染している。
This poison takes effect immediately.	この毒は即座に効く。
Eggs are rich in protein.	卵はタンパク質が豊富だ。
The liquid froze solid.	その液体は凍って固まった。
Blood carries oxygen to body cells.	血液は体内の細胞に酸素を送る。
He set off on a voyage around the globe.	彼は世界一周の航海に出発した。
The sea ice around the North Pole is melting.	北極周辺の海氷が溶け出している。

valley [vǽli] □□ 1059	**谷** ▶ Silicon Valley シリコンバレー(ハイテク産業の中心地)
conservation [kà(:)nsərvéɪʃən] □□ 1060	**(自然環境などの)保護**；保存 (≒ preservátion) □ consérvative [kənsə́:rvətɪv] [形] 保守的な(⇔ rádical ➡ 1083) □ consérve [kənsə́:rv] [動] (環境など)を保護する
channel [発] [tʃǽnəl] □□ 1061	〔しばしば～s〕**(情報などの)伝達経路**；(テレビの)チャンネル；水路 ▶ the (English) Channel 英仏[イギリス]海峡 [動] (エネルギー・資金など)を(～のルートを)通して送る(through)；を(～に)注ぐ(into)
glacier [gléɪʃər] □□ 1062	**氷河** □ glácial [形] 氷河(期)の；氷の
pioneer [ア] [pàɪəníər] □□ 1063	(～の)**先駆者，パイオニア**(of / in)；(未開地の)開拓者 [動] (未開地など)を切り開く，を開拓する [形] 先駆的な，草分けの
prospect [prɑ́(:)spekt] □□ 1064	(～の；…という)**見込み，可能性**(of / for；that節)；〔～s〕将来性 □ prospéctive [形] 見込みのある；予想される
enthusiasm [ア] [ɪnθjú:ziæ̀zm] □□ 1065	(～に対する)**熱狂，熱中，熱心**(for) □ enthusiástic [ɪnθjù:ziǽstɪk] [形] 熱狂的な □ enthusiástically [副] 熱狂的に
passion [pǽʃən] □□ 1066	**情熱**；(～への)熱中(for) □ pássionate [pǽʃənət] [形] 情熱的な

I looked down into the deep valley.	私は深い谷を見下ろした。
Wildlife conservation is needed to protect the Earth's biological diversity.	野生生物の保護は地球の生物多様性を守るために必要だ。
That information came from secret channels.	その情報は秘密の経路から入手された。
A glacier moves very slowly down a valley.	氷河はとてもゆっくりと谷を下って動く。
He was a pioneer in computer science.	彼はコンピューターサイエンスの先駆者だった。
There is little prospect of the economy improving this year.	今年は経済が上向く見込みはほとんどない。
She has a great enthusiasm for the work.	彼女はその仕事にとても熱中している。
He spoke with passion about the importance of life.	彼は生命の重要性について情熱を込めて語った。

fortune [fɔ́ːrtʃən] ☐☐ 1067	財産；幸運(⇔ misfórtune 不運)；運勢 ▶ make a fortune「一財産を築く」 ☐ fórtunate [fɔ́ːrtʃənət] 形 幸運な ☐ fórtunately 副 幸運にも(≒ lúckily) (⇔ unfortunately ➡ 297)
obstacle [á(ː)bstəkl] ☐☐ 1068	(〜に対する)**障害(物)**(to)
prejudice ⑦ [prédʒʊdəs] ☐☐ 1069	(〜に対する)**偏見**(against)；先入観 ▶ racial prejudice「人種的偏見」 動 に偏見を抱かせる ☐ préjudiced 形 偏見を持った
justice [dʒʌ́stɪs] ☐☐ 1070	**正義**；公正(⇔ injústice 不正)；司法 ☐ just 形 正しい；正当な ☐ jústify 動 を正当化する ➡ 1029 ☐ justificátion 名 正当化
opponent 発 ⑦ [əpóunənt] ☐☐ 1071	(試合などの)**相手，敵**；(〜への)反対[敵対] 者(of) 形 敵対する；反対の
sacrifice 発 [sǽkrɪfàɪs] ☐☐ 1072	**犠牲(的行為)**；いけにえ 動 を(〜のために)犠牲にする(for / to)
fault 発 [fɔːlt] ☐☐ 1073	〔普通the 〜, one's 〜〕(過失の)**責任**；欠点 ▶ find fault with 〜「〜のあら探しをする」 ▶ It is 〜's fault. それは(人)のせいだ。
prison [prízən] ☐☐ 1074	**刑務所**(≒ jail) ▶ be in prison「刑務所に入っている」 ☐ prísoner 名 囚人；捕虜
shelter [ʃéltər] ☐☐ 1075	**避難(所)**；収容所；住まい 動 を(〜から)保護する(from)；を避難させる；(風雨 などを)避ける

He made a fortune by selling his artwork.	彼は自分の作品を売って一財産を築いた。
I had the good fortune to see her again.	私は幸運にも再び彼女に会えた。
The biggest obstacle to success is the fear of making mistakes.	成功に対する一番大きな障害は間違うことへの恐れだ。
He seems to have some prejudice against foreigners.	彼は外国人に対するいくらかの偏見を持っているようだ。
They are demanding equal rights and social justice.	彼らは平等の権利と社会正義を求めている。
He kept on attacking his political opponent.	彼は政敵を攻撃し続けた。
She would make any sacrifice to save her son.	彼女は息子を救うためなら，どんな犠牲をも払うだろう。
It was my fault that we lost the game.	我々がその試合に負けたのは私の責任だった。
He was sent to prison for bank robbery.	彼は銀行強盗の罪で刑務所送りになった。
She volunteered at a shelter for the victims of the storm.	彼女は嵐の被災者の避難所でボランティアをした。

committee [アク] [kəmíti] □□ 1076	**委員会**；(全)委員 ▶「1人の委員」は, a committee member や a member of a committee で表す。 □ commít [動] (受身形で)深く関わる；(罪)を犯す；を委託する
ritual [rítʃuəl] □□ 1077	**儀式；習慣的行為** [形] 儀式の

形容詞編

mature [発] [mətʊ́ər] □□ 1078	**大人になった**(⇔ immatúre 未熟の)；熟した [動] 成熟する；を熟させる □ matúrity [名] 成熟(期)；円熟(期)
moderate [発] [アク] [mɑ́(:)dərət] □□ 1079	**適度な**；並みの；穏やかな □ móderately [副] 適度に
neutral [njú:trəl] □□ 1080	**中立の**
optimistic [ɑ̀(:)ptɪmístɪk] □□ 1081	(～について) **楽観的な** (about) (⇔ pessimístic) □ óptimism [名] 楽観主義
pessimistic [pèsəmístɪk] □□ 1082	(～について) **悲観的な** (about) (⇔ optimístic) □ péssimism [名] 悲観主義
radical [rǽdɪkəl] □□ 1083	**根本的な；過激な** (⇔ consérvative 保守的な) [名] 急進主義者 □ rádically [副] 根本的に；過激に

The **committee** meets every Friday.	<u>委員会</u>は毎週金曜日に開かれる。
The dance originated in a religious **ritual**.	その踊りは<u>宗教儀式</u>から始まった。
Reading a book before going to sleep is my nighttime **ritual**.	寝る前に本を読むことが<u>私の夜間の習慣</u>だ。
She looks remarkably **mature** for her age.	彼女は年齢の割に驚くほど<u>大人びて</u>見える。
The doctor recommended **moderate** exercise.	その医師は<u>適度な</u>運動を勧めた。
I remained **neutral** during their argument.	彼らの議論の間、私は<u>中立</u>を保った。
She is highly **optimistic** about her future.	彼女は自分の将来について<u>とても楽観的</u>だ。
Since the accident, he has acquired a **pessimistic** view of life.	その事故以降、彼は<u>悲観的な人生観</u>を持つようになった。
That technology has brought about **radical** changes in society.	その技術は社会に<u>根本的な変化</u>をもたらした。
He is influenced by **radical** ideas.	彼は<u>過激な思想</u>に影響を受けている。

rough 発 [rʌf] □□ 1084	**(表面が)粗い**(⇔ smooth)；**大まかな**；粗野な；荒っぽい ▶ rough play 乱暴なプレー 名 下書き □ róughly 副 おおよそ；手荒く
smooth 発 [smuːð] □□ 1085	**滑らかな**(⇔ rough)；**円滑な** 動 を滑らかにする □ smóothly 副 滑らかに；円滑に
fluent [flúːənt] □□ 1086	**流ちょうな**；(外国語に)堪能な(in) □ flúently 副 流ちょうに □ flúency 名 流ちょうさ ▶ with fluency 流ちょうに(≒ flúently)
casual 発 [kǽʒuəl] □□ 1087	**形式ばらない，打ち解けた**(≒ infórmal) (⇔ fórmal 正式の)；**何気ない**；偶然の □ cásually 副 くだけて；何気なく □ cásualty 名 (事故などの)犠牲者
instant ⑦ [ínstənt] □□ 1088	**即時の**(≒ immédiate) 名 瞬間(≒ móment) □ ínstantly 副 すぐに(≒ immédiately)
incredible [ɪnkrédəbl] □□ 1089	**信じられない**(≒ unbelíevable) **⑲ It is incredible that ...** 「…ということは信じられない」 □ incrédibly 副 信じられないほど
genuine 発 [dʒénjuɪn] □□ 1090	**本物の**(≒ réal)
precious [préʃəs] □□ 1091	**貴重な** □ préciously 副 大切に

The road was **rough** and winding.	その道路はでこぼこで曲がりくねっていた。
She handed the teacher a **rough** draft of her paper.	彼女は先生に自分の論文の下書き原稿を渡した。
This cloth feels **smooth** and soft.	この布は滑らかで柔らかな手触りだ。
She is a **fluent** speaker of Spanish.	彼女はスペイン語の流ちょうな話し手だ。
The restaurant has a **casual** atmosphere.	そのレストランには形式ばらない雰囲気がある。
My friend gave a **casual** look at me.	友人はさりげなく私を見た。
I gave an **instant** answer to her question.	私は彼女の質問に即答した。
It's **incredible** that he survived the disaster.	彼がその災害で生き延びたということは信じられない。
This briefcase is made of **genuine** leather.	この書類かばんは本物の革でできている。
The living room of the house was decorated with **precious** art.	その家の居間は貴重な美術作品で飾られていた。

prominent [prá(:)mɪnənt] □□ 1092	重要な，著名な；突き出ている □ próminence 名 卓越；著名
blind [blaɪnd] □□ 1093	目が見えない；(〜に)気づかない(to) 動 (の目)を見えなくする；を惑わす 名 ブラインド，目隠し
deaf 発 [def] □□ 1094	耳が聞こえない；(〜を)聞こうとしない(to) ▶ turn a deaf ear to 〜 〜にまったく耳を貸さない
harsh [hɑːrʃ] □□ 1095	厳しい；容赦ない(≒ sevére) □ hárshly 副 厳しく
prompt [prɑ(:)mpt] □□ 1096	迅速な(⇔ slow 遅い)；(人が)機敏な 動 を駆り立てる ▶ prompt 〜 to do「〜(人)を促して…させる」 □ prómptly 副 迅速に；すぐに
inevitable 発 アク [ɪnévətəbl] □□ 1097	避けられない(≒ unavóidable) 🆃🅒 It is inevitable that ... 「…ということは避けられない」 □ inévitably 副 必然的に
marine アク [məríːn] □□ 1098	海洋の 名 〔しばしば M〜〕海兵隊(員)
tropical [trá(:)pɪkəl] □□ 1099	熱帯(地方)の ▶ tropical rain forests「熱帯雨林」
Arctic [áːrktɪk] □□ 1100	北極(地方)の(⇔ Antárctic 南極(地方)の)

He has played a **prominent** role in this project.	彼はこの計画で重要な役割を果たしている。
He helps **blind** people to read books.	彼は目の不自由な人が本を読むのを手伝う。
He is **blind** to his own mistakes.	彼は自分の間違いに気づいていない。
Sign language is a language which is used by **deaf** people.	手話は耳の不自由な人が使う言語だ。
The robots are designed to work in the **harsh** environment.	そのロボットは厳しい環境で仕事をするように設計されている。
Your **prompt** response would be greatly appreciated.	迅速なご回答がいただければ大変ありがたく思います。
It is **inevitable** that the whole Cabinet will resign.	内閣が総辞職することは避けられない。
Plastic waste is threatening **marine** animals.	プラスチックごみが海洋動物を脅かしている。
Tropical storms hit the coastline.	熱帯暴風雨が沿岸を襲った。
The **Arctic** Ocean is frozen most of the year.	北極海は1年の大半は凍っている。

基本動詞の使い方②

have / get 「持っている」「得る」「させる」「してもらう」

□ **have** + 名「〜を持っている」
　　have a house　家を持っている

□ **get** + 名「〜を得る」
　　get money　金を得る

□ **have** [**get**] + 名 (A) + done「A を…してもらう；A を…される」
　　I had my smartphone fixed.　私はスマートフォンを修理してもらった。
　　I got my wallet stolen.　私は財布を盗まれた。

□ **have** + 名 (A) + do　□ **get** + 名 (A) + to do「A (人)に…させる[してもらう]」
　　He had her analyze data.　彼は彼女にデータを分析してもらった。

take / bring 「連れて[持って]行く」「連れて[持って]来る[行く]」

□ **take** + 名「〜を連れて[持って]行く」
　　I took Mike to the party.　私はパーティーにマイクを連れて行った。

□ **bring** + 名「〜を連れて[持って]来る[行く]」
　　He brought his children here.　彼はここに自分の子供たちを連れて来た。

make / let 「(ように)する」「させる」「させておく」

□ **make** + 名 (A) + 形 (B) / 名 (B)「A を B にする」
　　The news made us happy.　その知らせは私たちを幸せにした。

□ **make** + 名 (A) + do「A に…させる」〔強制〕
　　He made Jack chair the meeting.　彼はジャックに会議の司会をさせた。

□ **let** + 名 (A) + do「A を…させる[ておく]」〔放任／許可〕
　　She let her children play outside.　彼女は子供たちを外で遊ばせておいた。

see / hear / notice 「見る」「聞く」「気づく」

□ **see** + 名 (A) + do / doing / done「A が…する[している / される]のを見る」
　　I saw a couple dance.　私はカップルがダンスをするのを見た。

□ **hear** + 名 (A) + do / doing / done「A が…する[している / される]のを聞く」
　　I heard a famous Bellini aria sung.
　　私は有名なベッリーニのアリアが歌われるのを聞いた。

□ **notice** + 名 (A) + do / doing「A が…する[している]のに気づく」
　　I noticed her come in.　私は彼女が入ってくるのに気づいた。

Part 3

ここで差がつく

300語

知っているかどうかで差がつく,
覚えてほしい単語ばかりです。こ
の300語をマスターすれば入試
合格への足がかりとなりますので,
繰り返し確認しましょう。

動詞編

forecast ⑦ [fɔ́ːrkæst] ☐☐ 1101	**(天気)を予報する**；**を予測[予想]する** ▶ 活用：forecast - forecast(ed) - forecast(ed) 图 (天気)予報；予測 ▶ a weather forecast「天気予報」
speculate [spékjulèit] ☐☐ 1102	**(〜について)(あれこれ)思索する，推測する**(on / about)；**投機する** ☐ speculátion 图 推測；投機 ☐ spéculative 圏 推測の；投機の
bet [bet] ☐☐ 1103	**きっと(…だ)と思う**(that 節)；**(を)賭ける** ▶ 活用：bet - bet(ted) - bet(ted) 图 賭け
quote ⑨ [kwout] ☐☐ 1104	**(を)(〜から)引用する**(from) ☐ quotátion [kwoutéiʃən] 图 引用
consult ⑦ [kənsʌ́lt] ☐☐ 1105	**(専門家)に(〜について)意見を求める**(on / about)；**(辞書など)を調べる**；**(〜と)相談する**(with) ☐ consúltant 图 (専門分野の)顧問 ☐ consultátion 图 相談
dispute ⑦ [dispjúːt] ☐☐ 1106	**に異議を唱える**；**論争する** 图 論争；(〜との)言い争い(with) ▶ in dispute 論争中で[の]；未解決の ▶ beyond dispute 議論の余地なく，疑いもなく
accumulate [əkjúːmjulèit] ☐☐ 1107	**を集める，蓄積する**；**たまる** ☐ accumulátion 图 蓄積(物)

▶動詞編　p.288　　▶形容詞編　p.306
▶名詞編　p.298

Snow is **forecast** for tomorrow.	明日は雪の予報が出されている。
She has been **speculating** on her future.	彼女は自分の将来についてずっとあれこれと考えている。
I **bet** that you'll like it.	私はきっとあなたがそれを気に入ると思う。
I **bet** $20 on the horse.	私はその馬に20ドルを賭けた。
He **quoted** a short passage from the article.	彼はその記事から短い文章を引用した。
I **consulted** a lawyer on the matter.	私はその問題について弁護士に意見を求めた。
Consult a dictionary for the meaning of the word.	その単語の意味は辞書を引いて調べなさい。
The players **disputed** the judge's decision.	選手たちは審判の判定に異議を唱えた。
You may **accumulate** too much information.	あなたは情報を集めすぎているのかもしれない。

grasp [grǽsp] ☐☐ 1108	をぎゅっとつかむ(≒ grip)；を理解する 图 ぎゅっとつかむこと；理解(力)
grip [gríp] ☐☐ 1109	をしっかり握る 图 把握；取っ手(≒ hándle)
seize 🅰 [síːz] ☐☐ 1110	を(ぐいと)つかむ(≒ grab)；(機会など)を素早く捕らえる ▶ seize an opportunity 好機をつかむ
comprehend [kà(ː)mprihénd] ☐☐ 1111	〔しばしば否定文で〕を理解する (≒ understánd) ☐ comprehénsion 图 理解 ☐ comprehénsive 形 包括的な
constitute 🅰 [ká(ː)nstətjùːt] ☐☐ 1112	を構成する(≒ make up) ☐ constitútion 图 構成；憲法 ▶ Constitution (Memorial) Day (日本の)憲法記念日 ☐ constitútional 形 憲法(上)の；構造(上)の
reinforce 🅰 🅰 [rìːinfɔ́ːrs] ☐☐ 1113	を強化する ☐ reinfórcement 图 強化，補強
resort [rizɔ́ːrt] ☐☐ 1114	(手段に)訴える(to) 图 行楽地；手段
donate [dóuneit] ☐☐ 1115	(金品など)を(〜に)寄付する(to)；(臓器など)を提供する ☐ donátion 图 寄付(金)；提供(物) ☐ dónor [dóunər] 图 寄贈者；臓器提供者，ドナー
obey 🅰 [oubéi] ☐☐ 1116	に従う(⇔ disobéy に逆らう) ☐ obédient [oubíːdiənt] 形 (〜に)従順な(to) ☐ obédience [oubíːdiəns] 图 従順；遵守

I **grasped** her by the shoulders.	私は彼女の両肩をぎゅっとつかんだ。
I **grasped** what he meant.	私は彼が何を言いたいのかを理解した。
I **gripped** a strap tightly.	私はつり革を堅くしっかり握った。
The police officer **seized** the gun from that guy.	警官はその男から銃を取り上げた。
I couldn't **comprehend** what he had said.	私は彼が言ったことを理解することができなかった。
18 teams **constitute** the league.	18チームがそのリーグを構成している。
These data **reinforce** the theory.	これらのデータはその理論を強固なものにしている。
We must not **resort** to violence.	私たちは暴力に訴えてはならない。
I **donated** the money to charity.	私はそのお金を慈善事業に寄付した。
I refused to **obey** their orders.	私は彼らの命令に従うことを拒んだ。

dedicate [アク] [dédɪkèɪt] □□ 1117	を(～に)**ささげる**(to)(≒ devóte) □ dédicated [形] 献身的な □ dedicátion [名] 献身
transmit [アク] [trænsmít] □□ 1118	を**伝える**；を送る [TG] **be transmitted from *A* to *B*** 「AからBに伝えられる」 □ transmíssion [名] 伝達；放送
equip [アク] [ɪkwíp] □□ 1119	に(～を)**装備する**(with) [TG] **be equipped with ～**「～を備えている」 □ equípment [名] 設備；準備 ▶ 不可算名詞なので an equipment, equipments としない。
bind [baɪnd] □□ 1120	を(～で)**縛る**(with)(≒ tie)；を結び付ける ▶ 活用：bind - bound [baʊnd] - bound □ bínder [báɪndər] [名] (紙などの)バインダー □ bound [baʊnd] [形] 縛られた ▶ be bound to *do* …する義務がある；きっと…する
pose [poʊz] □□ 1121	**(問題など)を(～に)投げかける**(to)；ポーズ[姿勢]をとる [名] ポーズ，姿勢；見せかけ
pause [発] [pɔːz] □□ 1122	**(一時的に)休止する，合い間を置く** ▶ pose [poʊz] と，つづり・発音を区別。 [名] 休止；息つぎ
hesitate [hézɪtèɪt] □□ 1123	(…することを)**ためらう，躊躇(ちゅうちょ)する**(to *do*) □ hesitátion [hèzɪtéɪʃən] [名] ためらい
split [splɪt] □□ 1124	を**分割する**；を**分裂させる**；縦に割れる ▶ 活用：split - split - split ▶ Let's split the bill. 割り勘にしよう。
bend [bend] □□ 1125	を**曲げる**；曲がる；を(～に)従わせる(to) ▶ 活用：bend - bent [bent] - bent [名] 曲がり

She **dedicated** her life to helping the poor.	彼女は<u>人生を貧しい人々を助けることにささげた</u>。
Stories are **transmitted** from person to person.	物語は<u>人から人へ伝えられる</u>。
They are **equipped** with social skills.	彼らは<u>社交術を身に付けている</u>。
I **bound** the pile of newspapers with string.	私は新聞の山をひもで<u>縛った</u>。
That chemical **posed** a threat to human beings.	その化学物質は脅威を人間に<u>与えた</u>。
She **paused** for a moment to think about the answer.	彼女は答えを考えるために少し<u>間を置いた</u>。
I **hesitate** to help strangers.	私は見知らぬ人を助けるのを<u>ためらう</u>。
We **split** the cost.	私たちは費用を<u>折半した</u>。
The party was **split** into two groups.	その党は2派に<u>分裂した</u>。
I feel pain when I **bend** my knees.	私は<ruby>膝<rt>ひざ</rt></ruby>を<u>曲げる</u>ときに痛みを感じる。

tap [tæp] ☐☐ 1126	を軽くたたく，タップする；(資源など)を活用する 　图 主に英 蛇口(米 fáucet)，栓；軽くたたくこと 　▶ tap water「水道水」
boil [bɔɪl] ☐☐ 1127	を沸かす；をゆでる；沸騰する 　▶ a boiled egg ゆで卵
bow 発 [baʊ] ☐☐ 1128	おじぎをする 　▶ bow [boʊ]「弓」との発音の違いに注意。 　图 おじぎ
conceal [kənsíːl] ☐☐ 1129	を隠す(≒ hide)；を(~に)秘密にする(from)
dispose [dɪspóʊz] ☐☐ 1130	〔dispose of で〕を処分する 　☐ dispósal 图 処分 　☐ disposítion [dìspəzíʃən] 图 (a ~)気質；処理
cheat [tʃiːt] ☐☐ 1131	をだます；カンニングをする 　⑩ cheat ~ into doing 　「~(人)をだまして…させる」 　图 カンニング；詐欺；詐欺師
distract [dɪstrǽkt] ☐☐ 1132	(注意など)を(~から)そらす(from)(⇔ attráct 　→ 313)
exclude [ɪksklúːd] ☐☐ 1133	を(~から)締め出す(from)；を(~から)除外する(from)(⇔ inclúde → 117) 　☐ exclúsion [ɪksklúːʒən] 图 除外 　☐ exclúsive 形 排他的な；高級な 　☐ exclúsively 副 独占的に；もっぱら

He **tapped** the screen to start the app.	彼はアプリを立ち上げるために画面を<u>タップ</u>した。
She **boiled** water to make tea.	彼女はお茶をいれるために<u>お湯を沸かし</u>た。
They **bowed** to one another.	彼らは<u>お互いに</u><u>おじぎした</u>。
He tried to **conceal** his anger.	彼は怒りを<u>隠そう</u>とした。
She **disposed** of her old clothes.	彼女は<u>古い服</u>を<u>処分した</u>。
They **cheated** the children into working for free.	彼らは<u>子供をだまして</u>ただで働かせた。
He was caught **cheating** on the exam.	彼は試験で<u>カンニングしているところ</u>を見つかった。
The beautiful view can **distract** drivers' attention.	その美しい眺めは運転手の<u>注意をそらして</u>しまうことがある。
They tried to **exclude** foreigners from the market.	彼らは外国人を市場から<u>締め出そう</u>とした。
He **excluded** inappropriate data from the report.	彼は不適切なデータを報告書から<u>除外した</u>。

295

astonish [əstá(:)nɪʃ] □□ 1134	を(ひどく)驚かせる ▶ surprise よりも強く驚かせることを表す。 □ astónished [形] (～に；…して)驚いた(at / by / with；to *do*) □ astónishment [名] 驚き □ astónishing [形] 驚くべき
thrill [θrɪl] □□ 1135	を(興奮・快感などで)わくわく[ぞくぞく]させる；(～で)わくわくする(at) [名] わくわくする感じ，スリル □ thrílled [形] (～に；…して)わくわくした(with / at / by；to *do*) □ thrílling [形] (人を)わくわくさせる
leap [li:p] □□ 1136	跳ぶ(≒ jump) ▶ 活用：leap - leaped, [主に英] leapt [lept] - leaped, [主に英] leapt [名] 跳躍
postpone [発] [ア] [poustpóʊn] □□ 1137	を延期する(≒ put off)
dismiss [dɪsmís] □□ 1138	を解雇する(≒ fíre)；(集会など)を解散させる；(意見など)を退ける ▶ Class dismissed! これで授業を終わります。 □ dismíssal [名] 解雇；解散
resign [発] [rɪzáɪn] □□ 1139	(を)辞める □ resignátion [rèzɪgnéɪʃən] [名] 辞職；あきらめ
withdraw [ア] [wɪðdrɔ́:] □□ 1140	(～から)退く(from)；(預金)を下ろす；(支持など)を取りやめる；を撤回する ▶ 活用：withdraw - withdrew - withdrawn □ withdráwal [wɪðdrɔ́:əl] [名] 身を引くこと；払い戻し(額)

His failure astonished everyone.	彼の失敗は皆を驚かせた。
The motor race thrilled the spectators.	自動車レースは観客をわくわくさせた。
She leaped for joy.	彼女はうれしくて跳びはねた。
They've decided to postpone the meeting until next Wednesday.	彼らは次の水曜日まで会議を延期することに決めた。
The manager dismissed him from his job.	支配人は彼を解雇した。
The participants were dismissed at 4:00 p.m.	参加者たちは午後4時に解散した。
The foreign minister resigned last Monday.	この前の月曜日，外務大臣が辞任した。
They withdrew from the Chinese market.	彼らは中国市場から撤退した。
I withdrew $100 from my bank account.	私は銀行口座から100ドルを下ろした。

fade [feɪd] ☐☐ 1141	**(徐々に)消えていく**；(色が)あせる ▶ fade away「(徐々に)消えていく」 名 (色などが)あせること
vanish ⑦ [vǽnɪʃ] ☐☐ 1142	**消え失せる**；(急に)見えなくなる(≒ disappéar → 336)

名詞編

continent [kά(:)ntənənt] ☐☐ 1143	**大陸** ▶ 關 the Continent はイギリスから見た「ヨーロッパ大陸」。 ☐ continéntal 形 大陸の
geography ⑦ [dʒiά(:)grəfi] ☐☐ 1144	**地理**；地理学 ☐ geográphic(al) [dʒì(:)əgrǽfɪk(əl)] 形 地理学の； 地理的な
ecology [ɪ(:)kάlədʒi] ☐☐ 1145	**生態系**；生態学；環境保護 ☐ ecológical [ì:kəlά(:)dʒɪkəl] 形 生態(学)の；環境(保護)の ☐ ecólogist 名 生態学者；環境保護論者
inhabitant [ɪnhǽbətənt] ☐☐ 1146	**住民**；生息動物 ☐ inhábit 動 に住んでいる ☐ hábitat 名 (動植物の)生息環境；(人の)居住地
suburb 愛 ⑦ [sʌ́bə:rb] ☐☐ 1147	**郊外** ☐ subúrban 形 郊外の
furniture 愛 [fə́:rnɪtʃər] ☐☐ 1148	**家具** ▶ 不可算名詞なので「1つの家具」は a furniture ではなく， a piece of furniture と言う。 ☐ fúrnish [fə́:rnɪʃ] 動 に家具類を備え付ける
refrigerator ⑦ [rɪfrídʒərèɪtər] ☐☐ 1149	**冷蔵庫** ▶ 口語では fridge [frɪdʒ] とも言う。

Her smile faded when she heard the news.	その知らせを聞くと，彼女のほほえみが消えていった。
Many species have vanished from the island.	多くの生物種がその島から消えた。
English is widely used on the European continent.	英語はヨーロッパ大陸で広く使われている。
Geography and history are closely related.	地理と歴史は密接に関連している。
The ecology of the area was affected by the highway construction.	その地域の生態系は幹線道路の建設に影響を受けた。
More than half the world's inhabitants live in cities.	世界の住民の半分以上が都市に住んでいる。
I live in a suburb of Tokyo.	私は東京の郊外に住んでいる。
I bought some pieces of furniture for my new apartment.	私は新しいアパートのためにいくつかの家具を買った。
I put the dessert in the refrigerator.	私はデザートを冷蔵庫に入れた。

garbage 発 [gáːrbɪdʒ] ☐☐ 1150	主に米 (生)ごみ(英 rúbbish) ▶ 米 では「生ごみ」には garbage,「紙くず・容器類」には trash を使うことが多い。
trash [træʃ] ☐☐ 1151	主に米 ごみ(英 rúbbish)
litter [lítər] ☐☐ 1152	(公共の場での散らかった)ごみ 動 を(人が)散らかす;に(ごみが)散らかる ▶ No Litter(ing) ごみ捨て禁止(掲示)
trace [treɪs] ☐☐ 1153	名残;(通った)跡;わずかな量 ▶ a trace of ～ わずかな～ 動 を追跡する;を(～まで)たどる(to);をたどる ▶ trace A back to B A の出所を B までたどる
row [rou] ☐☐ 1154	(横の)列 ▶ in a row「1列に並んで;続けて」 ▶ 普通,縦の列は line または cólumn [ká(ː)ləm]。 ▶ row「船をこぐ」も同じ発音。
core [kɔːr] ☐☐ 1155	〔普通the ～〕核心,中心(部);(果物の)芯 ▶ at the core of ～「～の核心に」
orbit ⑦ [ɔ́ːrbət] ☐☐ 1156	軌道 動 の周りを回る
galaxy [gǽləksi] ☐☐ 1157	銀河;(the G～)銀河系;(a ～)華やかな集まり
myth [mɪθ] ☐☐ 1158	神話;(根拠のない)通説 ☐ mythólogy [mɪθá(ː)lədʒi] 名 〔集合的に〕神話

I took out the garbage when I went out.	私は家を出るとき，ごみを出した。
You can reduce trash by recycling.	リサイクルによってごみを減らすことができる。
Volunteers cleaned up the roadside litter.	ボランティアが道端の散らかったごみを片付けた。
She has no trace of a Kansai accent.	彼女には関西弁の名残がない。
There were traces of a fox in the snow.	雪にキツネの足跡がついていた。
I sat in the front row of the theater.	私は劇場の最前列に座った。
The core of the earth is believed to be mostly iron.	地球の核は大部分は鉄であると信じられている。
The artificial satellite went into orbit.	その人工衛星は軌道に乗った。
I observe distant galaxies through a telescope.	私は望遠鏡ではるかかなたの銀河を観察する。
The novel is based on a Greek myth.	その小説はギリシャ神話を基にしている。
Contrary to popular myth, women are not worse drivers than men.	通説に反して，女性は男性より劣った運転手ではない。

faith [feɪθ] □□ 1159	(～に対する)**信頼**(in)；信仰(心) □ fáithful [形] 忠実な；信頼できる □ fáithfully [副] 誠実[忠実]に
wisdom [wízdəm] □□ 1160	**知恵**；賢いこと ▶ 経験に基づく，バランスの取れた判断力を持つ賢明さ。 ▶ (the) conventional wisdom「社会通念」 □ wise [形] 賢い
obligation [à(:)blɪgéɪʃən] □□ 1161	(～に対する；…する)**義務**(to；to *do*) □ oblíge [əbláɪdʒ] [動] に義務づける ▶ be obliged to *do* やむを得ず…する
privilege [発] [アク] [prívəlɪdʒ] □□ 1162	**特典，特権**；(特別な)栄誉 □ prívileged [形] 特権的な；特典のある ▶ the privileged classes 特権階級
discrimination [dɪskrìmɪnéɪʃən] □□ 1163	(～に対する)**差別**(against)；識別(力) ▶ racial discrimination 人種差別 □ discríminate [動] (～を)差別する(against)；(を)識別する
ambition [æmbíʃən] □□ 1164	(～への；…したいという)**願望，野望**(for；to *do*)；野心 □ ambítious [形] 野心的な
illusion [ɪlú:ʒən] □□ 1165	**錯覚**；幻想
instinct [アク] [ínstɪŋkt] □□ 1166	(～への；…する)**本能**(for；to *do*) □ instínctive [形] 本能的な
shame [ʃeɪm] □□ 1167	〔a ～〕**残念なこと**；恥，不名誉 [TG] **It is a shame that ...**「…とは残念なことだ」 ▶ What a shame! 「なんて残念な[気の毒な]ことだ！」 □ shámeful [形] 恥ずべき

We shouldn't put too much **faith** in experts.	我々は専門家に過度の<u>信頼を置く</u>べきでない。
The political leader is lacking in **wisdom** and insight.	その政治指導者は<u>知恵</u>と洞察力が欠落している。
Parents have an **obligation** to educate their children.	親は自分の子供を教育する<u>義務</u>を負う。
Members can enjoy all these **privileges**.	会員はすべてのこれらの<u>特典</u>を享受することができる。
There is still **discrimination** against ethnic minorities.	少数民族に対する<u>差別</u>がいまだに存在する。
He has an **ambition** to become a great scientist.	彼には偉大な科学者になりたいという<u>野望</u>がある。
She has the **illusion** that she is sick.	彼女は自分が病気であると<u>錯覚</u>している。
Beavers build dams by **instinct**.	ビーバーは<u>本能</u>でダムを作る。
It's a **shame** that you can't come to the party.	あなたがパーティーに来られないのは<u>残念なこと</u>だ。

humor [hjúːmər] □□ 1168	**ユーモア** □ **húmorous** [形] ユーモアのある；滑稽(こっけい)な
courage [発] [ア] [kɔ́ːrɪdʒ] □□ 1169	**勇気**(≒ brávery) [TG] **have the courage to *do*** 「…する勇気がある，勇気を出して…する」 □ **courágeous** [kəréɪdʒəs] [形] 勇気のある(≒ brave)
sympathy [símpəθi] □□ 1170	(～への)**同情**(for / with)；共感 □ **sýmpathize** [símpəθàɪz] [動] (～に)同情する(with)；共感する □ **sympathétic** [sìmpəθétɪk] [形] (～に)同情的な(to)
tragedy [trǽdʒədi] □□ 1171	**悲惨な出来事**；悲劇(⇔ cómedy 喜劇) □ **trágic** [形] 悲劇的な
fate [feɪt] □□ 1172	**運命**(≒ déstiny) □ **fátal** [féɪtəl] [形] (～にとって)致命的な(to) □ **fáteful** [形] 宿命的な
destiny [déstəni] □□ 1173	**運命**(≒ fate) □ **déstined** [déstɪnd] [形] 運命づけられた □ **destinátion** [名] 目的地
abuse [発] [əbjúːs] □□ 1174	**乱用**；虐待 ▶ **child abuse**「児童虐待」 [動] [əbjúːz] を乱用する；を虐待する
wound [発] [wuːnd] □□ 1175	**傷**(≒ ínjury)；(精神的な)痛手 ▶ 刃物や銃弾などによる傷。 [動] を傷つける；(感情など)を害する ▶ wind [waɪnd]「曲がりくねる」の過去形・過去分詞形の wound [waʊnd] と発音を区別。
fever [発] [fíːvər] □□ 1176	**熱，発熱**；(～に対する)**熱狂**(for) [動] を熱狂させる；発熱する □ **féverish** [形] 熱っぽい；熱烈な

She has a very good sense of humor.	彼女にはとてもよいユーモアのセンスがある。
She had the courage to ask his name.	彼女は勇気を出して彼の名前を尋ねた。
Nobody has any sympathy for the poor girl.	誰もそのかわいそうな少女に同情しない。
A terrible tragedy happened in the middle of the city.	その都市の中心で恐ろしい悲惨な出来事が起こった。
It was his fate to die young.	若くして死ぬことが彼の運命だった。
Your dream can determine your destiny.	夢が運命を決めることもある。
We have to provide education on drug abuse.	我々は薬物乱用に関する教育を行わなければならない。
The doctor treated his wound.	医者が彼の傷を手当てした。
I had a slight fever this morning.	私は今朝微熱があった。
The baseball fans were in a fever of excitement.	野球ファンは興奮で熱狂していた。

infection [ɪnfékʃən] □□ 1177	**伝染病**；伝染，感染 □ inféct [動] に伝染[感染]させる □ inféctious [形] 伝染性の

形容詞編

brave [breɪv] □□ 1178	**勇敢な**(≒ courágeous) [TG] **It is brave of ~ to *do*** 「…するとは～(人)は勇気がある」 ▶ ~ is brave to *do* とも言う。 □ brávery [名] 勇敢さ □ brávely [副] 勇敢にも
brilliant [bríljənt] □□ 1179	**すばらしい**；光り輝く；(～の)才能にあふれた (at) □ brílliance [名] すばらしさ；輝き
gentle [dʒéntl] □□ 1180	(～に)**優しい**(with)；穏やかな □ géntly [副] 優しく
noble [nóubl] □□ 1181	**高貴な**；気高い □ nobílity [名] 気高さ；〔the ～〕貴族(階級)
royal [rɔ́ɪəl] □□ 1182	**王室の** ▶ a royal road 王道；楽な方法 □ róyalty [名] 王室の一員；王族
sacred [発] [séɪkrɪd] □□ 1183	(～にとって)**神聖な**(to)(≒ hóly)
holy [hóuli] □□ 1184	**神聖な**(≒ sácred)；信心深い □ hóliday [名] 休日 ▶ holy day「神聖な日；祝日」から来ている。
decent [発] [ア] [dí:sənt] □□ 1185	**きちんとした**；かなりの；上品な □ décently [副] きちんと；かなり □ décency [名] 礼儀正しさ，品位

He's got a bad **infection**.	彼は悪性の<u>伝染病</u>にかかった。
It was **brave** of her to be honest with her boss.	<u>上司に包み隠さず言うとは彼女は勇気があった。</u>
She came up with a **brilliant** idea.	彼女は<u>すばらしい</u>考えを思いついた。
She is **gentle** with children.	彼女は<u>子供に優しい</u>。
The poor girl was actually **of noble birth**.	その貧しい少女は実は<u>高貴な生まれ</u>だった。
The **royal** wedding was broadcast on TV.	<u>王室の</u>結婚式はテレビで放送された。
That hill is **sacred** to that tribe.	あの丘はその部族にとって<u>神聖</u>だ。
This area is regarded as a **holy** place by the locals.	この地域は地元の人たちに<u>神聖な</u>場所と見なされている。
You should wear a more **decent** suit.	あなたはもっと<u>きちんとした</u>服装をすべきだ。

307

grateful [gréɪtfəl] □□ 1186	(人に；〜のことを)**感謝している**(to；for) □ grátitude [grǽtətjùːd] 名 感謝
fond [fɑ(ː)nd] □□ 1187	(〜を)**好む**(of)
selfish [sélfɪʃ] □□ 1188	**自分勝手な** □ self 名 自己；私利 □ sélfishness 名 わがまま
awkward 発 [ɔ́ːkwərd] □□ 1189	(立場などが)**厄介な；ぎこちない**；気ま ずい
awful 発 [ɔ́ːfəl] □□ 1190	**ひどい**(≒ térrible)；**恐ろしい** □ awe [ɔː] 名 畏敬 □ áwfully 副 とても；ひどく悪く
ultimate 発 ⑦ [ʌ́ltɪmət] □□ 1191	**最終的な**(≒ fínal)，**究極の** □ últimately 副 結局(のところ)
dynamic ⑦ [daɪnǽmɪk] □□ 1192	(人が)**活動的な，精力的な**；(物が)活発 な；動的な(⇔ státic → 1398) □ dynámics 名 力学
tremendous [trəméndəs] □□ 1193	(数量・程度などが)**とてつもない** □ treméndously 副 とてつもなく
abundant [əbʌ́ndənt] □□ 1194	**豊富な**(≒ rich)；(〜に)**富む**(in) □ abúndance 名 豊富

We are **grateful** to you for your quick response.	私たちはあなたの迅速な返答に感謝します。
She is quite **fond** of sports.	彼女はスポーツが大好きだ。
He behaved in a **selfish** way.	彼は自分勝手な振舞いをした。
She asked me an **awkward** question.	彼女は私に厄介な質問をした。
John is **awkward** with chopsticks.	ジョンは箸の使い方がぎこちない。
His handwriting is so **awful** that I can't read it.	彼の手書き文字はとてもひどいので私は読めない。
Our **ultimate** goal is to achieve world peace.	私たちの最終的な目標は世界平和を成し遂げることだ。
She is a **dynamic** personality in the field of economics.	彼女は経済学の分野で精力的な人物だ。
He has a **tremendous** influence on young people.	彼は若者にとてつもない影響力がある。
There is an **abundant** supply of labor in the country.	その国では労働力の豊富な供給がある。

dull [dʌl] ☐☐ 1195	退屈な(≒ bóring)；鈍い(⇔ sharp 鋭い) 　動 を鈍らせる
urgent 発 [ə́ːrdʒnt] ☐☐ 1196	緊急の 　☐ úrgency 名 緊急
spare [speər] ☐☐ 1197	余分の；予備の 　▶ spare time「あいた時間」 　動 (人)に(時間など)を割く；(主に否定文で)を使い 　　惜しみする 　▶ Can you spare me a minute? 　　「少しお時間をいただけますか。」
tight [taɪt] ☐☐ 1198	(服・靴などが)きつい(⇔ loose → 1296)； しっかりした；(予定が)詰まった；(金が)不足 した 　▶ a tight schedule 過密スケジュール 　▶ a tight budget 限られた予算 　副 しっかりと，きつく 　▶ hold tight「しっかりつかむ[つかまる]」 　☐ tíghten 動 を固く締める 　☐ tíghtly 副 きつく
shallow [ʃǽloʊ] ☐☐ 1199	浅い(⇔ deep 深い)；浅はかな
superficial ⑦ [suːpərfíʃəl] ☐☐ 1200	浅はかな，表面的な

It is **dull** to sit still for hours.	何時間もじっと座っているのは<u>退屈</u>だ。
He is in **urgent** need of surgery.	彼は手術が<u>緊急に必要</u>だ。
I have a **spare** ticket for the concert.	私はそのコンサートの<u>余分の</u>チケットを1枚持っている。
These shoes are too **tight**.	この靴は<u>きつ</u>すぎる。
The pool is too **shallow** for diving.	そのプールは飛び込むには<u>浅</u>すぎる。
I have only **superficial** knowledge of physics.	私は物理学については<u>浅い</u>知識しかない。

動詞編

whisper [hwíspər] ☐☐ 1201	(を)(〜に)**ささやく**(to) ▶ whisper in [into] *one's* ear 耳元でささやく 图 ささやき ▶ talk in whispers [a whisper] ひそひそ声で話す
yell 発 [jel] ☐☐ 1202	(を)**叫ぶ** 🆁 yell at 〜「〜に向けて叫ぶ」 图 叫び
scream [skri:m] ☐☐ 1203	**叫び声を上げる** 图 叫び声，悲鳴
nod [nɑ(:)d] ☐☐ 1204	(〜に)**うなずく**(to)；うとうとする 图 うなずき；居眠り
swallow [swá(:)loʊ] ☐☐ 1205	**を飲み込む** 图 飲み込むこと；ツバメ
yawn 発 [jɔːn] ☐☐ 1206	**あくびをする** 图 あくび ▶ with a yawn あくびをしながら
cough 発 [kɔːf] ☐☐ 1207	**せきをする** 图 せき
hug [hʌg] ☐☐ 1208	**を抱き締める**(≒ embráce) 图 抱擁

▶動詞編　p.312　　▶形容詞編　p.330
▶名詞編　p.322

She **whispered** something to her husband.	彼女は何かを彼女の夫に<u>ささやいた</u>。
The man **yelled** at a boy across the street.	その男性は通りの反対側にいる<u>少年に向かって叫んだ</u>。
People **screamed** in terror when they heard the gunshots.	人々は銃声を聞いて恐怖で<u>叫び声を上げた</u>。
She **nodded** in agreement with his words.	彼女は彼の言葉に同意し<u>てうなずいた</u>。
Don't **swallow** too much food at one time.	1度にあまり多くの食べ物を<u>飲み込ん</u>ではいけない。
She stretched and **yawned** widely.	彼女は伸びをして<u>大きくあくびをした</u>。
Doctor, I'm **coughing** and running a fever.	先生，<u>せきが出ていて</u>熱もあります。
She **hugged** her son tightly.	彼女は息子をきつく<u>抱き締めた</u>。

sweep [swiːp] ☐☐ 1209	**を掃く，掃除する；を押し流す；を一掃する** ▶ 活用：sweep - swept [swept] - swept 名 掃くこと；一掃
polish ⑦ [pá(ː)lɪʃ] ☐☐ 1210	**を磨く** 名 磨きをかけること；洗練；つや出し
decorate ⑦ ⑦ [dékərèɪt] ☐☐ 1211	**を装飾する** 🔟 decorate A with B「AをBで飾る」 ☐ decorátion 名 装飾 ☐ décorative 形 装飾的な
shed [ʃed] ☐☐ 1212	**(涙・血など)を流す；(光など)を当てる** ▶ shed light on ~「~に(解明の)光を当てる」 ▶ 活用：shed - shed - shed
drag [dræg] ☐☐ 1213	**を引きずる；を無理やり連れて行く** ▶ drag oneself ~「苦労して~の方へと進む」
spoil [spɔɪl] ☐☐ 1214	**を台無しにする(≒ rúin)；を甘やかしてだめにする** ▶ a spoiled child「甘やかされた子供」
burst [bəːrst] ☐☐ 1215	**破裂する；(~を)急に始める(into)** ▶ burst into laughter [tears]「急に笑い[泣き]出す」(≒ burst out laughing [crying]) ▶ 活用：burst - burst - burst 名 爆発；突然の増加
explode [ɪksplóʊd] ☐☐ 1216	**爆発する** ☐ explósion 名 爆発；急激な増加 ▶ a population explosion 人口の爆発的増加 ☐ explósive 形 爆発(性)の　名 爆薬

They sweep the floor after class.	彼らは授業後に床を掃除する。
The flood swept away the bridge.	洪水が橋を押し流した。
The cleaning robot polishes the floor.	その掃除ロボットが床を磨く。
The students decorated the classroom with their paintings.	生徒たちは教室を自分たちの絵で飾った。
A lot of blood was shed in the battle.	その戦いで多くの血が流された。
I dragged the desk into my room.	私は机を部屋に引きずって入れた。
The mother dragged her child to the hospital.	母親は自分の子供を病院に無理やり連れて行った。
The stormy weather spoiled our holiday.	荒れた天気が私たちの休暇を台無しにした。
The balloon burst with a loud bang.	大きな音を立てて風船が破裂した。
The volcano exploded violently.	火山が激しく爆発した。

compromise 🇬🇧 🔊 [ká(:)mprəmàɪz] ☐☐ 1217	(〜と；〜について)**妥協する**(with；on) 　☐ 妥協
exaggerate 🇬🇧 🔊 [ɪgzǽdʒərèɪt] ☐☐ 1218	を**誇張する** 　☐ exaggerátion ☐ 誇張
exploit [ɪksplɔ́ɪt] ☐☐ 1219	を**搾取する**；(資源など)を**開発する** 　☐ exploitátion ☐ 搾取；(資源などの)開発
utilize [júːtəlàɪz] ☐☐ 1220	を**利用する**(≒ use) 　☐ utílity ☐ 〔〜ties〕(電気・ガスなどの)公共の設備 　☐ utilizátion ☐ 利用
irritate [írɪtèɪt] ☐☐ 1221	を**いらいらさせる**(≒ annóy → 705) 　☐ írritated ☐ (〜に)いらいらした(with / by / at) 　☐ irritátion ☐ いらだち 　☐ írritating ☐ いらいらさせる
insult 🇬🇧 🔊 [ɪnsʌ́lt] ☐☐ 1222	を**侮辱する** 　☐ [ínsʌlt] 侮辱
deceive [dɪsíːv] ☐☐ 1223	を**だます** 　🔟 deceive 〜 into doing 　「〜(人)をだまして…させる」 　☐ decéit [dɪsíːt] ☐ だますこと；策略 　☐ decéption ☐ 欺くこと；ごまかし 　☐ decéptive ☐ 人を惑わすような
violate [váɪəlèɪt] ☐☐ 1224	(法など)に**違反する**；(権利など)を**侵害する** 　▶ violate 〜's privacy (人)のプライバシーを侵害する 　☐ violátion ☐ 違反；侵害

The employer **compromised** with the workers to avoid a strike.	経営者はストライキを回避するため従業員と妥協した。
The media tends to **exaggerate** negative events.	メディアは好ましくない出来事を誇張する傾向がある。
The company was criticized for **exploiting** its workers.	その会社は従業員を搾取していることで非難された。
The government is seeking to **exploit** geothermal energy.	政府は地熱発電を開発しようとしている。
More and more companies are **utilizing** AI.	ますます多くの会社がAIを利用している。
His way of talking **irritated** me.	彼の話し方に私はいらいらした。
He publicly **insulted** me.	彼は公然と私を侮辱した。
They **deceived** people into investing.	彼らは人々をだまして投資させた。
He was arrested for **violating** the election laws.	彼は選挙法に違反したことで逮捕された。

317

disgust
[dɪsɡʌ́st]
□□ 1225

に**嫌悪感を持たせる**
[名] (～への)嫌悪(at / for / with)
□ disgústing [形] 実に嫌な
□ disgústed [形] (～に)うんざりした(at / by / with)

endure
[ɪndjúər]
□□ 1226

を**我慢する**, に**耐える**(≒ bear, stand)
□ endúrance [名] 忍耐(力)(≒ pátience [péɪʃəns])
□ endúrable [形] 耐えられる

tolerate
[tá(:)lərèɪt]
□□ 1227

に**耐える**；を大目に見る
□ tólerant [形] 寛大な(⇔ intólerant 狭量な)
□ tólerance [名] 忍耐(力)；寛容(⇔ intólerance 狭量)

suspend
[アク] [səspénd]
□□ 1228

を**一時的に中止する**；をつるす
□ suspénsion [名] 一時的中止；保留
□ suspénse [名] 不安な状態；未解決の状態

cease
[発] [si:s]
□□ 1229

(…すること)を**やめる**(*doing*)；(…し)なくなる(to *do*)；**終わる**
▶ cease fire 停戦する
□ céaseless [形] 絶え間ない
□ cessátion [名] 休止，停止

appoint
[əpɔ́ɪnt]
□□ 1230

(人)を任命する；(日時・場所など)を指定する
□ appóintment [名] 任命；(人と会う)約束；(病院などの)予約

undertake
[アク] [ʌ̀ndərtéɪk]
□□ 1231

を**引き受ける**；(事業など)に着手する
▶ 活用：undertake - undertook - undertaken

overtake
[òuvərtéɪk]
□□ 1232

[米] に**追いつく**(≒ catch up with)；[英] を**追い抜く**；〔しばしば受身形で〕(災難などが)を襲う
▶ 活用：overtake - overtook - overtaken

This bad smell **disgusts** me.	このひどいにおいに私は嫌悪感を抱く。
I can't **endure** the knee pain.	私は膝の痛みを我慢することができない。
I can't **tolerate** working under dangerous conditions.	私は危険な状況で働くことに耐えられない。
We have to **suspend** the project for a while.	私たちはしばらくの間プロジェクトを中止しなければならない。
The company has **ceased** the production of compact cars.	その会社は小型車の生産をやめてしまった。
Let's stay inside until the rain **ceases**.	雨がやむまで屋内にいよう。
She **appointed** him as manager.	彼女は彼を支配人に任命した。
I have decided to **undertake** the business.	私はその仕事を引き受けることに決めた。
She **overtook** the leader just before the finish line.	彼女はゴール直前で先頭走者に追いついた。
He **overtook** one car after another.	彼は次から次へと車を追い抜いた。

proceed [ア] [prəsíːd] □□ 1233	(～へ)**移る**(to)；(～を)続行する(with)；続けて(…する)(to *do*) □ **procédure** [prəsíːdʒər] [名] 手順；手続き □ **prócess** [prá(ː)ses] [名] 過程；製法　[動] (食品など)を加工処理する
commute [kəmjúːt] □□ 1234	(～へ)**通勤[通学]する**(to) □ **commúter** [名] 通勤[通学]者 □ **commutátion** [kà(ː)mjutéɪʃən] [名] [米] (定期券による)通勤
flourish [発] [flə́ːrɪʃ] □□ 1235	**繁盛する**；繁殖する
thrive [θraɪv] □□ 1236	**(事業などが)栄える，繁栄する**(≒ flóurish)；(人・動植物などが)成長する ▶ 活用：thrive - thrived, throve - thrived, thriven
venture [véntʃər] □□ 1237	**思い切って**(～に)**着手する**(into / on)；を(～に)賭(か)ける(on) [名] ベンチャー事業；冒険
accustom [əkʌ́stəm] □□ 1238	を(～に)**慣れさせる**(to) [TG] **be accustomed to ～**「～に慣れている」 ▶ get accustomed to ～ ～に慣れる □ **accústomed** [形] 習慣的な
rear [発] [rɪər] □□ 1239	を**育てる**(≒ raise, bring úp)；を飼育する [名] 〔the ～〕後部(≒ back) ▶ a rearview mirror (車の)バックミラー
inherit [ɪnhérət] □□ 1240	を(～から)**相続する**(from)；を(～から)(遺伝的に)受け継ぐ(from) □ **inhéritance** [名] 相続(財産)；遺伝 □ **heir** [eər] [名] 相続人 □ **héritage** [hérətɪdʒ] [名] 遺産

Let's **proceed** to the next topic.	次の話題に移ろう。
I **commute** to the office by subway.	私は地下鉄で会社へ通勤する。
Multinational corporations are **flourishing**.	多国籍企業が繁盛している。
New businesses **thrive** in that country.	その国では新しい事業が栄えている。
She **ventured** into agriculture.	彼女は思い切って農業に乗り出した。
I am **accustomed** to living in a big city.	私は大都市で暮らすことに慣れている。
I have **reared** three children.	私は3人の子供を育てた。
He **inherited** a large fortune from his father.	彼は父親から莫大な財産を相続した。

blossom [blá(:)səm] ☐☐ 1241	開花する；(〜へと)成長する(into) 　图 花；開花 　▶ cherry blossoms「桜の花」
esteem ⑦ [ɪstíːm] ☐☐ 1242	を尊敬する(≒ respéct) 　▶ 進行形にはしない。 　图 (〜への)尊敬(for) 　☐ self-estéem 图 自尊心

名詞編

merchant [mə́ːrtʃənt] ☐☐ 1243	商人 　☐ mérchandise 图 (集合的に)商品　動 を売買する
fare [feər] ☐☐ 1244	運賃 　▶ a bus [train / taxi / air] fare 　「バス[電車／タクシー／航空]運賃」 　▶ fair「公平な」と同音。
voyage ⑦ [vɔ́ɪɪdʒ] ☐☐ 1245	航海；宇宙旅行
crew [kruː] ☐☐ 1246	(集合的に)乗組員(全員)，乗務員(全員)
luggage ⑦ [lʌ́ɡɪdʒ] ☐☐ 1247	(集合的に) 主に英 (旅行の)手荷物 (主に米 bággage)
horizon ⑦ [həráɪzən] ☐☐ 1248	(the 〜)水平線，地平線 　☐ horizóntal [hɔ̀ːrəzá(:)ntəl] 形 水[地]平線の；水平な 　(⇔ vértical 垂直の)
lightning [láɪtnɪŋ] ☐☐ 1249	稲光，稲妻 　▶ lightening [láɪtənɪŋ]「明るくすること；軽くすること」と， 　つづり・発音を区別。

Cherry trees **blossom** in spring.	春に桜の木は開花する。
His small business **blossomed** into a global corporation.	彼の小さな会社は世界的企業へと成長した。
She **is** highly **esteemed** in the world of education.	彼女は教育の世界で大いに尊敬されている。

We bought the parts from a **merchant**.	私たちは部品をある商人から買った。
How much is the **fare**?	運賃はいくらですか。
He went on a **voyage** to Hawaii.	彼はハワイに向けて航海に出た。
The ship sank with her **crew**.	船はその乗組員とともに沈没した。
I only have a piece of **luggage**.	私は手荷物は1つしか持っていません。
A thick cloud appeared **on the horizon**.	厚い雲が水平線上に現れた。
There was a flash of **lightning** before the thunder.	雷鳴の前に稲妻の光があった。

dawn

🔊 [dɔ:n]

☐☐ 1250

夜明け；(the ～)始まり

🟩 夜が明ける；始まる；わかり始める

▶ it dawns on ～ that ...
「…ということが～(人)にわかり始める」

astronomy

[əstrá(:)nəmi]

☐☐ 1251

天文学

☐ astrónomer 🟩 天文学者

☐ ástronaut [ǽstrənɔ̀:t] 🟩 宇宙飛行士

☐ astronómical [æ̀strəná(:)mɪkəl] 🟩 天文学(上)の；
(数量などが)天文学的な，膨大な

statistics

🟨 [stətístɪks]

☐☐ 1252

統計(の数字，データ)；統計学

▶「統計」は複数扱い，「統計学」は不可算名詞扱い。

☐ statístical 🟩 統計(上)の

dimension

[dəménʃən]

☐☐ 1253

局面，面(≒ áspect)；(長さ・幅・厚さの)
寸法；次元

☐ diménsional 🟩 ～次元の

▶ a three-dimensional [3D] film 立体[3D]映画

faculty

🟨 [fǽkəlti]

☐☐ 1254

(～の)才能(of / for)；(身体の・精神の)機能
(of)；学部

▶ the faculty of hearing 聴力

▶ the Faculty of Law 法学部

scheme

🔊 [ski:m]

☐☐ 1255

計画(≒ plan)；陰謀

🟩 (を)たくらむ

viewpoint

🟨 [vjú:pɔ̀ɪnt]

☐☐ 1256

見地

🆃🅶 from the viewpoint of ～「～の見地から」

☐ view 🟩 意見；見方；眺め　🟩 を眺める；を考察する

output

🟨 [áʊtpʊ̀t]

☐☐ 1257

生産(高)；出力(⇔ ínput 入力)

🟩 を生産する；を出力する

The animal is most active at dawn.	その動物は明け方に最も活動的だ。
Since the dawn of civilization, wars have been fought.	文明の始まりから，ずっと戦争が行われてきた。
The new telescope completely changed astronomy.	その新しい望遠鏡は天文学をすっかり変えてしまった。
The statistics show that GDP has grown since last year.	統計が示すところではGDPが昨年から伸びている。
Technology has added a new dimension to agriculture.	科学技術は農業に新たな一面を加えた。
I measured the dimensions of my room.	私は自分の部屋の寸法を測った。
She has a great faculty for making everybody happy.	彼女にはすべての人を幸せにするすばらしい才能がある。
They carried out the scheme.	彼らはその計画を実行した。
The islands are important from the viewpoint of our country's security.	その島々は我が国の安全保障の見地から重要である。
The output of products has increased by 5 percent.	製品の生産量が5パーセント増加した。

outlook ⑦ [áutlùk] ☐☐ 1258	(〜の) 見通し (for)；眺め
tuition ⑦ [tjuíʃən] ☐☐ 1259	主に米 授業料；(個人)指導
proverb ⑦ [prá(:)vəːrb] ☐☐ 1260	ことわざ (≒ sáying)
biography ⑦ [baiá(:)grəfi] ☐☐ 1261	伝記 ☐ biógrapher 图 伝記作家 ☐ autobiógraphy 图 自(叙)伝
narrative ⑦ [nǽrətɪv] ☐☐ 1262	話；物語 (≒ stóry, tale) ☐ nárrator 图 語り手，ナレーター ☐ nárrate [nǽreɪt] 動 を語る ☐ narrátion [næréɪʃən] 图 語り
chapter [tʃǽptər] ☐☐ 1263	(書物などの)章
string [strɪŋ] ☐☐ 1264	ひも，糸；(〜の)一続き (of)；(〜の)一つなぎ (of) 動 にひもを通す；をつるす；〔普通受身形で〕1 列に 　　並ぶ ▶ 活用：string - strung [strʌŋ] - strung
tag [tæg] ☐☐ 1265	札；値札 ▶ a claim tag 手荷物預かり証 動 に札をつける；を付加する
peasant 発 [pézənt] ☐☐ 1266	(昔の／発展途上国の)小作農

The company has a positive **outlook** for the future.	その会社はその将来の前向きな見通しを持っている。
She is working part-time to **pay** **tuition**.	彼女は授業料を支払うためにアルバイトをしている。
"Time is money," as the **proverb** goes.	ことわざにあるとおり、「時は金なり」だ。
We read a **biography** of Albert Einstein at school.	私たちは学校でアルバート・アインシュタインの伝記を読んだ。
He gave a **narrative** of his last journey.	彼は自分の最近の旅の話をした。
Please read **chapter** six before our next class.	次の授業までに第6章を読んできてください。
She tied up a package with **string**.	彼女は包みをひもで縛った。
He put a name **tag** on his jacket.	彼は上着に名札をつけた。
The **peasants** need a good harvest for survival.	小作農たちは生きていくために十分な作物の収穫が必要だ。

livestock [発] [láɪvstɑ̀(:)k] □□ 1267	**家畜(類)** ▶ 集合的に単数・複数のどちらでも使われる。
famine [fǽmɪn] □□ 1268	**飢饉**(ききん)
fatigue [発] [fətíːg] □□ 1269	**疲労**(≒ exháustion, tíredness)
motive [発] [ア] [móutɪv] □□ 1270	(～の)**動機**(for) □ **motivátion** [mòutəvéɪʃən] [名] 動機(づけ) □ **mótivate** [móutəvèɪt] [動] に動機を与える
sweat [発] [swet] □□ 1271	**汗** [動] 汗をかく
peer [発] [pɪər] □□ 1272	〔普通～s〕**(能力・年齢などが)同等の人, 仲間** ▶ peer pressure「仲間の圧力」 [動] (～を)じっと見る(at / into)
glance [glæns] □□ 1273	**ちらりと見ること, 一見** ▶ at first glance「一見したところ(では)」 [動] (～を)ちらりと見る(at)
glimpse [glɪmps] □□ 1274	**ちらりと見えること** [TG] **catch a glimpse of** ～「～がちらりと見える」 ▶ glimpse は「意図せずにちらりと見えること」, glance は「意図的にちらりと見ること」を意味する。 [動] (を)ちらりと見る
luxury [発] [ア] [lʌ́gʒəri] □□ 1275	**ぜいたく品**；ぜいたく [形] ぜいたくな, 高級な ▶ luxury goods ぜいたく品 □ **luxúrious** [lʌgʒúriəs] [形] ぜいたくな

A lot of livestock are raised on the farm.	その農場では多くの家畜が飼われている。
The people in the region are suffering from severe famine.	その地域の人々は深刻な飢饉に苦しんでいる。
Naps are effective in preventing fatigue.	昼寝は疲労の防止に効果がある。
He did not have a motive to commit the crime.	彼にはその罪を犯す動機はなかった。
He was soaked in sweat.	彼は汗でびっしょりになっていた。
Children learn a lot from their peers.	子供たちは仲間からたくさんのことを学ぶ。
I recognized her at a glance.	私はちらりと見ただけで彼女だとわかった。
I caught a glimpse of the ocean from the window.	窓から海がちらりと見えた。
He spends too much money on luxuries.	彼はぜいたく品にお金を使いすぎる。

prosperity
[prɑ(:)spérəti]
□□ 1276

繁栄
- □ prósper [prɑ́(:)spər] [動] 繁栄する
- □ prósperous [形] 繁栄している

fame
[feɪm]
□□ 1277

名声
- □ fámous [形] 有名な
- □ ínfamous [ínfəməs] [形] 悪名高い

形容詞編

keen
[kiːn]
□□ 1278

(〜に)**熱中して**，(〜が)**大好きで**(on / about)；[主に英] 熱心な，(…することを)熱望して(to *do*)；(感覚などが)鋭い

inclined
[ɪnkláɪnd]
□□ 1279

(…し)**たいと思う**(to *do*)；(…する)傾向がある(to *do*)
- □ inclinátion [ɪnklɪnéɪʃən] [名] 好み；傾向

competent
[発] [ア] [kɑ́(:)mpətənt]
□□ 1280

有能な(≒ áble, cápable)；満足できる
- □ cómpetence [名] 能力

superior
[発] [supíəriər]
□□ 1281

(〜より)**優れている**(to)(⇔ inférior)
[名] 目上の人；上司
- □ superiórity [supìəriɔ́(:)rəti] [名] 勝っていること (⇔ inferiórity)

inferior
[発] [ɪnfíəriər]
□□ 1282

(〜より)**劣った**(to)(⇔ supérior)
- □ inferiórity [ɪnfìəriɔ́(:)rəti] [名] 劣っていること (⇔ superiórity)
- ▶ inferiority complex 劣等感

cruel
[krúːəl]
□□ 1283

(〜に)**残酷な**(to)
- □ crúelty [名] 残酷さ；残酷な行為

indifferent
[ɪndífərənt]
□□ 1284

(〜に)**無関心な**(to / toward)
- ▶ different「違った」の反意語ではない。
- □ indífference [名] 無関心

The country is enjoying great **prosperity**.	その国は大いなる繁栄を享受している。
Everyone in Hollywood is seeking **fame**.	ハリウッドにいる人は皆名声を追い求めている。
She is quite **keen** on studying English.	彼女は英語の勉強にとても熱中している。
I am **inclined** to believe his story.	私は彼の話を信じたい。
She is a highly **competent** interpreter.	彼女は非常に有能な通訳だ。
The new products are far **superior** to the previous ones.	新製品は以前の製品よりもずっと優れている。
I feel **inferior** to others in my class.	私はクラスの他の人より劣っていると感じる。
They were **cruel** to animals.	彼らは動物に残酷だった。
Some people are **indifferent** to politics.	一部の人々は政治に無関心だ。

ashamed [əʃéɪmd] □□ 1285	(～を)**恥じて**(of)
bold [bould] □□ 1286	**大胆な**；勇敢な ▶ bald [bɔ:ld]「はげた」と，つづり・発音を区別。
ridiculous [ア] [rɪdíkjuləs] □□ 1287	**ばかげた** □ rídicule [rídɪkjù:l] [動] をあざける [名] あざけり
ugly [ʌ́gli] □□ 1288	**醜い**(⇔ béautiful 美しい)，**不格好な**；不愉快な ▶ 失礼になるので「ugly＋人」では使わない。
pale [peɪl] □□ 1289	**青白い**；(色が)淡い ▶ a pale blue 淡青色 [動] 青ざめる
male [meɪl] □□ 1290	**男性の**(⇔ fémale 女性の) [名] 男性(⇔ fémale 女性)
manual [ア] [mǽnjuəl] □□ 1291	**手による**；手動(式)の；体を使う ▶ manual labor 肉体労働 [名] 説明書 □ mánually [副] 手で
mutual [mjú:tʃuəl] □□ 1292	**相互の**；共通の(≒ cómmon) ▶ a mutual friend 共通の友人 □ mútually [副] 相互に
delicate [発] [ア] [délɪkət] □□ 1293	**取り扱いの難しい**；繊細な □ délicately [副] 繊細に □ délicacy [délɪkəsi] [名] もろさ；慎重さ；微妙さ

I feel **ashamed** of what I said to her.	私は彼女に言ったことを恥ずかしく思う。
She has decided to take **bold** action.	彼女は大胆な行動を取ることに決めた。
His idea is quite **ridiculous**.	彼の考えはまったくばかげている。
She is wearing **ugly** clothes for a Halloween party.	彼女はハロウィーンパーティーのために不格好な服装をしている。
I asked him if he was sick because he looked **pale**.	彼は顔が青ざめてみえたので私は具合が悪いのかと彼に尋ねた。
Female and **male** brains are said to be different.	女性と男性の脳は違うと言われている。
These jobs require **manual** skills.	これらの仕事は手先の技術を必要とする。
Good friendships are based on **mutual** respect.	よい友人関係は相互に敬意を示すことに基づいている。
Those political topics are extremely **delicate**.	それらの政治的話題は極めて取り扱いが難しい。

deliberate [アク] [dɪlíbərət] □□ 1294	**故意の**(≒ inténtional)**；慎重な**(≒ cáreful) [動] (を)熟慮する □ delíberately [副] 故意に；慎重に □ deliberátion [名] 熟慮；慎重さ
gradual [grǽdʒuəl] □□ 1295	**徐々の**(⇔ súdden ➡ 893)；緩やかな □ grádually [副] 徐々に
loose [発] [luːs] □□ 1296	**緩い**(⇔ tight ➡ 1198)**；解き放たれた** □ lóosen [lúːsən] [動] を緩める；を解放する □ lóosely [副] ゆったりと；大まかに
bitter [bítər] □□ 1297	**つらい；苦い**(⇔ sweet 甘い)；痛烈な □ bítterly [副] ひどく，激しく
mild [maɪld] □□ 1298	**(気候などが)温暖な**；(性質などが)穏やかな；(程度が)軽い □ míldly [副] 穏やかに；ほどよく
dense [dens] □□ 1299	**密集した**；(霧などが)濃い ▶ a dense fog「濃霧」 □ dénsely [副] 密集して □ dénsity [名] 密集；濃度
tense [tens] □□ 1300	**張り詰めた**；ぴんと張った [動] を緊張させる □ ténsion [名] 緊張

He made a **deliberate** error.	彼は故意の間違いをした。
She made a **deliberate** choice.	彼女は慎重な選択をした。
There has been a **gradual** decline in population.	人口が徐々に減少している。
She is wearing a **loose** shirt.	彼女はゆったりとしたシャツを着ている。
Don't let the dog **loose** here.	ここで犬を放してはいけない。
That story reminded me of my **bitter** experiences.	その話で私はつらい経験を思い出した。
Good medicine tastes **bitter**.	良薬は口に苦し。(ことわざ)
The climate of Japan is **milder** than that of England.	日本の気候はイングランドの気候より温暖だ。
There is a **dense** forest near the village.	村の近くに密生した森がある。
There were a few moments of **tense** silence.	しばらくの張り詰めた沈黙があった。

動詞編

conceive [kənsíːv] ☐☐ 1301	**(考えなど)を抱く，思いつく**；〔普通疑問文・否定文で〕(を)**想像する**；**(子)を妊娠する** ▶ 普通，進行形にはしない。 ☐ cóncept [ká(:)nsèpt] 图 概念；(商品の)コンセプト ☐ concéption 图 着想
confess ⑦ [kənfés] ☐☐ 1302	**を(〜に)告白する**(to)；**(…ということ)を認める** (that 節)(≒ admít)；**(〜を)告白する**(to) ▶ confess to a crime 罪を告白する ☐ conféssion 图 告白；(事実などを)認めること
conform [kənfɔ́ːrm] ☐☐ 1303	**(規則・習慣などに)従う**(to / with)；**(〜と)一致する**(to / with) ☐ confórmity 图 服従；一致
offend [əfénd] ☐☐ 1304	**を怒らせる**；**罪を犯す** ☐ offénse 图 立腹；違反；攻撃(⇔ defénse) ☐ offénsive 圏 不快な；無礼な
envy [énvi] ☐☐ 1305	**をうらやむ** ⑯ **envy** _A_ **(for)** _B_ 「A(人)のBをうらやむ」 图 (the 〜)羨望の的，ねたみの種；ねたみ (≒ jéalousy) ☐ énvious 圏 (〜を)ねたんで(of)
boast ⑱ [boust] ☐☐ 1306	**(〜を)自慢する**(about / of) 图 自慢(の種) ☐ bóastful 圏 自慢に満ちた
dare [deər] ☐☐ 1307	〔普通否定文・疑問文で〕**あえて(…)する，** **(…)する勇気がある**(to _do_) ▶ 助動詞としても使われる。 ▶ How dare you say that to me! よくも私にそんなことが言えるね。

He **conceived** the bright idea while walking.	彼は散歩中にそのすばらしい考えを思いついた。
They **confessed** their secret to her.	彼らは自分たちの秘密を彼女に告白した。
Most students **conform** to school rules.	たいていの生徒は校則に従う。
His rude question **offended** the speaker.	彼の失礼な質問に講演者は怒った。
I **envy** Kate for her beauty.	私はケイトの美貌をうらやましく思う。
He is always **boasting** about his academic background.	彼はいつも学歴を自慢している。
Nobody **dared** to ask him questions.	彼にあえて質問する人は誰もいなかった。

confine [kənfáɪn] □□ 1308	を**限定する**；〔普通受身形で〕閉じ込められる [TG] **confine *A* to *B***「AをBに限定する」 □ confínement [名] 制限；監禁
contradict [アク] [kὰ(:)ntrədíkt] □□ 1309	と**矛盾する**；を(間違っていると)否定する □ contradíction [名] 矛盾；否定 □ contradíctory [形] (～と)矛盾した(to)
compensate [ká(:)mpənsèɪt] □□ 1310	**(人)**に(～に対して)**補償する**(for)；(～に対して)埋め合わせる(for)(≒ make up for) □ compensátion [名] 補償(金)
coincide [アク] [kòuɪnsáɪd] □□ 1311	(～と)**同時に起こる**(with)；(～と)一致する(with) □ coíncidence [kouínsɪdəns] [名] 同時発生；偶然の一致
assure [əʃúər] □□ 1312	に(～だと言って)**安心させる**(of / that 節)；に(～を)保証する(of) [TG] **assure ～ that ...** 「～(人)に…だと言って安心させる」 □ assúrance [名] 保証；確信
attain [ətéɪn] □□ 1313	を**達成する**；(ある地点)に到達する □ attáinment [名] 達成；到達；〔～s〕学識
inquire [アク] [ɪnkwáɪər] □□ 1314	を**尋ねる**；(～について)尋ねる(about) ▶ inquire *A* of *B*「A(物事)をB(人)に尋ねる」 □ ínquiry [名] 質問；調査
invade [ɪnvéɪd] □□ 1315	を**侵略する**，に**侵攻する**；(を)侵害する □ invásion [ɪnvéɪʒən] [名] 侵略；侵害 □ inváder [名] 侵略者
conquer [発] [ká(:)ŋkər] □□ 1316	を**征服する** ▶ conquer *one's* fear 恐怖心を克服する □ cónquest [ká(:)nkwèst] [名] 征服

Our teacher **confined** the essay to those topics.	先生は小論文を，それらのテーマに限定した。
His actions **contradict** his words.	彼の行動は彼の言葉と矛盾する。
The government **compensated** them for the loss.	政府は彼らに損害に対して補償した。
My mother's birthday **coincides** with Mother's Day this year.	今年は母の誕生日が母の日と重なる。
The lawyer **assured** me that we would win the case.	弁護士は私にその訴訟に勝つと言って安心させた。
At last he was able to **attain** his goal.	ついに彼は目標を達成することができた。
She **inquired** what to do next.	彼女は次に何をすべきかを尋ねた。
Napoleon **invaded** Russia in 1812.	1812年にナポレオンはロシアに侵攻した。
The British **conquered** India.	イギリス人はインドを征服した。

persist [pərsíst] □□ 1317	(〜に)**固執する**, (〜を)**しつこく続ける**(in / with)；持続する **TG** persist in *doing*「しつこく…し続ける」 □ persístent 形 固執する；持続する □ persístence 名 固執
last [læst] □□ 1318	(一定期間)**続く**(≒ contínue)；長持ちする □ lásting 形 永続的な；長持ちする
surrender [səréndər] □□ 1319	を(〜に)**引き渡す**(to)；(〜に)**降伏する**(to) 名 引き渡し；降伏
betray [bɪtréɪ] □□ 1320	を**裏切る**；(秘密など)を**漏らす** □ betráyal 名 裏切り(行為)
strain [streɪn] □□ 1321	を**ぴんと張る**；(身体の一部)を**痛める**；(身体の一部)を**最大限に働かせる** ▶ strain *one's* ears 耳を澄ます 名 緊張，ストレス；(〜への)重圧(on)
refrain [rɪfréɪn] □□ 1322	(…するのを)**控える**(from *doing*) ▶ Please refrain from smoking in this room. この部屋での喫煙はお控えください。 名 (歌などの)繰り返し
scatter [skǽtər] □□ 1323	を**まき散らす** 名 まき散らすこと，散布
spill [spɪl] □□ 1324	(液体など)を(〜に)**こぼす**(over / on)；こぼれる ▶ 活用：spill - spilled, 英 spilt - spilled, 英 spilt ▶ It is no use crying over spilt milk. 済んだことを悔やんでも仕方がない。(覆水盆に返らず)(ことわざ)

They **persisted** in criticizing the government.	彼らは政府をしつこく非難し続けた。
The party **lasted** until the evening.	そのパーティーは夕方まで続いた。
They **surrendered** their weapons to the police.	彼らは武器を警察に引き渡した。
My close friend **betrayed** me.	親友は私を裏切った。
Our tone often **betrays** our feelings.	口調から感情がわかってしまうことがよくある。
He carefully **strained** the rope.	彼は慎重にそのロープをぴんと張った。
I **strained** my ankle during soccer practice.	私はサッカーの練習中に足首をくじいた。
I **refrained** from criticizing him in public.	私は彼を公然と批判するのを控えた。
We **scattered** his ashes in the ocean.	私たちは彼の遺灰を海にまいた。
I **spilled** coffee on my keyboard.	私はコーヒーをキーボードにこぼしてしまった。

prevail [発] [privéil] □□ 1325	(～に)**普及する**(among / in) **;** (～に)**勝る**(over / against) ▶ 進行形にはしない。 □ preváiling [形] 支配的な，優勢な □ prévalent [prévələnt] [形] 普及している
starve [stɑːrv] □□ 1326	**飢えに苦しむ；**(～を)**渇望する**(for)；を飢えさせる ▶ starve to death「餓死する」(≒ die of hunger) □ starvátion [名] 飢え
digest [ア] [daidʒést] □□ 1327	**(食べ物)を消化する** [名] [dáidʒest] 要約 □ digéstion [名] 消化(作用) □ digéstive [形] 消化の
disguise [発] [disgáiz] □□ 1328	を**変装させる**；(事実など)を包み隠す [TG] **disguise** *oneself* **as** ～「～に変装する」 [名] 変装；ごまかし ▶ in disguise 変装して
strip [strip] □□ 1329	から(～を)**剝奪**(はくだつ)**する**(of) **;** を(～から)**取り去る**(from / off)；を脱ぐ [TG] **strip** *A* **of** *B*「AからBを剝奪する」 [名] 細長い一片
scratch [skrætʃ] □□ 1330	を**かく**；を引っかく ▶ scratch *one's* head about [over] ～ ～について(困って)頭を抱える [名] 引っかくこと；こすること
bathe [発] [beið] □□ 1331	[米] を**入浴させる**；を浸す ▶ [英] で「～を入浴させる」の意味は bath を使う。 □ bath [bæθ] [名] 入浴，風呂 □ báthroom [名] 浴室；化粧室
soak [発] [souk] □□ 1332	を(～に)**浸す**(in)；をずぶぬれにする ▶ get [be] soaked to the skin「ずぶぬれになる」

Peace **prevails** in the country.	平和がその国に広がっている。
They **prevailed** over their enemy.	彼らは敵に打ち勝った。
I'm simply **starving**.	私はただただ腹ぺこだ。
The boy was **starving** for love.	少年は愛を渇望していた。
Many bacteria help to **digest** food.	多くの細菌は食べ物を消化するのを助ける。
She **disguised** herself as a witch.	彼女は魔法使いに変装した。
They were **stripped** of their citizenship.	彼らは市民権を剝奪された。
I **stripped** wax from the floor.	私は床からワックスをはがした。
Try not to **scratch** the bites.	刺されたところをかかないようにしなさい。
Don't **bathe** your dog too often.	あまり頻繁に犬を水浴びさせてはいけない。
She **soaks** clothes in water before washing them.	彼女は洗濯する前に服を水に浸す。

stir [stə:r] ☐☐ 1333	**をかき回す；(記憶などを)呼び起こす** ▶ 活用：stir - stirred - stirred 名 かき回すこと ☐ stírring 形 感動的な
wind 発 [waɪnd] ☐☐ 1334	**曲がりくねる；を巻く，巻きつける** ▶ wind up (*doing*)「(…することで)終わる」 ▶ 活用：wind - wound [waʊnd] - wound ▶ wind [wɪnd]「風」との発音の違いに注意。 ☐ wínding 形 曲がりくねった ▶ a winding road 曲がりくねった道
heal [hi:l] ☐☐ 1335	**を治す，癒やす(≒ cure)；癒える** ▶ 語源的には health「健康」と同じ。 ☐ héaling 名 治療(法)；癒やし
knit 発 [nɪt] ☐☐ 1336	**を編む** 名 (しばしば~s)ニット製品 ☐ knítting 名 編み物
sew 発 [soʊ] ☐☐ 1337	**を(~に)縫いつける(on)；を縫う** ▶ 活用：sew - sewed - sewed, sewn [soʊn]
dye [daɪ] ☐☐ 1338	**を染める** ▶ 現在分詞形は dyeing。 ▶ die「死ぬ」と同音。die の現在分詞形は dying。 名 染料
beg [beg] ☐☐ 1339	**(許し・恩恵など)を懇願する，請う** 熟 beg ~ to *do*「~(人)に…するよう懇願する」 ▶ I beg your pardon. 「ごめんなさい；もう一度言っていただけますか」 ☐ béggar 名 物ごいをする人
pray 発 [preɪ] ☐☐ 1340	(~を)祈る(for)；(…であること)を祈る(that 節)； (に)(~のことで)懇願する(for) ▶ prey「を捕食する；餌食」と同音。 ☐ prayer [preər] 祈り(の言葉)；[préɪər] 祈る人

I **stirred** my coffee with a spoon.	私はスプーンでコーヒーをかき回した。
The news **stirred** my old memories.	そのニュースは私の古い記憶を呼び起こした。
The road **winds** along the mountain.	その道路は山に沿って曲がりくねっている。
This cream will **heal** the sore on your arm.	このクリームはあなたの腕の傷みを治すでしょう。
She is **knitting** a scarf out of wool.	彼女は毛糸でマフラーを編んでいる。
I **sewed** a new button on the shirt.	私はシャツに新しいボタンを縫いつけた。
She **dyes** her hair every month.	彼女は毎月髪を染めている。
He **begged** me to leave him alone.	彼は私に放っておいてくれと懇願した。
We **prayed** for world peace.	私たちは世界平和を祈った。

congratulate ⑦ [kəngrǽtʃəlèit] ☐☐ 1341	**(人)に(〜のことで)祝いの言葉を述べる**(on) ▶ 行事・祝日などを祝う場合は celebrate(→ 811)を使う。 ☐ congratulátion 图 (〜s)祝いの言葉 ▶ Congratulations! おめでとう。

名詞編

summit [sámɪt] ☐☐ 1342	**頂上**;(先進国)**首脳会談[会議]**
mayor [méɪər] ☐☐ 1343	**市長**
secretary ⑦ [sékrətèri] ☐☐ 1344	**秘書**;〔S〜〕囲 **長官**;〔S〜〕囲 **大臣** ☐ sécret 图 秘密;(the 〜)秘訣 圏 (〜に)秘密の(from) ☐ sécretly 圖 こっそりと,内緒で
council [káʊnsəl] ☐☐ 1345	**(地方自治体の)議会**;**評議会** ▶ counsel「顧問弁護士」と同音。
panel [pǽnəl] ☐☐ 1346	**委員会[団]**;(公開討論などの)**討論者,パネリスト**;**羽目板**;**計器盤** ▶ a panel discussion 公開討論会 ▶ a control panel コントロールパネル,制御盤 動〔普通受身形で〕(板などで)張られる(with / in)
jury [dʒʊ́əri] ☐☐ 1347	**陪審(員団)** ▶ 市民の中から選ばれた一定数の陪審員から成り,有罪か無罪かを評決する。 ☐ júror 图 陪審員(jury の一員)
quarrel [kwɔ́(:)rəl] ☐☐ 1348	**(〜との)口論**(with / between) ▶ fight は「力ずくのけんか」。 動 (〜と;〜のことで)口論する(with;about / over)
divorce [dɪvɔ́:rs] ☐☐ 1349	**離婚** 動 と離婚する ▶ get divorced 離婚する

I **congratulate** you on passing the entrance examination.	入試に合格されたことをお祝い申し上げます。
We managed to reach the **summit**.	私たちはどうにか頂上に到達した。
He will run for **mayor** of Yokohama.	彼は横浜市長に立候補するだろう。
I'll have my **secretary** e-mail you.	私は秘書にあなたにEメールを送らせます。
The city **council** approved the building plan.	市議会は建築計画を承認した。
The **panel** of judges consists of several scientists.	審査委員会は数人の科学者から成る。
I have never **served on a jury**.	私は陪審を務めたことが一度もない。
They often have **quarrels** over trivial matters.	彼らはしょっちゅうたわいもないことで口論する。
She has decided to get a **divorce**.	彼女は離婚することを決めた。

thief [θi:f] ☐☐ 1350	泥棒 ▶ 複数形は thieves [θi:vz]。 ☐ theft 名 窃盗
refuge ⑦ [réfju:dʒ] ☐☐ 1351	(〜からの)**避難**(from)；**避難所** ▶ a wildlife refuge 野生動物保護区 ☐ refugee [rèfjudʒí:] 名 避難者；難民
mercy [mɔ́:rsi] ☐☐ 1352	(〜に対する)**情け，慈悲**(to) ▶ at the mercy of 〜 〜のなすがままに ☐ mérciful 形 慈悲深い ☐ mérciless 形 無慈悲な
caution 発 [kɔ́:ʃən] ☐☐ 1353	**用心，注意**；**警告** ☐ cáutious 形 慎重な
pity [píti] ☐☐ 1354	**残念なこと**；**哀れみ** **TG** It is a pity that ... 「…ということは残念だ」 ▶ What a pity! なんとかわいそうなことか。 ☐ pítiful 形 かわいそうな
sorrow [sɔ́(:)rou] ☐☐ 1355	**悲しみ**(≒ sádness) ☐ sórrowful 形 悲しんでいる
grief [gri:f] ☐☐ 1356	**深い悲しみ**；**悲しみの原因** ☐ grieve 動 (〜を)深く悲しむ(over / at / for)；を悲しませる
despair [dɪspéər] ☐☐ 1357	**絶望** 動 (〜に)絶望する(of) ☐ désperate 形 絶望的な；極度の；(〜を)欲しくてたまらない(for)；必死の
suicide [sú:ɪsàɪd] ☐☐ 1358	**自殺** ▶ commit suicide 自殺する ▶ suicide bombing 自爆テロ

Thieves broke into the office.	泥棒が事務所に押し入った。
I took **refuge** from the sudden storm in the store.	私はその店に突然の嵐から避難した。
The soldiers showed no **mercy** to the enemy.	その兵士たちが敵に情けをかけることはなかった。
She always drives with **caution**.	彼女はいつも慎重に運転する。
It's a **pity** that you can't come.	あなたが来られないのは残念だ。
I felt deep **sorrow** at his death.	私は彼の死に対して深い悲しみを感じた。
I felt real **grief** at her departure.	私は彼女が去ってしまうことに心から深い悲しみを感じた。
He left his hometown in **despair**.	彼は絶望して故郷を去った。
We are working to prevent **suicides**.	我々は自殺を防止するために尽力しています。

ambulance [ǽmbjələns] ☐☐ 1359	救急車 ▶ an ambulance crew 救急隊
funeral [fjúːnərəl] ☐☐ 1360	葬式
grave [greɪv] ☐☐ 1361	墓 ▶ from the cradle to the grave 揺りかごから墓場まで 形 重大な；威厳のある
virtue 発 [vɚ́ːrtʃuː] ☐☐ 1362	美徳(⇔ vice 悪徳)；長所 ▶ by virtue of ~ ～のおかげで ☐ vírtuous [vɚ́ːrtʃuəs] 形 徳のある
legend ⑦ [lédʒənd] ☐☐ 1363	伝説 ▶ urban legend 都市伝説 ☐ légendary 形 伝説の；伝説的な
prestige 発 ⑦ [prestíːʒ] ☐☐ 1364	威信，名声 ▶ a prestige school 名門校 ☐ prestígious [prestíːdʒəs] 形 名声の高い
glory [glɔ́ːri] ☐☐ 1365	栄光(を与えるもの)；全盛 ☐ glórious 形 栄光の；壮麗な
dignity [dígnəti] ☐☐ 1366	尊厳；威厳 ▶ death with dignity 尊厳死 ☐ dígnify 動 に威厳をつける
worship 発 [wɚ́ːrʃəp] ☐☐ 1367	崇拝；礼拝 動 を崇拝する
criterion 発 [kraɪtíəriən] ☐☐ 1368	(判断などの)基準 ▶ 複数形は critéria [kraɪtíəriə]。

He was taken to the hospital in an ambulance.	彼は救急車で病院に運ばれた。
I attended his funeral.	私は彼の葬式に参列した。
I visited his grave.	私は彼の墓参りをした。
Courage is one of the supreme virtues.	勇気は最高の美徳の1つだ。
According to legend, he lived for 969 years.	伝説によれば、彼は969歳まで生きた。
The country's prestige has declined in recent years.	近年その国の威信は衰えた。
He dreamed of future glory as an actor.	彼は俳優としての将来の栄光を夢見ていた。
They treat children with dignity.	彼らは尊厳をもって子供たちに接している。
The worship of the old gods is still seen in rural areas.	農村地域では今もなお古い神々への崇拝が見られる。
Our products meet the criteria.	私たちの製品はその基準に適合している。

consent [アク] [kənsént] □□ 1369	**承諾, 同意** ▶ give *one's* consent to ～「～を承諾する」 [動] (～に)同意する(to) □ consénsus [kənsénsəs] [名] 大多数の意見;(意見などの)一致
triumph [発] [アク] [tráɪʌmf] □□ 1370	(～に対する) **(大きな)勝利** (over) (≒ víctory);(勝利による)歓喜 [動] 勝利を得る;勝ち誇る □ triúmphant [traɪʌ́mfənt] [形] 勝利を収めた
circulation [sə̀ːrkjuléɪʃən] □□ 1371	血行;(貨幣の)流通;**(新聞などの)発行部数** □ círculate [動] 循環する;(貨幣などが)流通する
merit [mérət] □□ 1372	**優秀さ;長所** (⇔ demérit 短所);価値 ▶「～のメリット」は普通 the advantages of ～ で表す。 [動] に値する
appetite [アク] [ǽpɪtàɪt] □□ 1373	**食欲;**(～への)**欲求**(for)
nutrition [njutríʃən] □□ 1374	**栄養摂取**;栄養(物) □ nutrítious [形] 栄養になる
decay [dɪkéɪ] □□ 1375	**虫歯(になった部分);衰退, 荒廃**;腐敗 [動] 腐る;衰退する ▶ a decayed tooth 虫歯

I took his silence as **consent**.	私は彼の沈黙を同意と見なした。
The team gained a great **triumph**.	そのチームは大勝利を手に入れた。
Good blood **circulation** helps the brain stay healthy.	良好な血行は脳を健康に保つのを助ける。
The **circulation** of the newspaper is declining.	その新聞の発行部数は減少している。
The scholarship is based on **merit**.	奨学金の支給は成績に基づいている。
These are the **merits** of my proposal.	これらが私の提案の長所だ。
I lose my **appetite** in summer.	私は夏に食欲を失う。
Our consumer culture is based on the **appetite** for buying.	私たちの消費者文化は買い物をしたいという欲求が基盤にある。
Proper **nutrition** is important for health.	適切な栄養摂取は健康のために重要である。
Tooth **decay** often results from eating sweets.	虫歯は甘い物を食べることが原因で起こることが多い。
The old house fell into **decay**.	その古い家は荒廃した。

atom

[ǽtəm]

□□ 1376

原子
- □ atómic 形 原子の；核の
- ▶ an atomic bomb 原子爆弾

boom

[bu:m]

□□ 1377

好況，ブーム；(人気などの)急上昇
- ▶ a baby boom ベビーブーム(出産率の急上昇)
- 動 好況になる；(人気などが)急に出る；(音声が)鳴り響く

形容詞編

valid

[vǽlɪd]

□□ 1378

正当な根拠のある；(法的に)有効な
(⇔ inválid 無効な)
- □ valídity 名 正当性；有効性

due

[dju:]

□□ 1379

(…する)予定で(to do)；締め切りの
- ▶ due to ～「～のために，～のせいで」(≒ ówing to)
- ▶ the due date 締め切り日；支払期日

vacant

米 [véɪkənt]

□□ 1380

(部屋などが)空いている(≒ émpty)
- □ vácancy [véɪkənsi] 名 空き

bare

[beər]

□□ 1381

裸の(≒ náked, nude)；露出した
- ▶ bear「耐える；抱く；クマ」と同音。
- 動 を露出する
- □ bárely 副 かろうじて；ほとんど～ない

naked

米 [néɪkɪd]

□□ 1382

裸の(≒ bare, nude)；草木の生えない
- ▶ with the naked eye 裸眼で

obscure

ク [əbskjúər]

□□ 1383

(意味などが)わかりにくい(⇔ clear
→ 82)；ぼんやりした
- 動 をわかりにくくする

A group of **atoms** constitutes a molecule.	原子の集合体が分子を構成する。
The housing **boom** of the 1970s gave rise to moving services.	1970年代の住宅建設ブームは引越し業を生み出した。
I have a **valid** reason for being late.	私には遅刻の正当な理由がある。
Your license will be **valid** for three years.	あなたの免許証は3年間有効だ。
Our train is **due** to arrive at Kyoto Station soon.	我々の電車はじきに京都駅に着く予定だ。
Our English assignment is **due** next Friday.	私たちの英語の課題は次の金曜日が締め切りだ。
There was no **vacant** seat on the train.	列車に空いている席はなかった。
I walked on the beach **in my bare feet**.	私は砂浜を素足で歩いた。
The boys were **naked** to the waist.	少年たちは上半身裸だった。
The teacher gave an **obscure** explanation to the students.	その先生は生徒にわかりにくい説明をした。

peculiar [アク] [pɪkjúːljər] □□ 1384	(〜に)**特有の**(to)；風変わりな □ peculiárity [名] 特徴；風変わり
tidy [táɪdi] □□ 1385	**(場所などが)整然とした**(⇔ méssy 散らかった)**，きれいにしてある**(≒ neat)；(身なりなどが)きちんとした(⇔ untidy だらしない)
minute [発] [アク] [maɪnjúːt] □□ 1386	**微小な** ▶ mínute [mínət]「分」(時間の単位)との発音の違いに注意。
vague [発] [veɪg] □□ 1387	**漠然とした** □ váguely [副] 漠然と
steep [stiːp] □□ 1388	**(斜面が)急な**；(増減が)急激な ▶ a steep rise in prices 物価の急騰 [名] 急斜面 □ stéeple [名] 尖塔(せんとう)
humid [hjúːmɪd] □□ 1389	**湿気のある** □ humídity [名] 湿気；湿度
earnest [発] [ə́ːrnɪst] □□ 1390	**真剣な，本気の** [名] 本気，まじめ ▶ in earnest 真剣に，本気で □ éarnestly [副] 真剣に，本気で
absurd [əbsə́ːrd] □□ 1391	**ばかげた**(≒ ridículous) □ absúrdity [名] ばからしさ
hostile [hɑ́(ː)stəl] □□ 1392	(〜に対して)**反感を持った，敵意のある**(toward / to)(⇔ fríendly 友好的な) □ hostílity [hɑ(ː)stílətɪ] [名] 反感，敵意

This kind of problem is peculiar to Japan.	この種の問題は日本に特有のものだ。
His room was much tidier than I thought.	彼の部屋は私が思っていたよりもずっと整然としていた。
The golfer was aware of minute changes in the wind.	そのゴルファーは風のわずかな変化に気づいた。
He has only a vague idea of what he wants to do in the future.	彼には将来したいことについての漠然とした考えしかない。
As we climbed higher, the path became steeper.	私たちが高く登るにつれ,道は急になっていった。
The climate here is hot and humid.	ここの気候は高温多湿だ。
He made earnest efforts to meet our expectations.	彼は我々の期待に応えようと真剣な努力をした。
Such beliefs seem absurd to me.	そのような信条は私にはばかげたものに思える。
They took a hostile attitude toward newcomers.	彼らは新参者に敵意のある態度を取った。

idle 愛 [áɪdəl] ☐☐ 1393	使われていない；(人が)仕事がない；怠けた(≒ lázy) ▶ idol「偶像(視される人)」と同音。 動 (時間)をぶらぶらして過ごす；(機械が)空転する ▶ idle away *one's* time 時間を無駄にする ☐ ídleness 图 怠惰
jealous 愛 [dʒéləs] ☐☐ 1394	嫉妬深い **匈** be jealous of ～「～に嫉妬している」 ☐ jéalousy 图 嫉妬 ☐ jéalously 副 嫉妬して，ねたんで
loyal [lɔ́ɪəl] ☐☐ 1395	(～に)忠実な(to) ▶ róyal [rɔ́ɪəl]「王室の」と，つづり・発音を区別。 ☐ lóyalty 图 (～への)忠義(to)；(～ties)忠誠心
supreme 愛 [suprí:m] ☐☐ 1396	最高の，最大の ☐ suprémacy [suprémasi] 图 最高；優位
infinite 愛 ⑦ [ínfɪnət] ☐☐ 1397	無限の(⇔ fínite 有限の) ☐ infínity [ɪnfínəti] 图 無限 ☐ ínfinitely 副 無限に
static [stǽtɪk] ☐☐ 1398	変化のない；静止状態の(⇔ dynámic → 1192)
thorough 愛 [θə́:rou] ☐☐ 1399	徹底的な；完全な ☐ thóroughly 副 徹底的に；完全に
immense [ɪméns] ☐☐ 1400	計り知れない；膨大な(≒ enórmous) ☐ imménsely 副 非常に

How many hours of <u>idle time</u> do you have?	<u>何もしていない時間</u>は何時間ありますか。
The workers <u>remained idle</u> during the economic depression.	労働者たちは不況の間<u>仕事がないまま</u>だった。
Honestly, I'm so <u>jealous</u> of her success.	正直に言うと，私は彼女の成功にとても<u>嫉妬している</u>。
Dogs <u>are</u> usually <u>loyal</u> to their <u>masters</u>.	犬はたいてい<u>飼い主</u>に<u>忠実</u>だ。
The President has <u>supreme</u> power.	大統領は<u>最高</u>権力を有する。
I believe humans have <u>infinite</u> creativity.	私は人間には<u>無限の</u>創造力があると信じている。
Stock prices <u>remain static</u>.	株価は<u>変化がないまま</u>だ。
The security at the airport <u>was very thorough</u>.	空港の安全警備は非常に<u>徹底していた</u>。
You have <u>immense</u> power of <u>concentration</u>.	あなたには<u>計り知れない</u>集中力がある。

英検2級によく出る単語140

超頻出 1〜90

動詞　超頻出

☐ *1*　surprise　**動** を驚かす　**名** 驚き

☐ *2*　scan　**動** (を)ざっと見る；(を)スキャンする

☐ *3*　register　**動** (を)登録する　☐ registration **名** 登録(簿)，記録(表)

☐ *4*　broadcast　**動** (を)放送する　**名** (テレビ・ラジオの)放送(番組)

☐ *5*　count　**動** (を)数える；重要である

☐ *6*　analyze　**動** を分析する　☐ analysis **名** 分析

☐ *7*　cooperate　**動** 協力する　☐ cooperation **名** 協力，協同

☐ *8*　dive　**動** (水面に頭から)飛び込む；潜水する

☐ *9*　generate　**動** (考え・利益など)を生み出す；(電気・熱)を発生させる

☐ *10*　install　**動** (機器)を取り付ける，(ソフト)をインストールする

☐ *11*　threaten　**動** を脅す　☐ threat **名** 恐れ，予兆

☐ *12*　deposit　**動** (お金)を預ける　**名** 手付金；(銀行への)預金

名詞　超頻出

☐ *13*　expert　**名** 専門家

☐ *14*　department　**名** 部門，局；(大学の)学部

☐ *15*　employee　**名** 従業員，被雇用者　⇔ employer 雇い主

☐ *16*　presentation　**名** 提示；発表，プレゼンテーション

☐ *17*　equipment　**名** 設備；準備　☐ equip **動** に装備する

☐ *18*　clinic　**名** 診療所，クリニック

☐ *19*　agency　**名** 代理店；(行政上の)局，機関

☐ *20*　neighborhood　**名** 近所(の人々)　☐ neighbor **名** 隣人，近所の人

□ 21 **layer** 图層, 重なり

□ 22 **decision** 图決定；判決 □ **decide** 動(を)決める

□ 23 **distance** 图距離, 隔たり □ **distant** 形遠い

□ 24 **discovery** 图発見(されたもの[人]) □ **discover** 動を発見する

□ 25 **pump** 图ポンプ 動をポンプでくむ

□ 26 **responsibility** 图責任, 責務 □ **responsible** 形責任がある

□ 27 **salary** 图給料, サラリー

□ 28 **security** 图安全；警備；保証 □ **secure** 形安全な

□ 29 **location** 图場所, 所在地；ロケ現場 □ **locate** 動を置く

□ 30 **majority** 图大多数；多数派 ⇔ **minority** 少数(派)

□ 31 **satellite** 图人工衛星；(惑星の周りを回る)衛星

□ 32 **currency** 图通貨；流通

□ 33 **tourism** 图観光, 観光事業

□ 34 **fur** 图(ふさふさした柔らかい)毛皮

□ 35 **sponsor** 图後援者, スポンサー 動を後援する

□ 36 **thread** 图糸；スレッド

□ 37 **transportation** 图輸送(機関) □ **transport** 動を輸送する

□ 38 **submarine** 图潜水艦 形海底の

□ 39 **departure** 图出発 ⇔ **arrival** 到着 □ **depart** 動出発する

□ 40 **housework** 图家事

□ 41 **mode** 图方法, 様式；状態, モード；流行

□ 42 **representative** 图代表(者)；議員

□ 43 **bump** 图(ぶつかってできた)こぶ 動(に)ぶつかる

□ 44 **convenience** 图便利さ, 好都合 □ **convenient** 形便利な

□ 45 **critic** 图批評家, 評論家

□ 46 **eyesight** 名視力，視覚

□ 47 **firework** 名花火；〔~s〕花火の打ち上げ，花火大会

□ 48 **foundation** 名基礎；設立；財団 □ **found** 動を設立する

□ 49 **greenhouse** 名温室

□ 50 **laptop** 名ノートパソコン(laptop computer)

□ 51 **souvenir** 名みやげ，記念品

□ 52 **angle** 名角，角度；視点

□ 53 **architect** 名建築家 □ **architecture** 名建築(学)

□ 54 **basement** 名地下室

□ 55 **gap** 名すき間；隔たり，ギャップ

□ 56 **emission** 名(光・熱・ガスなどの)排出，放出 □ **emit** 動を放つ

□ 57 **exception** 名例外 □ **except** 前~を除いて

□ 58 **firefighter** 名消防士

□ 59 **institute** 名(医学・理工系の)研究機関，学会，協会 □ 動を設ける

□ 60 **millionaire** 名百万長者，大富豪

□ 61 **rainforest** 名熱帯雨林(tropical rainforest)

□ 62 **tail** 名尾，しっぽ

□ 63 **comment** 名コメント，見解 動論評する

形容詞 超頻出

□ 64 **valuable** 形高価な；貴重な □ **value** 名価値

□ 65 **relative** 形相対的な 名親戚，親類

□ 66 **secondhand** 形中古の 副中古で

□ 67 **wealthy** 形富裕な，裕福な □ **wealth** 名富

□ 68 **academic** 形学問的な；学校の

□ 69 **dramatic** 形劇的な □ **drama** 名演劇

□ 70　organic　形 有機(栽培)の

□ 71　practical　形 実際的な；実用的な　□ practice 名 練習

□ 72　reasonable　形 道理にかなった；(値段などが)手ごろな

□ 73　reliable　形 頼りになる，当てにできる　□ rely 動 頼る

□ 74　civil　形 市民の；民間の

□ 75　religious　形 宗教(上)の；信仰が厚い　□ religion 名 宗教

□ 76　sincerely　副 誠実に，心から　□ sincere 形 誠実な
　　　□ sincerity 名 誠実

□ 77　increasingly　副 ますます，次第に

□ 78　nevertheless　副 それにもかかわらず

□ 79　immediately　副 直ちに，すぐに　□ immediate 形 即座の

□ 80　frequently　副 しばしば，頻繁に　□ frequent 形 頻繁な

□ 81　rarely　副 めったに〜(し)ない　≒ seldom

□ 82　properly　副 適切に，きちんと　□ proper 形 適切な

□ 83　rapidly　副 急速に，迅速に　□ rapid 形 急速な

□ 84　accidentally　副 偶然に，うっかりと　□ accidental 形 偶然の

□ 85　definitely　副 確かに，間違いなく　□ definite 形 はっきりとした

□ 86　equally　副 平等に，等しく　□ equal 形 等しい　動 に等しい

□ 87　meanwhile　副 その間に；その一方

□ 88　occasionally　副 ときどき，たまに　□ occasional 形 ときどきの

□ 89　despite　前 〜にもかかわらず　≒ in spite of 〜

□ 90　throughout　前 〜の至るところで；〜の間中ずっと

頻出 91〜140

□ 91　qualify　動 に資格を与える；資格を得る　□ qualification 名 資格

□ 92　delete　動 (文字・データなど)を削除する　□ deletion 名 削除

□ 93　reproduce　動 (子)を繁殖させる；を再び生み出す

□ 94　tempt　動 (人)を…する気にさせる,誘惑する　□ tempting 形 魅力的な

□ 95　bleed　動 出血する　□ blood 名 血

□ 96　fasten　動 (ベルトなど)を締める；(ボタンなど)を留める

□ 97　instruct　動 に指示する,教える　□ instruction 名 指示

□ 98　revise　動 を修正する；(本)を改訂する　□ revision 名 修正；改訂

□ 99　tighten　動 を固く締める　□ tight 形 きつい

名詞　頻出

□ 100　entry　名 入ること；参加(者)　□ enter 動 に入る

□ 101　fitness　名 健康,フィットネス　□ fit 形 健康な

□ 102　latter　名 (the 〜)後者　⇔ the former 前者　形 後者の

□ 103　microscope　名 顕微鏡

□ 104　minority　名 少数(派)　⇔ majority 大多数；多数派

□ 105　accommodation　名 (〜s)宿泊施設

□ 106　accuracy　名 正確さ　□ accurate 形 正確な

□ 107　intention　名 意図,意志　□ intend 動 を意図する

□ 108　motion　名 運動；動き,動作；動議

□ 109　option　名 選択；選択肢　□ opt 動 選ぶ

□ 110　property　名 所有地；財産；(普通〜ties)特性

□ 111　salesperson　名 販売員,営業担当者

□ 112　storage　名 貯蔵,保管；貯蔵庫,倉庫　□ store 動 を蓄える

□ 113　affair　名 (〜s)事態,業務；事件

□ 114　anxiety　名 不安,心配　□ anxious 形 心配して

□ 115　characteristic　名 (しばしば〜s)特徴,特色　形 特有の

□ 116　farewell　名 別れ

□ 117 **mineral** 名 鉱物；ミネラル

□ 118 **monument** 名 記念碑

□ 119 **phrase** 名 言葉遣い，言い回し；成句，慣用句

□ 120 **scholarship** 名 奨学金；学識

□ 121 **diameter** 名 直径　□ **radius** 名 半径

□ 122 **procedure** 名 手順，手続き

□ 123 **carbon** 名 炭素

形容詞　頻出

□ 124 **stressful** 形 ストレスの多い，精神的に疲れる　□ **stress** 名 ストレス

□ 125 **economical** 形 経済的な，倹約する　□ **economy** 名 経済

□ 126 **ignorant** 形 知らない；無知な　□ **ignore** 動 を無視する
　　　□ **ignorance** 名 知らないこと；無知

□ 127 **minimum** 形 最小の　名 最小限　⇔ **maximum** 形 最大の 名 最大限

□ 128 **ambitious** 形 野心的な，大望のある

□ 129 **fake** 形 偽の　名 偽物；いんちき

□ 130 **fortunate** 形 幸運な，運のよい　□ **fortune** 名 運；富

□ 131 **regional** 形 地域の，地方の　□ **region** 名 地域

□ 132 **faithful** 形 忠実な；信頼できる　□ **faith** 名 信頼；信念；信仰(心)

□ 133 **horrible** 形 恐ろしい；ひどい

□ 134 **solar** 形 太陽の

副詞　頻出

□ 135 **gently** 副 優しく，穏やかに，そっと　□ **gentle** 形 優しい

□ 136 **repeatedly** 副 繰り返して，何度も

□ 137 **slightly** 副 わずかに，少し　□ **slight** 形 わずかな

□ 138 **constantly** 副 絶えず，しょっちゅう　□ **constant** 形 絶え間ない

□ 139 **mentally** 副 精神的に　⇔ **physically** 肉体的に　□ **mental** 形 精神の

□ 140 **precisely** 副 正確に　□ **precise** 形 正確な

似た意味を持つ単語

▶数字は単語の番号を示す

動詞

決める
decide：「決める」を意味する最も一般的な語 ▶4
make up *one's* mind：decide とほぼ同じ意味の口語 ▶42
determine：きっぱりと決め，決定にこだわり抜く気持ちがある ▶206
resolve：遂行しようという確固たる意志をもって決める ▶1028

尊敬する
respect：「尊敬する」を意味する最も一般的な語 ▶214
esteem：敬愛の気持ちを込めており，文章で用いられる ▶1242
honor：人の功績を認めて敬意を払う ▶968
adore：尊敬に憧れの気持ちが含まれる

探す
look for：「探す」を意味する最も一般的な語
search：対象を求めてそれがあると思われる場所を探すこと。探す対象は for の後に示す ▶224
seek：「探す」を意味する堅い表現 ▶316
try to find [get]：「探す」の意味で使われる口語的な語

発展する
advance：特定分野の進歩や具体的発展について用いる ▶232
progress：改善や段階的発展がみられる場合に用いる ▶449
develop：経済や産業の発展，人の成長や発育について用いる ▶18

禁止する
forbid：「禁止する」を意味する最も一般的な語 ▶731
prohibit：法律などで公的に「禁止する」 ▶730
ban：道徳的，社会的理由で強く「禁止する」 ▶729

減る
decrease：数，量が「減少する」を意味する最も一般的な語 ▶237
lessen：大きさ，力，価値，重要性などが減少する
decline：数，量，質，力などが減少する，衰える ▶236
diminish：減少の原因となる他からの力を強調する
reduce：diminish に「切り下げる」の意味が加わった語 ▶137
drop：数，量，人口，価格などが減少する。口語的な語
fall：数量，価格，温度などが減少する。口語的で，自動詞として使われる

認識する
recognize：経験していることや知っていることを改めて認識する ▶105

perceive：感覚的に知覚・認識する ▶501
identify：人や物が同一（人）物であると確認する ▶209

させる

force：強制の意味が非常に強い ▶107
make：人の意志に関係なくさせる。強制の強さは文脈によって変わる
compel：「強制する」の意味で，force ほど強くない
oblige：義務や必要上，やむを得ずさせる。compel より弱い ▶1161
cause：ある原因によってさせる ▶52

命令する

order：「命令する」を意味する最も一般的な語 ▶108
command：権限・権威のある者が正式に命令し，服従を求める ▶905
direct：業務上の指示を与える場合に用いる。order や command よりも意味が
　　　　弱い ▶395
instruct：細部について具体的に指示する ▶669
tell：口語的で，「命令」の意味の最も弱い語

影響する

influence：「～に影響する」を意味する最も一般的な語で，他動詞で使われる。ま
　　　　　たは名詞で have an influence on ～ の形で使われる ▶262
affect：主に好ましくない強い影響を及ぼす ▶109
effect：名詞で have an effect on ～「～に影響を及ぼす」の形で使われる ▶53
impact：〔主に米〕で他動詞でも使われるが，ふつうは名詞で have［make］an
　　　　impact on ～ の形

要求する

demand：高圧的，命令的に強く要求する ▶111
claim：自分の当然の権利として要求する ▶113
require：何かの事情，または法規・規準などから必要とする ▶22
request：丁寧に，正式に要請する
insist：特定の行為や同意を断固として強く求める ▶601
ask：援助・忠告などを丁寧に頼む

含む

include：全体の一部として入っている ▶117
contain：成分・構成要素などの中身を含んでいる ▶118
involve：必然的な状況・条件・結果として人・状況・出来事を含む ▶116

想像する

imagine：心に思い描いたり，確証はないがそう思ったりする ▶203
fancy：あり得ないことを気ままに想像する
guess：知らないことを大胆に予想・推測したり，偶然言い当てたりする ▶302
suppose：仮定・想定・推定する ▶202
expect：十分な理由があって予期する ▶3

頼る

depend：支持や援助を当てにして頼る ▶234
rely：信じて頼る ▶406
count：実現することを期待して当てにする

困惑させる

annoy：一時的に不快な気持ちにさせる ▶705
bother：annoy よりも程度が弱く，軽いことや一時的なことで煩わしさを与える ▶704
worry：不安・心配を与えて苦しめたり，悩ませたりする ▶7
puzzle：理解に苦しむことで当惑させる ▶710
perplex：不確かなことや問題で当惑させる

欲する，望む

want：「何かを欲しがる」を意味する最も一般的な語。しばしば「必要がある」ことを含意する。that 節はとらない
hope：実現の可能性があると思われ，好ましいことを望む
wish：want より丁寧で，実現性のないことや低いことを含めて願う。that 節内は仮定法になる ▶205
desire：切なる強い望みを表す，形式ばった語 ▶304

答える，応える

answer：質問や要請に言葉や行動で答える。自動詞・他動詞で使われる
reply：質問や要請に言葉で回答する。自動詞で使われる ▶307
respond：質問や要請に言葉で返答したり，行動で応えたりする。自動詞で使われる ▶306
meet：期待や要求に応える

適合させる

adapt：必要に合わせて，しばしば大幅に変える ▶328
adjust：少しだけ，または部分的に変えてぴったり合うようにする ▶330
conform：一定の基準・形式・手本などに合わせる ▶1303

分ける

separate：結び付いたりつながったりしているものを分離する ▶331
part：密接な関係を持つ人や物を完全に切り離す
divide：1つのものを分割する，分配する ▶420

消える

disappear：視界や思考から消えてなくなる。「消える」を意味する最も一般的な語 ▶336
fade：次第に薄れてかすむように消えていく ▶1141
vanish：突如，完全に消え失せる ▶1142
die out：動植物や種が絶滅する。習慣や伝統が廃れてなくなる

客

customer：商売上の客 ▶165

guest：招かれた客，ホテルの宿泊客

client：弁護士などへの依頼人，サービスを買う客 ▶856

passenger：乗客

spectator / audience(▶443)：劇場などの観客

visitor：訪問客，美術館などの客

仕事

work：「仕事」を意味する最も一般的な語。報酬を前提としないこともある。また，
　　　永続性をほのめかすこともある。不可算名詞 ▶34

job：口語的で，常勤の仕事から一時的な仕事まで広く使われる

labor：長時間の骨折り仕事 ▶469

employment：雇われて従事する仕事。不可算名詞 ▶637

occupation：「職業」の意味を表すやや改まった語 ▶940

profession：専門的知識を要する知的な職業 ▶958

career：一生の仕事や経歴 ▶343

task：個人や団体に割り当てられ，義務としてしなければならない仕事 ▶250

値段・料金

price：品物の値段，価格

charge：クリーニング代・電気代・ホテル代などのサービスに対して支払う料金や
　　　　手数料 ▶347

fare：バス・列車などの乗り物に乗るために支払う料金 ▶1244

fee：医師・弁護士・家庭教師などの専門家に支払う料金や会費 ▶954

cost：製造・入手・維持などに要する費用

expense：ある物や事柄のために支払う金額，またはその合計 ▶182

罪

crime：法律上処罰の対象となる犯罪 ▶373

sin：宗教上・道徳上の罪

offense：軽重を問わず，道徳・慣習・法律などに違反すること ▶1304

vice：不道徳で習慣的な悪徳行為 ▶1362

習慣

habit：無意識のうちに出てしまうやめることのできない癖で，個人の好ましくな
　　　　いものを暗示することが多い ▶375

custom：社会的・宗教的慣習 ▶654

practice：意識してある行為を規則正しく反復すること ▶172

convention：社会で一般に受け入れられていて，世間の人々が従う規範的な慣習
　　　　　　▶883

争い

quarrel：言葉での争い。口げんか ▶1348

fight：腕力や暴力を用いた争いやけんか

conflict：思想・勢力などがぶつかり合う争いや衝突や対立 ▶445
struggle：対立・抵抗するものに勝つための長く激しい争い ▶447

地域

area：「地域」を表す最も広義の語で，面積の大小や境界の有無に関係なく使われる
region：気候やその他の地理的条件などで区分される広い地方 ▶271
district：region よりも狭く，行政的区画や特定の用途で明確に区分される地区
　　　　 ▶949
zone：用途・生産物・動植物分布・その他の基準で特定される地帯

特徴

feature：はっきりと目立つ点・面・性質。典型的特徴 ▶253
characteristic：その人[物]らしさを表す特有の性質 ▶258
peculiarity：同類とはっきり区別される珍しい独特の性質 ▶1384
trait：人や国民などの特徴的な性質 ▶659

収穫

crop：1回の刈り入れ，または季節の収穫高。作物 ▶352
harvest：収穫・収穫期・収穫高を表す，やや文語的な語 ▶847
yield：時間と労力の報いとしての収穫・収穫量・産出高 ▶939

種類

kind：「種類」を意味する最も一般的な語
sort：kind とほぼ同じように使われるがやや口語的で，分類がやや漠然としている
　　　印象を与える ▶360
type：kind, sort と同じように使われるが，よりはっきりした客観的な基準によ
　　　って分類できる「種類」を表すことが多い ▶190
species：はっきりとした共通の特徴によって分類される種類。生物種。単複同形
　　　　 ▶243
category：最も改まった語で，性質や型によって系統的に分類される種類や範疇。

感情

feeling：「気持ち」や「感情」を意味する最も一般的な語
emotion：強い，または高まった feeling ▶269
passion：激しい emotion ▶1066

気象

climate：可算名詞で，ある地域の平均的な気候を意味する ▶272
weather：不可算名詞で，ある地域のある時の気候を意味する

武器・軍備

arms：戦争用の武器または一国の軍備 ▶753
weapon：攻撃や防御のための道具を意味し，戦闘目的に作られたものでなくとも
　　　　weapon になり得る ▶752

形容詞

可能性がある

likely：確実とは言えないが，そうなる可能性が高い ▶83
probable：likely とほぼ同義。likely と異なり不定詞を伴う用法はない
possible：そうなる可能性がなくはない。そうなることもあり得る ▶84

全体の

whole：数量・範囲など分割されない 1 つのまとまり「全部」 ▶289
entire：whole よりも強意的で，改まった語。「全部であって欠けるものがない」
　　　　の意味を強調する ▶389
total：構成する要素や部分が全部含まれていることを表す
all：構成要素全部を表し，複数概念にも単数概念にも使われる。冠詞や所有格の代
　　名詞の前に置かれる
every：全体を構成する個々のものに注目し，例外がないことを強調する

高価な

expensive：「高価な」を意味する最も一般的な語 ▶182
costly：「非常に高価な」という意味で品質の高さの含意がある
high-priced：「値段が高価な」の意味で品質の高さの含意はない
valuable：「価値がある」の意味で金銭に換算されないことも多い ▶66

調和した・適合した

fit：目的・仕事などに能力などが適合する ▶228
suitable：要件・状況に適している ▶630
proper：正当性があり，ふさわしい ▶785
appropriate：特定の目的に合う ▶186

正確な

correct：計算・分析・判断の誤りのなさを強調。口語では right ▶188
exact：細部にまで違いがなく，厳密である ▶784
accurate：事実・真実に一致するよう努力し，的確な状態にある ▶783
precise：正確さの精密さや緻密さを強調するときに用いる ▶886

必要な・不可欠な

necessary：「必要な」の意味を表す最も一般的な語 ▶187
essential：なくては機能が失われるほど「本質的な，必須の」 ▶391
indispensable：なくてはならない，絶対的に「不可欠な」
vital：やや主観的な響きをもつ「不可欠な」 ▶798
inevitable：避けられない，当然そうなる「必然的な」 ▶1097

あいまいな

ambiguous：同じ語句が何通りにも解釈できるためにあいまいである
vague：不正確または漠然としていて理解しにくい ▶1387
obscure：不十分な説明や難解な言葉遣い，遠回しの言及などのために真意がわか
　　　　　りにくい ▶1383

厳しい

severe：「厳しい」の意味で最も広く使われる語の１つ。基準などを厳格に守り，手心を加えない厳しさ ▶588

stern：頑として譲らず，情け容赦もない厳しさ

strict：規則を守り，施行することに極めて厳格な様子 ▶779

harsh：過酷，手荒さ，非情さを表す ▶1095

賢い

clever：「頭がよい，賢い，利口な」を意味する一般的な語。「抜け目のない，ずるがしこい」の意味を含むこともある

smart：「利口な，頭のよい，才気走った」の意味 ▶381

wise：「非常に聡明で，正しい判断力を持つ，賢明な」の意味 ▶1160

bright：「頭の回転が速い，利発的な」の意味

intelligent：「理解力が十分にある」の意味。生来の能力を表し，動物にも使える ▶382

intellectual：「理解力に優れて高度の知識を持つ，理知的な」という意味で，蓄積された能力を言い，人間のみに使う ▶383

大きい

vast：範囲・サイズ・かさが極端に大きい ▶592

huge：サイズやかさが桁外れに大きい。しばしば驚きを伴う ▶291

enormous：huge とほぼ同意。不可算名詞とともにもよく使われる ▶593

immense：普通の方法ではとても測れないほど大きい ▶1400

massive：固さ・重さを暗示した大きさ・かさの大きさを表し，災害などの規模を表すこともある ▶649

tremendous：人を恐れさせるほどとてつもなく大きいこと，また力や速さが大きいことを表す ▶1193

gigantic：異常に大きいこと

濃い

thick：スープなど液体がどろっとしている。毛・髪などが濃い ▶792

dense：霧・雲が濃い ▶1299

deep：色調が濃い。dark もほぼ同じ意味を表す

strong：茶・コーヒーが濃い ▶918

年をとった

old：young に対して「年をとった」を意味する最も一般的な語

aged：非常に高齢な人に用い，「衰え」を暗示する格式ばった語 ▶72

elderly：old の代わりに広く使われる。old より婉曲的な言い方 ▶586

senior：a senior citizen などのように使われ，60歳以上の人や退職した人のことを意味することが多い ▶585

副詞

頻度（頻度の高い順）

① always「いつも」
② almost always「ほぼいつも」
③ usually「たいてい」
④ often / frequently (▶892)「しばしば」
⑤ sometimes / now and then / once in a while / from time to time / at times「ときどき」
⑥ occasionally「時折」▶661
⑦ seldom (▶398) / rarely (▶94)「めったにない」
⑧ hardly ever「ほとんどない」
⑨ never「まったく〜(し)ない」

とても・かなり

very：「とても，非常に」の意味を表し，形容詞・副詞には単独で，動詞には very much のような形で修飾する
rather：very より弱く，「思っていた以上に，かなり」の意味。好ましくない気持ちを表す場合に用いられることが多い ▶196
fairly：好ましい意味の形容詞を強調する ▶388
pretty：rather, fairly よりも口語的で，よい意味も悪い意味も強調する
quite：〔英〕では fairly 程度の弱い意味を表すが，〔米〕では very に近い程度を表すことがある
somewhat：「多少，いくぶん」の意味を表す ▶200

ついに・結局

eventually：いろいろなことが起こった結末。感情的色彩は薄い ▶296
finally：長く待った末に起こったこと(= in the end)，または項目を列挙して最後に述べる
at last：finally より強意的で，安堵(あんど)の気持ちを含むことが多い

したがって・だから

therefore：前記の理由に必然的に伴う結論を示す ▶95
hence：therefore より格式ばった語で，前記の理由の重要さを強調する
accordingly：当然の論理・因果関係によって起こることを述べる
consequently：あることの直接の結果として起こることを述べる ▶476
so：上記の４語に代わって使われるくだけた語
then：条件を受けて，それに対応する帰結を導く

INDEX

・**太字**は見出し単語，**細字**は関連語・派生語，巻末に取り上げた単語・熟語を示す。
・黒の数字は**単語の番号**，青の斜体の数字は**ページ番号**を示す。

ターゲット編集部

坂本 浩(さかもと ひろし)
河合塾講師

William F. O'Connor
亜細亜大学経営学部教授

宇佐美 光昭(うさみ みつあき)
元 河合塾札幌校・國學院大短大部講師

浦田 文夫(うらた ふみお)
元 埼玉県立高校教諭

装丁デザイン	及川真咲デザイン事務所
ペーパーイラスト制作・撮影	AJIN
本文デザイン	牧野 剛士
本文イラスト	Ayumi Nishimura
編集協力	日本アイアール株式会社
執筆協力	秋山 安弘
	(桐朋中学校・桐朋高等学校教諭)
校正・校閲	株式会社交学社
	小林 等
	大河 恭子
	大塚 恭子
	山本 知子
	笠井 喜生(e.editors)
英文校閲	Jason A. Chau
録音	株式会社巧芸創作
ナレーター	Julia Yermakov
	Josh Keller
	原田 桃子
組版所	幸和印刷株式会社
編集担当	清水 理代